100년 전 대한제국
100년 후 대한민국

100년 전 대한제국
100년 후 대한민국

초판 1쇄 · 2011년 1월 15일
초판 2쇄 · 2011년 1월 17일

엮은이 · 문화체육관광부 공감코리아 기획팀
펴낸이 · 정은영
책임편집 · 최향금
마케팅 · 이삼영
디자인 · 여상우
펴낸곳 · 마리북스
출판등록 · 제313-2010-32호

주소 · 서울시 마포구 서교동 407-26 우신빌딩 6층
전화 · 02) 324-0529, 0530
팩스 · 02) 324-0531
홈페이지 · www.maribooks.com
출력 · 스크린출력
찍은곳 · 재원프린팅

ISBN 978-89-94011-21-9 03040

100년 전 대한제국
100년 후 대한민국

문화체육관광부 공감코리아 기획팀 엮음

마리북스

《100년 전 대한제국 100년 후 대한민국》은 서울 G20 정상회의 개최를 맞아, 2010년 10월 1일부터 10월 29일까지 광화문 해치광장에서 열린 〈대한민국 선진화, 길을 묻다〉 공개 강연회 내용을 담은 책이다. 대학의 강연장에서 혹은 방송을 통해서나 볼 수 있던 명사의 강연을 일반 국민이 부담 없이, 그것도 연속해서 들을 수 있는 행사였다. 강연회가 진행되는 내내 대한민국 명사들을 한자리에 모았다는 평가와 찬사를 받았다.

세계는 지금 금융위기, 빈곤, 환경 파괴, 기후변화 등 많은 문제들을 안고 있다. G20 정상회의는 세계가 당면한 이러한 문제들에 대해 주요 20개국 정상들이 모여 이야기를 나누는 장이다. 이번 서울 G20 정상회의는 우리나라가 변방국가에서 중심국가로, 규칙을 따르기만 했던 입장에서 규칙 제정자로 발돋움하는 중요한 장이기도 했다.

그럼에도 불구하고 이에 대한 국민들의 체감은 다소 부족했던 게 사실이다. 특히 젊은 세대의 경우 중·장년층보다 우리나라의 선진화에 대한 고민이 미흡하다는 평가가 많았다. 이에 광화문 해치광장이라는 열린 공간에서 지위 고하를 막론하고 그 이야기를 함께 나눠보자는 게 이 행사의 취지였다.

광화문 해치광장은 바로 8차선 도로가 인접해 있고 광화문 전철역을 오가는 유동인구가 발길을 멈출 수 있는 장소였다. 다시 말해서 길거리가 강연장이 된 셈이었지만, 그 길거리야말로 소박하고 평범한 시민들과 생생하게 만나 소통할 수 있는 지점이기도 했다.

반응은 생각보다 뜨거웠다. 퇴근길 직장인이 들르기도 하고 주말 오후 가족 혹은 지인들과 함께한 사람들의 발걸음이 이어졌다. '열린 공간'이라는 사실 자체가 바로 누구나 자유롭게 공유할 수 있는 장이라는 점을 다시 한 번 증명해주었다. 그만큼 강의에 나선 명사들, 그리고 그 자리에 참석한 시민들의 선진화에 대한 열망이 강하다는 의미도 된다.

행사가 끝난 이후 강연장에 가지는 못했으나 그 내용을 책으로나마 보고 싶다는 주위 분들의 요청이 매우 많았다. 또 일회적 오프라인 행사에 그치지 않고, 많은 사람이 읽을 수 있도록 강연 내용을 출판해도 괜찮겠다는 내부적 판단도 있었다. 이러한 요청과 고민이 어우러져 이 책이 독자 앞에 모습을 드러냈다. 당시 해치광장에서 사람들이 보여준 뜨거운 열정을 이 책에 고스란히 담았다.

이 책을 통해 선진화 혹은 선진국에 대한 밑그림을 그려볼 수 있을 것으로 감히 자부한다. 이 시대 지성들의 '선진화'에 대한 깊은 생각을 일목요연하게 이해함으로써 우리가 꿈꾸고 만들어가야 할 선진국이 어떤 모습이어야 할지 생각해볼 수 있다. 이 책이야말로 G20 정상회의를 계기로 변방국가에서 중심국가로 발돋움하는 대한민국의 역사적 전환을 생생하게 증명한다.

역사에는 항상 분기점이 있어 왔다. 그 분기점에서 어떤 선택을 하는가에 따라 국가의 성장과 퇴보가 결정된다. 우리는 반세기 만에 산업화와 민주화를 이루었다. 그리고 지금 우리는 또 다른 분기점에 와 있다.

'지금 이대로 머물 것인가, 더 나은 미래로 나아갈 것인가? 더 나은 미래로 나아가기 위해서는 무엇을 해야 하는가?'

이러한 자문과 함께 선진국은 가만히 앉아서 저절로 되는 것이 아니라는 판단이 앞섰다. 선진국으로 가기 위해서는 많은 노력과 고민이 필요하다. 그렇지 않으면 선진국으로 올라가는 길이 험난해질 수 있다. 경제적으로 잘산다고 선진국이 되는 것도 아니다. 문화도 선진화되어야 하고, 사회도 선진화되어야 한다. 그래서 선진화를 위해 가장 효과적이고 빠른 해법을 만들고 실천해나가는 것이 우리에게 맡겨진 가장 큰 임무이기도 하다.

바쁜 가운데에도 흔쾌히 강의를 해주시고, 나아가 책으로 출판하는 걸 허락해주신 분들에게 감사드린다. 해치광장을 찾아와 생각을 함께 나눴던 많은 시민들에게도 고마운 마음을 전한다.

많은 국민과 함께 선진화에 대한 고민을 나누고 소통하고자 하는 작은 소망이, 그래서 그 소통이 선진국으로 가는 국민적 에너지를 모을 수 있는 계기가 되길 바란다.

문화체육관광부장관

1부

글로벌 코리아를 꿈꾸며

박세일

범국민정치개혁위원회 위원장, 서울대학교 국제대학원 교수, 한반도 선진화재단 이사장. 서울대학교 법학과 졸업, 일본 동경대학 대학원 경제학부, 미국 코넬 대학교 대학원경제학 박사. 서울대학교 법과대학 교수, 미국 콜롬비아 법과대학 법경제연구소 초빙연구원, 대통령비서실 정책기획수석비서관·사회복지수석비서관, 미국 브루킹스연구소 초빙연구원, KDI 정책대학원 초빙석좌교수, 경실련 경제정의연구소 이사장, 제17대 국회의원, 한나라당 여의도연구소장·정책위 의장을 역임했다. 저서로는 《법경제학》《대한민국 선진화 전략》《대한민국 국가전략》《창조적 세계화론》 등이 있다. 한국경제학회 청람상과 국민훈장 모란장을 수상했다.

100년 전 대한제국
100년 후 대한민국

대한민국이란 공동체가 지난 100년간 무엇을 꿈꾸고 어떻게 살아왔을까? 그리고 앞으로 100년간 무엇을 꿈꾸고 무엇을 해야 할까? 100년 전의 모습과 오늘을 비교해 살펴보면 우리가 역사적으로 어떤 위치에 있고 어디로 가야 하는지 쉽게 알 수 있다.

100년 전 이 땅에는 '대한제국'이 있었다. 고종 황제는 1897년 대한제국이란 명칭을 공표했다. 일본엔 천황이 있고 중국에도 황제가 있기에 그들과 평등하고 수평적 관계를 만들기 위해 황제가 필요하다고 판단한 것이다. 농업 중심의 사회에서 상업 중심의 사회로, 전통적인 왕조에서 근대적인 국가로 가려는 계획이기도 했다.

대한제국의 첫 번째 목표는 '자주독립'이었다. 두 번째는 '근대국가'를 이루는 것이었다. 고종 황제는 제국주의 열강의 침략 음모에서 벗어나는 한편, 근대국가로 발돋움하는 틀을 만들기 위해 대한제국을 세웠다.

그리고 그 목표를 달성하기 위해 많은 노력을 기울였다. 먼저 상공업 발전을 위해 애썼다. 황실의 돈으로 방직공장과 유리공장을 만들었다. 근대적인 학교와 병원을 세우고 철도도 놓기 시작했다. 동경이나 북경보다 먼저 서울에 전차가 설치되기도 했다. 광화문 주변의 가로수 정비도 그때 시작했다.

그뿐만이 아니다. 헌법을 정비하고 국기(國旗), 국가(國歌) 제정 등 나라의 기초를 세우는 일을 진행했다. 조선의 왕과 신하가 중국 사신을 영접하던 모화관을 없애고 그 자리에 독립문을 세웠다. 〈독립신문〉을 발행하는 데도 황실 예산으로 직접 지원했다. 또 경제적 어려움에도 불구하고 헤이그에 특사를 파견했으며, 파리 만국박람회에 참여해 대한제국관을 설치했다. 이는 전 세계에 대한제국이 자주독립국가임을 알리기 위함이었다.

그러나 고종 황제의 이러한 노력에도 불구하고, 대한제국은 꿈을 이루는 데 실패했다. 1910년 일본의 강점으로 독립국가도 사라지고 근대화의 꿈도 잃었다. 지난 100년을 돌아보면 전반부 50년은 일제강점기와 6·25전쟁으로 인한 좌절과 실패의 시간이었다. 그렇지만 후반부 50년은 성공과 승리의 시간이었다고 할 수 있다.

1945년 독립을 했지만, 우리의 힘으로 이뤄낸 독립이 아니었기에 결국 6·25 동족상잔의 비극을 겪으며 분단을 맞이했다. 분단 이후 10

년 동안은 근대화의 꿈도 거의 이루지 못했다.

그러다 1960년대에 들어 비로소 본격적인 근대화의 길을 걷기 시작했다. 1950년대 말 1960년 초의 대한민국은 세계에서 가장 가난한 국가 중의 하나였다. 캄보디아에서 무상원조를 받을 정도로 가난했다. 장충체육관, 현 문화관광부 건물은 필리핀 사람들이 감리한 건물이다. 필리핀에 취직하면 사람들이 부럽게 보던 시대였다. 1963년도에 1차 경제개발 5개년 계획을 세우기 위해 간단한 거시경제 모형을 그려야 했는데, 대한민국 정부에 컴퓨터가 한 대도 없었다. 그래서 미군 부대에 가서 경제성장 모형을 짰다.

우리의 근대화는 거기서부터 시작된다. 그리고 근대화는 '산업화'와 '민주화' 두 가지로 나뉜다. 1960년대 우리나라의 1인당 국민소득은 100달러 미만이었다. 그런데 현재 우리나라의 1인당 국민소득은 2만 달러에 육박한다. 30년 사이에 1인당 국민소득이 100달러에서 2만 달러로 늘어난 나라는 세계적으로도 찾아보기 어렵다. 이를 바탕으로 대한민국은 1980~1990년대 민주화를 이뤄내면서 근대화에 성공했다. 이제 대한민국은 중진국의 선두주자가 되어 선진국 진입을 눈앞에 두고 있다.

나라의 꿈과 이상을 세우고 그것을 실현하는 것이 선진화다

100년 전 대한제국의 꿈이 근대화와 독립이었다면, 지금 우리의 꿈은 '선진화'와 '통일'이다. 중진국에서 선진국으로 도약하는 '선진화'와 남북이 진정으로 하나가 되는 '통일'을 말한다.

그렇다면 선진화란 무엇일까? 대한민국은 왜 선진화의 길을 걸어야 할까? 지금으로부터 100년 전에 우리 선조들이 선진화에 대해 잘 정리해놓은 글이 있다. 국채보상운동을 주도했던 대구의 한 여성단체 선언문에 있는 글이다. "나라의 빚을 갚아서 노예상태에 벗어나 자유인이 되어 언젠가 우리나라도 세계 상등국가가 되길 희망하노라."

1907년 대구에서 일본이 대한제국을 경제적으로 예속시키기 위해 빌려준 차관 1,300만 원을 갚기 위해 국채보상운동이 시작됐다. 남자들은 술을 끊고 여자들은 패물을 내놓으며 이 운동에 참가했다.

1907년은 국운이 쇠잔할 대로 쇠잔한 어려운 시절이었다. 그럼에도 불구하고 선조들은 언제나 '세계 상등국가'가 되기를 희망했고, 그 꿈을 잃지 않고 살았다. 이제 그 선조들의 꿈이 이뤄질 수 있는 순간이 온 것이다.

우선 선진국이라고 하면 경제적으로 1인당 국민소득이 3만 달러 이상 되어야 한다. 전 세계 국가 중 20개국이 3만 달러 이상이다. 아울러 중산층 인구가 가장 많은 항아리형 경제의 틀이 만들어질 때, 선진국이 되었다고 할 수 있다.

정치적으로는 더욱 안정되고 자유민주주의가 더욱 확대되어야 한다. 민주주의는 투표로 대통령을 뽑는 제도이다. 자유민주주의는 국민에 의해 선출된 대통령이 국민을 하늘처럼 떠받들 때 완성된다. 참고로 독일은 민주주의는 성공했지만 자유민주주의가 아닌 나라였다. 히틀러는 국민에 의해 선출됐지만 독재를 했기 때문이다.

사회적으로는 품격이 높아져야 한다. 높은 품격은 사회적 약자를 비롯한 공동체에 대한 배려를 기본으로 한다. 문화적으로는 다양한 문화를 포용하면서 공존의식을 가져야 하며, 나아가 이것을 새로운 문화의 표준으로 만들 수 있어야 한다. 이것이 문화적인 선진국이다. 국제적으로는 세계에 공헌하고, 이웃 국가들로부터 존경을 받는 모범적인 국가의 모습을 갖추어야 한다.

이 모든 걸 한마디로 요약하면 성숙한 나라를 만드는 것이다. 선진화란 나라의 꿈과 이상을 세우고 그것을 실현하는 것이라고 정의할 수 있다. 우리의 역사에서 국가마다 이상이 있었다. 단군 때는 '홍익인간'을 이상으로 삼았다. 신라시대에는 이 땅을 불국토로 만들겠다는 꿈이 있었다. 조선시대에는 군자의 나라, 동방예의지국이라는 꿈과 자부심이 있었다.

그러나 19세기 초 근대화와 독립의 꿈을 실현시키지 못하면서 오랫동안 국가의 꿈을 잃어버렸다. 건국은 일제에서의 해방을, 산업화는 가난에서의 해방을, 민주화는 억압에서의 해방을 의미했다. 지난 50년간 우리는 과거의 잘못, 부족한 점에서 벗어나는 해방을 위해 뛰었다.

하지만 지금부터는 우리가 꿈꾸는 선진화를 향해 나아가야 한다. 선진화는 특정한 국가를 모방한다고 해서 이룰 수 있는 것이 아니다. 우리 국민들이 원하는 국가는 어떤 모습이어야 하는가에 대해 함께 생각하고 토론하면서 찾아나가야 한다. 우리의 감성, 역사, 문화에 맞는 창조적인 선진국을 만드는 것이 대한민국 선진화의 토대가 되어야 할 것이다.

하지만 선진국이 된다는 것은 쉬운 일이 아니다. 피나게 노력해도 달성하기가 쉽지 않다. 많은 나라들이 후진국에서 중진국까지는 어렵지 않게 올라갔다. 그러나 중진국에서 선진국으로 진입한 나라는 거의 없다. 20세기 들어 중진국에서 선진국으로 도약한 나라는 일본과 아일랜드 두 나라뿐이다. 그 가운데 아일랜드는 최근 국제통화기금(IMF)에 구제금융을 신청하는 등 흔들리는 모습을 보이고 있다.

반대로 역사 속에서 선진국 도약에 실패한 사례는 무수히 많다. 브라질, 아르헨티나, 포르투갈, 체코 등이 여기에 속하는데, 대표적인 나라가 아르헨티나다. 1900년 아르헨티나는 프랑스보다 경제적으로 큰 나라였고, 세계 10대 강국이었다. '북미에는 미국, 남미에는 아르헨티나'라는 말이 있을 정도로 미국과 어깨를 나란히 했던 젊은 국가였다.

따라서 유럽의 농민들이 신대륙으로 이주할 때 미국으로 갈지 아르헨티나로 갈지 고민을 많이 했다. 그랬던 아르헨티나가 오늘날 거듭된 추락으로 1인당 국민소득 7,600달러의 세계 순위 86위 국가로 떨어졌다. 세계 1등 국가로 도약하던 아르헨티나가 오늘날 빈곤국가로 떨어진 이유는 무엇일까?

아르헨티나의 하락 요인은 크게 세 가지로 살펴볼 수 있다. 우선 아르헨티나는 정치개혁을 거부했다. 무엇보다 아르헨티나의 거대한 토지를 소유하고 있는 사람들이 문제였다. 그들은 수익이 생기면 영농방식을 개선하고 새로운 기술을 도입해 생산성을 높일 생각은 하지 않고, 끊임없이 토지를 확장해서 소작하는 방식을 고수했다. 이런 대토지 소유자, 군인, 대기업 소유자, 대기업 노동자 등 네 그룹이 단합된 권력 블록을 형성한 뒤, 변화를 거부하고 기득권을 유지하는 방향으로만 정치를 했다. 모든 게 변하는 상황에서 기존의 것만 지키려는 사고에 빠져 있었다. 정치가 변화와 개혁을 거부하면 그 나라의 미래는 없다.

더불어 아르헨티나는 경쟁을 거부하면서 세계화의 흐름을 받아들이지 못했다. 외국의 기업과 경쟁하는 대신 국내 산업을 보호하기 위해 수입품에 대한 관세율을 높였다. 경쟁은 사라지고, 경제 생산성은 한없이 떨어졌다. 결국 경쟁 없는 경제는 국내 산업의 보호가 아닌 국가 경제의 몰락을 초래하고 말았다. 사실 경쟁은 불편한 것이다. 그러나 경쟁 없이는 발전도 없다. 세계와 경쟁하는 것을 거부하는 정책으로는 선진국이 될 수 없다.

마지막으로 아르헨티나는 경제적 실패로 나타난 도시빈민, 노동자들의 불만을 인기영합(포퓰리즘)적인 과도한 사회복지 정책으로 잠재우려 했다. 무상교육, 무상복지 등의 정책을 남발했다. 과도한 복지 지출로 정부는 재정이 부족하자 돈을 찍어서 메웠다. 그러나 빈번한 화폐 발행은 곧 인플레이션과 국가 부도를 몰고 왔다.

결과적으로 선진국이 되기 위해선 정치가 변해야 하고, 외국과 경쟁할 수 있는 경제 기반을 마련하고, 인기에 영합하지 않는 사회복지 정책을 세워야 한다. 이것이 아르헨티나의 경험에서 우리가 배워야 할 대목이다. 아르헨티나를 타산지석으로 한 대한민국 선진화 방안은 '개혁적, 국민친화적 정치' '세계화' '확고한 국가정책' 이라고 할 수 있겠다.

그런데 문제는 시간이 많지 않다는 것이다. 2020년이 되면 대한민국의 인구가 줄어들기 시작한다. 인구가 감소하는 체제로 들어가면 그 자체로 성장률이 2퍼센트 떨어진다는 것이 보편적인 통계이다. 인구가 줄어들기 전에 선진국에 들어서야 한다. 남은 시간은 최대 10년이다.

10년 안에 승부를 봐야 하는 이유는 또 있다. 이웃 국가인 중국의 무섭고 빠른 성장 속도가 그것이다. 10년 뒤 중국은 미국보다 더 큰 경제대국이 되어 있을 것이다. 중국이 더 성장해 경제적, 군사적으로 팽창하기 전에 대한민국은 선진국에 진입해야 한다. 결국 향후 5~10년 안에 대한민국의 선진국 진입 여부가 결정될 것이다.

통일된 한반도가 당당한 선진국으로서 자리매김하는 평화와 번영의 길

대한민국이 가져야 하는 두 번째 꿈은 남북이 경제적, 사회적, 정치적으로 하나가 되는 통일이어야 한다. 통일이란 단순히 분단 이전의 상태로 돌아가는 것이 아니다. 남북통일은 창조적이고 새로운 통합이어야 한다.

통일의 시기가 빠른 속도로 다가오고 있다. 대한민국이 이러한 기회를 어떻게 활용하느냐에 따라 한반도의 미래 역사는 달라질 것이다. 지금은 그 갈림길에 놓여 있다.

무엇보다 통일의 길은 남북한의 경제통합을 유도해, 북한의 경제를 살리는 방향으로 시작해야 한다. 남북한의 경제발전은 한반도와 중국 동북3성이 교류협력하는 단계로 이어지고 러시아, 연해주와 공조하는 관계로 발전할 것이다. 남북한의 경제발전은 동북아가 세계 경제의 새로운 축으로 성장하는 기틀이 된다는 뜻이다. 동북아시대가 되기 위해선 남북통일이 되어야 한다.

일부에서는 통일이 막대한 비용을 낭비하게 될 것이라고 지적하기도 한다. 하지만 북한에 대한 무조건적인 지원이 아니라 북한경제의 자생능력을 키워주면서, 점진적인 방안으로 나아간다면 통일비용은 우려하는 만큼 크지 않을 것이다. 아울러 남북 대립으로 인한 분단비용 절감 효과도 간과할 수 없다. 여기에 이산가족의 고통까지 감안한다면 절감할 수 있는 비용은 엄청나다. 또 통일 비용은 한꺼번에 사용하는 것이 아니다. 가장 필요한 것에서부터 소비가 아닌 투자의 목적으로 이루어진다면 낭비되고 허비되는 돈을 크게 줄일 수 있다.

세계의 중심이 아시아로 이동하고 있다. 동북아가 아시아에서 가장 역동적인 곳으로 자리 잡기 위한 토대는 남북통일에서 시작되어야 한다. 이러한 평화와 번영의 과정을 통해 대한민국은 선진화의 길을 걸을 수 있을 것이다.

하지만 여기에도 한 가지 변수가 있다. 북한 내에서 친중국, 반통일 세력이 등장하는 것과 내부 갈등이다. 이로 인해 북한이 제2의 티베트가 될 수도 있으며, 신냉전시대가 열릴 가능성도 간과할 수 없다. 지속적인 갈등과 대립은 통일뿐 아니라 선진화에도 장애가 될 수 있다. 대한민국은 과거 독립에 실패하여 근대화에 성공하기까지 많은 시간을 소비했다. 통일에 실패하면 선진화에도 실패할 가능성이 높다.

결국 우리에게는 두 가지 길이 있다. 신분단, 신냉전의 시대를 열어 동북아를 끊임없는 불안과 갈등으로 몰고 가는 불안의 길과 통일된 한반도가 당당한 선진국으로서 자기의 모습을 드러내는 평화와 번영의 길이다. 대한민국이 평화와 번영의 길을 걸어가며 선진국으로 발돋움하기 위해서는 다음 세 가지가 필요하다.

첫째, 국민들 사이에 강력한 통일 의지가 있어야 한다. 그 의지를 관철시키려면 희생이 따르고, 그것을 기꺼이 감수할 때 통일이 올 것이다. 현재 스위스는 중립국이다. 그런데도 어느 나라보다 군사 훈련을 많이 하고 있다. 국민 한 사람 한 사람이 독일이나 프랑스가 침공했을 때 싸우겠다는 각오가 기꺼이 되어 있다. 그렇기 때문에 중립국이라는 지위를 지킬 수 있다.

최근의 한 리서치 결과를 보면, 우리 국민 네 사람 가운데 한 사람은 통일이 되지 않아도 무방하다고 한다. 이래서는 안 된다. 통일 이후에 우리에게 닥칠 수 있는 어떤 희생도 감당하겠다는 굳은 의지가 없다면 통일의 길은 요원하다는 것을 꼭 기억하기 바란다.

둘째, 우리 이웃의 열강들을 설득해서 통일에 협조하는 세력으로 만들어야 한다. 그러기 위해서는 우리의 통일이 그들의 이익에 많은 도움이 된다는 사실을 알려야 한다. 예컨대 중국에게는 북한 때문에 가로막혀 있는 동북3성 지역의 경제발전은 우리의 통일 없이는 절대 불가능하다는 점을 주지시키는 것이다. 미국의 최대 관심사인 북핵 문제 또한 우리의 통일 없이는 불가능하다는 사실을 적극 알려야 할 것이다.

셋째, 북한 동포들에게 통일의 비전과 희망을 심어주어야 한다. 그

동안 북한 정부에 대한 정책은 많았지만 북한 동포들에 대한 정책은 적었다. 지금 북한은 밑바닥에서부터 흔들리고 있다. 이런 그들에게 선진국이 되려는 우리의 꿈을 함께 나눠야 한다. 그래서 친중 반통일 세력이 아니라 친한 통일이 우리 모두가 사는 길임을 알려야 할 것이다.

역사는 국민의 마음이 만든다. 1910년에 신채호 선생은 〈20세기 신국민〉이란 글에서 이렇게 말했다. "우리 민족이 독립하고 근대화하기 위해서는 우리 국민이 새로운 국민이 되어야 한다. 자유를 존중하고 인격을 존중하고 평등을 존중하는 의식 있는 국민이 필요하다." 신채호 선생의 이 말은 21세기에도 시사하는 바가 크다.

우리가 21세기 신국민이 되기 위해서는 개인의 자유와 창의를 보다 확대해야 하고, 사회적 약자와 소수자를 배려해야 한다. 또한 공동체를 배려하는 마음이 있어야 한다. 이러한 공동체 의식을 바탕으로 한 '21세기 신국민'이 선진화를 이끌어갈 수 있다. 22세기에 사는 후손들이 100년 전의 우리를 보고 자부심과 자긍심을 느낄 수 있도록 우리는 신념을 갖고 역사를 만들어가야 할 것이다.

한비야

국제구호 활동가. 오지 여행가이자 작가. 홍익대학교 영문학과 졸업, 유타대학교대학원 국제홍보학 석사. 터프츠 대학교 구호개발학 석사. 7년에 걸쳐 세계 오지를 여행했으며, 국제구호개발기구 월드비전 국제구호팀 팀장을 역임했다. 한국YWCA 선정 젊은지도자상을 수상했다. 저서로는 《그건 사랑이었네》《지도 밖으로 행군하라》《한비야의 중국견문록》《바람의 딸, 우리 땅에 서다》《바람의 딸 걸어서 지구 세 바퀴 반》 등이 있다.

개인의 뜨거운 가슴으로 만들어진 대한민국이라는 멋진 국가

머릿속에 세계지도를 담으면 전 세계가 나의 무대가 된다

나는 요즘 백두대간을 종주 중이다. 건강한 산기운과 기분 좋은 에너지가 여러분에게 전해지길 바라며, 나의 짧지만 강렬한 메시지인 머리, 가슴, 손에 대한 이야기를 하려고 한다.

나는 현재 인생의 환승역에 와 있다. 얼마 전 월드비전의 국제구호 팀장직을 사임했고, 지난 1년간 미국에서 국제구호를 전문적으로 배우고 빛나는 석사 졸업장을 받았다. 이제까지 정신없이 바쁜 삶을 살면서 내게 있는 에너지가 몽땅 소진되었다. 그래서 지금은 1년간 내 자신에게 안식년을 주며 재충전하고 있는 중이다. 마라톤을 막 끝낸 선수가 곧바로 다음 마라톤을 뛸 수는 없지 않은가.

내가 잠시 쉬고 있는 동안 G20 정상회의가 성공적으로 개최되었다. 나는 우리나라가 명실공히 더 멋진 국가로 나아가기 위해서는 우리 국민 모두 세계 시민의식을 가져야 한다고 생각한다. 그러기 위해서는 우리의 머리와 가슴과 손이 다 필요하다. 다시 말해 머리로 생각하고, 가슴으로 느끼고, 손으로 행동해야 하는 것이다. 그 이야기를 여러분과 함께 나눠보려고 한다.

먼저, 머리에 대한 이야기부터 해보겠다. 열정이 있는 사람, 멋진 사람, 시원한 세상을 꿈꾸는 사람들의 머릿속에 반드시 들어 있어야 하는 게 있다. 그것은 바로 세계지도이다. 여러분의 머릿속에 어떤 지도가 그려져 있느냐에 따라 인생의 깊이와 농도가 달라지고, 살아가는 무대의 크기와 내용 또한 달라진다.

여러분의 머릿속에 서울 지도가 그려져 있다면 서울 밖을 나가기 힘들고, 아시아 지도가 그려져 있다면 아시아 밖으로 나가기 힘들다. 하지만 세계지도가 들어 있다면 여러분의 무대는 전 세계가 된다. 자신이 가진 지도를 통해 사람들은 자신을 둘러싸고 있는 이 세계가 어떻게 돌아가는지 알 수 있기 때문이다.

내가 아주 어렸을 때부터 우리 집 벽에는 세계지도가 붙어 있었다. 우리 부모님 나름의 세계화 전략이었다. 나는 1958년 생으로 당시는 한국전쟁이 갓 끝나 온 국민이 국가 재건에 여념이 없었을 때였으니, 지금처럼 해외연수를 가거나 세계일주를 한다는 건 상상하기조차 힘들 때였다.

하지만 부모님은 나를 세계무대에서 활약하는 사람으로 키우고 싶다는 생각을 갖고, 세계지도를 벽 한구석에 붙여놓으신 듯하다. 그래서 나는 한 번도 세상이 넓다고 생각해본 적이 없다. 세상이 아무리 넓다 한들 지도 한 장에, 지구본 하나에 다 들어 있었으니 항상 우리나라를 베이스캠프로 삼아 전 세계를 누벼야 한다고 생각했다.

우리 아버지는 한 신문사의 정치부 기자였다. 당시는 필화사건, 그러니까 반정부적인 기사를 쓰면 잡아가는 일이 많던 시대였다. 아버지는 반정부적인 기사를 많이 쓰는 기자였던 탓에 잡혀갔다 풀려났다를 반복했다. 그러니 얼마나 바쁘셨겠는가.

그런데도 내 기억 속에는 우리와 함께 놀아주시던 아버지의 모습이 또렷이 남아 있다. 분명 시간적으로 따지자면 얼마 안 됐겠지만, 아버지는 잠깐을 놀아주더라도 최선을 다해 아주 열심히 놀아주셨던 게다. 그리고 아버지는 항상 세계지도를 놀이도구로 삼으셨다.

아버지께서 세계지도를 가지고 오라고 하시는 날은 용돈을 주고싶거나 뭔가를 이야기해주고 싶을 때이다. 아버지께서 우리에게 용돈을 주고 싶으신 날이면 좀 쉬운 질문을 하셨다. "인도의 봄베이가 어디 있는지 찾아보아라." 그러면 우리는 쉽게 그 도시를 찾아냈다.

어느 날은 아버지께서 "팔레스타인을 찾아봐라"고 하시는 것이다. 내 동생은 정말 눈이 좋아 아주 작은 나라도 금방 찾아내는데 동생조차 팔레스타인을 찾지 못하고 우왕좌왕했다. 지도상에 팔레스타인이라는 나라가 표시되어 있지 않았기 때문이다. 아버지께서는 그런 우리를 보면서 "그렇다면 이번에는 이스라엘을 찾아봐라"고 하셨다. 이스라엘은 물론 쉽게 찾을 수 있었다. 아버지께서는 세계지도에 이스라엘은 있지만 팔레스타인이 없는 이유에 대해 설명해주셨다. 그리고 이스라엘과 팔레스타인이 공존해야 한다는 주장도 함께 펼치셨다. 그렇게 우리는 어렸을 때부터 "아, 팔레스타인은 지도에 있어야 하는 나라구나!" 하는 생각을 가지며, 자연스럽게 국제적 시사 문제까지 알 수 있었다.

우리 어머니는 아버지보다 더하셨다. 집 안의 생활용품을 온통 세계지도가 그려져 있는 것으로 사오셨다. 예를 들어 지구본 모양의 저금통, 세계지도가 그려진 스케치북, 티셔츠 같은 것들이었다. 식사를 하다 옷에 밥풀을 묻히면 어머니는 "셋째야, 네덜란드에 밥풀 떨어졌어"라고 하셨고, 나는 자연스레 네덜란드의 위치를 알게 되었다.

이렇듯 나는 세계지도와 함께 자랐기에 세계를 한 바퀴 돌아보는 것이 그리 꿈같은 일은 아니라고 생각했다. 내가 열 살 무렵, 세계지도를 보다가 땅이 다 붙어 있는 것을 발견했다. 그래서 아버지께 "아버지, 세계는 모두 이어져 있으니 걸어서 한 바퀴 돌아볼 수 있지 않을까요?"라고 말했다. 아버지께서는 그런 나를 너무도 기특해하셨다. 다음 날 학교에 가서 친구들한테도 곧바로 "난 자라서 세계일주를 할 거야" 하고 말했더니, 친구들이 놀란 눈으로 나를 쳐다봤다. 세계의 땅은 서로 이어져 있고 우리는 다리가 있는데, 세계일주를 하는 것이 뭐가 그리 큰일일까. 나는 내 말에 놀라는 친구들을 보면서 그게 더욱 놀라웠다.

여러분도 늘 세계지도와 함께했으면 한다. 세계를 다 마음속에 넣어두고 국제 뉴스가 나올 때마다 그곳을 한 번 찾아보라. 그 세계지도 안에는 우리에게 필요한 나라뿐만 아니라 우리를 필요로 하는 나라도 들어 있기를 바란다. 그런 사람들이 모여 있는 세상이 세계 시민들의 세상이다.

서울에서 열린 G20 정상회의에 일본, 미국, 중국 등 각국의 정상들이 초대되었다. 나는 여기에 라이베리아, 스리랑카, 네팔 등 모든 국가들이 참여했으면 좋겠다고 생각했다. 우리가 도움을 얻을 수 있는 나라뿐 아니라 우리가 도움을 줄 수 있는 나라 또한 주목해야 할 대상이기 때문이다. 그러한 관심이 바로 세계 시민으로 나아가는 발판이라 생각한다.

정글의 법칙을 버리고 사랑과 은혜의 법칙으로

이제 세계지도를 여러분의 머릿속에 그렸을 것이다. 세계를 내 안으로 초대했고, 그 안에는 우리가 필요로 하는 나라뿐만 아니라 우리를 필요로 하는 나라도 들어 있다. 그렇다면 이제는 세계를 움직이는 법칙에 대해 살펴보자. 여러분은 세상을 움직이는 법칙이 무엇이라고 생각하는가?

사람들은 보통 세상이 '정글의 법칙'에 따라 움직인다고 생각한다. 나 역시 40대 초반까지 힘 있는 사람이 세상을 지배한다고 생각했다. 강자독식, 즉 돈 있는 사람, 힘 있는 사람이 뭐든지 하는 세상 말이다. 그곳은 강자가 약자를 아무리 눌러도 주변에 있는 사람들이 아무 소리 못하고 가만있는 세상이다. 그 강자에게 눌리다 못해 약자가 강자의 뒤통수를 치고 새 강자가 되면 또 약자를 억누르는 세상이다.

그런데 나는 이 외에도 다른 법칙에 따라 돌아가는 세상이 있다는 것을 알게 되었다. 새가 양 날개가 있고 자전거에 두 바퀴가 있듯이.

그것은 세상을 소리 없이 움직이는 '사랑과 은혜의 법칙'이었다.

우리는 생물학적으로는 포유류이지만 정글 속의 짐승과는 다르다. 나는 가톨릭 신자로 성당에서 사랑의 힘에 대해서 많이 들어왔지만 실제 삶에서 그것이 가능할지 의문을 가졌다. 교회나 절에서도 비슷한 말을 할 것이다. 하지만 사람들은 강자가 지배하는 세상, 정글의 법칙이 통하는 세상에 익숙해 있다. 그런데 잘 생각해보면 우리 삶 속에도 강자가 약자를 돌보고, 그 약자가 강자가 되었을 때 다시 약자를 돌보는 예가 있다. 우리가 아이 때 엄마가 우리를 돌보고 엄마가 할머니가 되면 우리가 다시 엄마를 돌보지 않는가. 개인도 그렇고 국가도 마찬가지다.

이 사랑과 은혜의 법칙의 가장 큰 수혜자가 바로 우리 조국, 대한민국이다. 우리나라가 언제까지 국제 사회의 원조를 받았는지 알고 있는가? 1970년도 아니고 88올림픽도 지난 1990년까지이다. 나는 국제구호단체에서 일하면서 우리나라가 1990년까지 원조를 받았다는 사실에 엄청난 충격을 받았다. 88올림픽이 열리고 1인당 국민소득 1만 달러 시대가 열렸던 그때에도 영국, 미국의 국제구호 팀장들은 세계 사람들이 모이는 곳이면 가서 모금을 해 우리에게 보내왔다. '한국 사람들이 굶어죽는다' '한국 사람들이 입을 옷이 없다'며 말이다.

그런 우리나라가 1990년에 과감하게 그 고리를 끊고 다른 나라에 원조를 해주는 나라로 탈바꿈했다. 약자였던 우리가 강자의 도움을 받아서 강자가 되었을 때, 잊지 않고 약자를 돌보는 멋진 나라가 된 것이다. 여기서 우리의 자부심이 나온다. 구호 분야에서 보면 대한민국은 명실공히 멋진 나라이다.

가난한 나라의 아이가 굶으면 어떻게 될까? 요즘의 젊은 사람들은 굶으면 그저 살이 빠진다고 대답한다. 하지만 그 아이들은 단순히 배가 고프고 살이 빠지는 데 그치는 것이 아니라 죽고 만다. 전 세계의 많은 사람들이 비만 때문에 병에 걸릴 정도로 식량이 넘쳐난다고 하는데 그 아이들에게는 왜 밥이 가지 않을까?

생명을 구하기 위한 국제구호 활동 중에는 네 가지 분야가 있다. 식량, 물, 피난처, 보건의료가 그것이다. 나는 식량 구호를 담당했는데 3초를 세는 사이에 아이들이 1명씩 굶어죽는다고 한다. 처음으로 굶어죽는 아이를 목격했을 때 얼마나 놀라고 당황했는지 모른다.

하루는 어느 마을에 식량이 얼마나 필요한지 보러 갔다. 200명 정도가 아이였고 그중 100명이 2주일 안에 식량을 공급받지 못하면 굶어죽는다고 했다. 이미 단백질 부족으로 머리가 노랗게 됐고, 움직일 수 없어 널브러진 아이들이 수두룩했다. 6개월 된 아이를 안았는데 베개보다 가벼웠다. 얼굴은 원숭이처럼 쪼그라들어 있었고 숨넘어갈 듯 심장이 뛰고 있었는데 너무 무서웠다. 그때 한 아이와 눈이 마주쳤다. 마치 아이는 나에게 묻는 듯했다.

"저는 왜 죽어가야 하죠? 제가 무슨 잘못을 한 건가요?"

정말 이 아이가 죄를 지은 것일까? 생후 6개월 된 아이가 죄를 지을 시간이나 있었을까? 그 아이의 죄는 하나였다. 가난한 나라에 가난한 집의 아이로 태어난 것이다.

이 마을을 떠나 40분쯤 차를 타고 가니 시장이 나왔다. 한 가게의 식량 창고에 밀가루가 산더미처럼 쌓여 있었다. 나는 너무나 화가 나서 가게 주인의 팔뚝을 잡고 따졌다.

"아이들이 죽어가는데 어떻게 밀가루를 이렇게 쌓아둘 수 있어요!"

소리를 지르자 그는 한심하다는 눈으로 나를 쳐다봤다. 그리고 짧은 한마디를 했다.

"I'm a businessman."

자신은 장사꾼이라는 것이다. 쌀 때 사서 쟁여놓았다가 비쌀 때 팔아 이윤을 최대한으로 늘려야 한다는 자본주의 사회의 원리에 따라 살아가는 장사꾼, 그도 정글의 법칙에 따라 사는 것이다. 나는 그가 사랑과 은혜의 법칙을 깨달았다면 얼마나 좋았을까라는 생각을 한다.

이런 일이 아프리카의 식량 창고에서만 일어날까? 우리 마음의 창고는 어떠할까? ARS로 1,000원 2,000원 성금 모으기를 하는데, 이 적은 돈이 사람을 살릴까 싶지만 정말 이 돈이 모아져 사람을 살린다. 이 작은 돈들이 모여 물을 건너가면 쌀이 되고 학교가 만들어진다. 그렇게 몸소 세계의 약자들을 돕는 사람이 진정한 세계 시민이다.

흔히 글로벌 리더십이라는 말을 많이 한다. 나를 초청하는 강연에서 강의 주제로 가장 많이 요청하는 것이 글로벌 리더십이다. 보다 구체적으로는 세계를 이해해서 나의 경쟁력을 높이자는 이야기를 들려달라는 것이다. 이러한 생각은 상중하로 따지자면 하이다. 진정한 글로벌 리더란 세계 시민 의식을 머릿속에 깊이 새기고 사랑과 은혜의 법칙에 따라 사는 사람이다.

어느 날 한 초등학생한테 편지를 받은 적이 있다. 자기가 반장 선거를 나갈 텐데 반장이 되면 유엔 사무총장이 되는 데 유리한가를 물었다. 대체 누가 이 아이한테 그렇게 가르친 것일까. 이런 것보다는 배고픈 아이, 가난한 나라를 돌볼 수 있는 의식을 길러주는 것이 더 필요하다. 군사력, 경제력만 키워서 세계 시민이 되는 것이 아니다. 세계 시민이란 강대국이든 약소국이든 세계의 문제를 자국의 문제처럼 고민하고 해결하기 위해 노력하는 사람들을 일컫는다.

여러분이 우리나라뿐만 아니라 전 세계를 머리에 담아둘 수 있는 사람이 되었으면 좋겠다. 우리가 사는 세상이 정글의 법칙뿐만 아니라 사랑과 은혜의 법칙이 함께 돌아가는 세상이었으면 한다. '우리'를 조금만 더 넓혀보자. 우리 집, 우리 학교, 우리나라에서 우리 아시아, 우리 세계로!

처음으로 세계일주를 끝내고 나는 첫 일기장에 이렇게 썼다. "세계는 좁다. 튀어봐야 지구 안이다." 우리 모두 세계지도를 머릿속에 넣고, 시원하고 멋진 세상을 만들어가도록 하자.

사람마다 꽃이 필 때가 다를 뿐
언젠가 꽃은 반드시 핀다

이제 가슴에 대한 이야기를 해보겠다. 사실 나는 불화살을 연상시키는 빨간 색깔의 옷을 입고 다니는 것을 좋아한다. 지금부터 여러분께 불화살을 한 방 쏘려고 한다. 숯불처럼 새빨갛게 달구어진 빨간 불화살을. 그 화살촉에 새겨진 문구는 '무엇이 내 가슴을 뛰게 하는가'이다. 그 불화살에 대한 이야기를 들려드리겠다.

여러분은 언제 마지막으로 가슴이 뛰었는가? 나는 10년 전쯤에 불화살을 맞았다. 그리고 그 불화살은 지금도 내 가슴속에 활활 타오르고 있다. 내게 불화살을 쏜 사람은 케냐의 의사였다.

당시 세계일주를 하면서 1,000원이 없어서 죽어가는 사람을 목격하고 누군가를 돕고 싶다는 생각은 했지만 어떻게 시작해야 할지 몰랐다. 그러던 차에 월드비전(World Vision) 회장한테서 전화가 왔다. 나는 사실 그때까지도 월드비전에 대해 전혀 몰랐다. '세계를 본다는 뜻일까?'

심지어는 단어 그대로 해석해서 안경 회사인 줄 알았으니 지금 생각해보면 참으로 무지했다. 월드비전은 2010년 10월 11일, 창립 60주년을 맞이한, 국내에서 가장 오래되고 규모가 큰 구호개발단체라 할 수 있다. 우리나라가 가난하고 어려울 때 세계로부터 원조를 받는 역할을 맡았으며 이제는 다른 나라에 구호 활동을 벌이고 있다.

나는 팀장직을 수락하고서 처음으로 소말리아를 찾았다. 현지에 아픈 사람들을 도와주는 서른여섯 살의 멋진 케냐 의사가 있다고 해서 내심 기대를 안고 떠났다. '혹시 코피 아난 유엔 사무총장처럼 생긴 분이 아닐까?'

도착해서 먼저 그곳 지도자 6명과 인사를 나눴다. 그런데 상대의 손을 보니 손가락이 없지를 않나, 귀가 없지를 않나, 설상가상으로 코마저 없는 사람도 있었다. 그 옆의 사람은 턱이 뭉개져 있었다. 말로만 듣던 풍토병을 눈으로 확인한 순간이었다. 나는 너무 무서워 거짓말을 했다. 한국 사람은 손을 잡지 않고 고개를 숙여서 인사를 한다고.

그러고 나서 그 케냐 의사를 만났는데 완전 실망하고 말았다. 이목구비가 너무 제멋대로 생겨 호감이 가질 않았다. 그런데 이 사람과 10분 남짓 함께 있자 대번에 마음이 가기 시작했다. 이 의사는 누가 시켜서가 아니라 자신이 좋아서 자신이 원해서 그 일을 하고 있는 게 분명했다. 그의 주변에 갑자기 아우라가 드리워졌다.

나는 케냐 의사가 열정에 넘쳐 환자를 돌보는 모습을 보면서, 부모님이 주신 얼굴로 가장 아름다워 보일 수 있는 방법을 깨달았다. 사람은 자신이 하고 싶은 일을 자신이 좋아서 할 때 가장 반짝인다는 것을. 어쩌면 지금 내 모습처럼 말이다. 나는 지금 내 모습이 지금까지의 내 인생에서 가장 아름다울 거라고 생각한다.

앞에서도 말했지만, 나는 지금 백두대간 종주 중인데 안타깝게도 백두산까지는 갈 수 없으니 설악산까지만 가려 한다. 제일 좋아하는 산에서 등반을 하고 와서 산 기운이 묻어나는 나, 정말 만나고 싶은 사람들을 만나는 나, 그리고 내가 진정 하고자 했던 이야기를 하고 있는 나, 그러니 지금의 내가 가장 아름답지 않을 수가 있겠는가?

일이 끝나고 저녁이 돼서 인터뷰를 하면서 나는 그 케냐 의사에게 물었다.

"왜 여기까지 와서 이렇게 험한 일을 하고 있나요?"

그는 아무렇지도 않다는 듯 웃으며 답했다.

"내가 우리 고향에 있었으면 잘 먹고 잘살았겠지요. 그런데 내가 가진 기술을 돈 버는 데만 쓰면 너무 아깝잖아요."

이것은 전초전에 불과했다. 그다음 말이 불화살이었다. 그는 갑자기 호롱불을 가까이 가져오더니 나를 똑바로 쳐다보면서 말했다.

"그리고 무엇보다 이 일이 내 가슴을 뛰게 하기 때문이죠."

갑자기 숨이 막혔다. 그리고 이 사람이 너무나 부러웠다. 왜 일을 하냐고 물었을 때, "이 일이 내 가슴을 뛰게 하기 때문이죠"라고 대답하는 사람은 그때까지 없었다. 무엇이 내 가슴을, 무엇이 내 피를 끓게 하는가, 문이 열릴 때까지 두드리도록 나를 움직이는 것은 무엇인가?

10년 전에 내가 불화살을 맞고 지금도 그 뜨거움으로 가슴이 뛰는 것처럼, 오늘 내 이야기를 들은 여러분도 불화살을 맞았으면 좋겠다. 나는 여러분이 가슴 뛰는 일을 하고 있다는 말을 듣고 싶다.

그것을 위해 한 발자국 한 발자국 걸어가는 모습을 보고 싶다. 모두 다 견딜 수 없는 뜨거운 열정을 가지고 100도의 삶을 살았으면 한다. 99도와 100도는 사실상 온도 상으로는 별 차이가 없다. 99도에서는 물이 뜨겁지만 끓지는 않는다. 하지만 100도는 다르다. 그 케냐 의사와 같은 눈빛, 견딜 수 없이 뜨겁게 끓는 100도의 가슴을 가진 사람이 되려 노력해보자. 내 인생을 다 바쳐도 아깝지 않다고 생각하는 것에 도전하자.

용기란 그 일이 얼마나 하고 싶은가에 달려 있다. 자신의 발목을 잡고 있는 것이 무엇인지 고민해보면, 집착과 욕심일 때가 많다. 나는 무엇을 하고 싶지만 이것 '때문에' 못한다, 무엇 '때문에' 라는 핑계가 끊이지 않는다.

태국에 가면 코끼리 서커스를 볼 수 있는데 아기 코끼리는 쇠사슬로 묶어놓는다. 발버둥을 치기 때문이다. 그런데 다 자란 코끼리는 아주 가는 실로 묶어도 꼼짝하지 않는다. 쇠사슬을 못 끊는다는 것을 알고 체념한 탓이다. 젊은이들이 아주 작은 장애 때문에 꿈을 펼치지 못했다는 사실을 후에 알게 되면 얼마나 아쉽겠는가. 너무 늦었기 때문에 나는 할 수 없다고 생각하면 후회만 남는다. "늦었다" "할 수 없다" 라는 것은 세상의 편견이다. 이 땅의 젊은이들이 세상의 위협에 속지 않았으면 한다.

20~30대, 참 떨리고 불안한 시기다. 이렇게 생각해보는 것은 어떨까? 축구 경기 전체는 90분이다. 45분이 전반전이고 나머지 45분이 후반전이다. 전반전에 골을 많이 넣었다고 끝나는 축구는 없다. 인생이라는 축구도 마찬가지다. 45분 안에 아무리 골이 많이 들어갔다고 해도 전반전일 뿐이다. 후반전이 남았고 연장전도 남았다.

나는 인생이라는 축구의 후반전 5분을 뛰고 있다. 큰 기대를 안고서 앞으로 어떤 일이 벌어질지 궁금하다. 지금까지의 경험, 배워온 기술, 지식과 네트워크가 쌓여서 50대에 꽃이 활짝 피지 않을까 한다. 김연아 선수처럼 봄에 피는 꽃도 있고, 여름에 피는 꽃도 있다. 사람마다 꽃이 필 때가 다를 뿐 언젠가 꽃은 반드시 핀다. 초조해하지 말고 준비하고 기다리면 된다. 세상에서 이야기하는 20대에 해야 할 일, 30대에 해야 할 일은 하나의 참고사항일 뿐이다. '아, 이렇게 살수도 있구나' 하는 모델일 뿐이다.

결국 사람은 자신만의 옷을 입어야 한다. 아무리 밍크코트가 좋다 한들 하와이에서 밍크코트를 입을 순 없지 않은가? 부디 각자에게 꼭 맞는 옷을 입을 수 있길 바란다. 엄마가 원해서가 아니라, 사회가 높이 평가해서가 아니라, 자신이 원하는 꿈을 펼쳤으면 좋겠다. 꿈의 원동력, 꿈의 활력을 안다면 분명 꿈은 이루어질 것이다.

한 손은 나를 위해, 다른 한 손은 다른 사람을 위해

이제 마지막으로 손에 대해서 짧게 이야기하겠다. 구호 현장에서는 머리나 가슴보다 손이 중요하다. 생각만 하고 마음이 아파 울기만 해서는 소용이 없다. 손을 가지고 열심히 일을 해야 한다.

여러분의 손을 한번 보라. 여러분의 손으로 공부를 하기도 하고, 집안을 돌보기도 하고, 나라를 이끌기도 한다. 손은 물리적으로는 작지만 이토록 다양한 일을 한다. 내 손은 작지만 구호 현장에서는 10만 명 20만 명에게 구호 물자를 나눠주는 큰 손이다.

또 내 발은 225밀리미터이다. 그래도 이 작은 발로 세계를 걸었다. 여담이지만 나는 다른 나라에 가면 맞는 신발이 없다. 작은 신발이 없어서 미키마우스나 신데렐라가 그려진 신발을 신는다. 중동에 가면 카펫 생활을 하는데, 긴박한 구호 현장에서 신발을 밖에 두고 들어오면 사람들로부터 이렇게 위험한 곳에 누가 아이를 데리고 왔느냐는 이야기까지 듣는다.

여러분은 자신의 손을 어떻게 생각하는가? 나는 구호 활동을 하면서 이 손을 가지고 남의 뒤통수를 때리지 않겠다고 생각했다. 내가 비록 어리석고 미숙하더라도 이 손을 정글의 법칙에 따라 사용하지 않겠다고 마음먹었다. 다른 사람의 상처를 어루만져주고 눈물을 닦아주는 손을 지닌 사람이 되겠다고 다짐했다. 또 그들의 어깨에 날개가 있다는 걸 알게 해주고, 날개를 달아주는 사람이 되겠다고 생각했다.

내가 앞으로 살면 한 40년쯤 살 것이다. 그 시간 동안 나는 내 손을 긍정적인 곳에 모두에게 도움이 되는 곳에 쓰고 싶다. 나의 행복과 즐거움이 우리 모두의 행복과 즐거움이 되는 세상에서 살고 싶다.

여러분은 자신의 손을 어디에 쓰고 싶은가? 나는 한 손은 나를 위해, 다른 한 손은 다른 사람을 위해 쓰기로 결심했다. 내가 가지고 있는 것을 기꺼이 나눠주는 사람이고 싶다. 그것이 시간이든 마음이든 돈이든 재능이든.

여러분 또한 한 손은 나를 위해, 다른 손은 남을 위해 쓰는 사람이었으면 한다. 그것이 각자의 인생을 풍요롭게 하는 일 아니겠는가, 마땅하고 옳은 일이지 않겠는가.

이원복

덕성여자대학교 시각디자인과 교수. 서울대학교 건축공학과, 독일 뮌스터 대학 디자인학부와 철학부 졸업. 대통령 직속 사회통합위원회 위원, 인권위원회 인권홍보대사, 환경부 아동건강홍보대사로 활동하고 있으며, 한국도서잡지윤리위원회 금상, 한국간행물윤리위원회 금상, 한국간행물윤리위원회 간행물윤리상 등을 수상했다. 저서로는 《먼 나라 이웃나라》 《한국 한국인 한국 경제》 《세계로 가는 우리 경영》 《미국을 알면 영어가 보인다》 《유럽만사, 세상만사》 등이 있다.

먼 나라
이웃나라를 넘어
세계 시민으로

**잘사는 나라, 일류국가, 선진국의 공통점은
분명한 목표와 전략이 있다는 것이다**

역사란 마치 퍼즐 맞추기처럼 우리가 알게 모르게 서로 연관되어 있다. 잠시 '빵'이라는 단어의 어원을 살펴보자. 1492년 콜럼버스가 신대륙을 발견했다. 당시 포르투갈은 동쪽 아프리카를 거쳐 인도로 가는 길을 찾고 있었다. 반면 콜럼버스는 스페인에서 서쪽으로 가다 인도를 발견했다.

두 나라 모두 인도를 발견하자 1494년 교황을 찾아간다. 포르투갈과 스페인이 싸움을 할 것 같아서 중재를 부탁했던 것이다. 교황은 줄을 쭉 그은 후, 그 선을 중심으로 발견되는 동쪽의 땅은 포르투갈이, 서쪽의 땅은 스페인이 가질 것을 명령했다. 이 때문에 일본, 중국 할 것 없이 아시아 전부가 포르투갈 땅이 됐다. 빵은 포르투갈 말인데, 그런 연유에서 지금 우리가 '빵'이라고 부르게 된 것이다.

잘사는 나라, 일류국가, 선진국들은 다 공통점이 있다. 분명한 목표와 전략이 있었다는 것이다. 전략을 가지고 국민의 힘을 모았기 때문에 선진국이 될 수 있었다. 그들이 어떤 경로를 거쳐 일류국가가 되었는지 나라별로 한 번 살펴보도록 하자.

미국이 오늘날 세계 초강대국이 될 수 있었던 데는 링컨의 영향이 크다. 링컨은 오바마 대통령까지 포함한 44명의 대통령 중에 가히 최고라고 할 수 있다. 링컨이 노예해방을 이루어서가 아니다. 노예해방은 링컨의 목표달성을 위한 하나의 방법이었을 뿐이다. 링컨의 목표는 미국 통일이었다. 미국 남쪽은 버지니아계로 영국에서 이민 온 사람들이 살고 있었고, 북쪽은 네덜란드로 갔던 청교도들이 동경을 가지고 정착한 곳이다. 미국은 건국 때부터 마찰의 소지를 가지고 있었다.

때문에 남북전쟁은 발생할 수밖에 없었던 전쟁이었다. 링컨 이전의 대통령은 어떻게 해서든 전쟁을 막아보기 위해 다독이고 서로의 요구조건을 들어줬다. 하지만 링컨은 전쟁이 필요하면 해야 한다고 생각했다. 노예제도를 통해서 통일을 할 수 있다면 노예제도를 유지하겠지만, 반대로 노예제도를 없애야 통일을 할 수 있다면 없애겠다고 했다. 그만큼 통일이 필요했던 것이다.

미국은 전쟁을 통해 국가의 토대를 만들었고 지금의 강대국이 될 수 있었다. 링컨이 전쟁을 일으키지 않았다면, 지금 미국은 남아메리카 대륙처럼 수많은 국가로 갈라졌을 수도 있다. 50개 주가 하나 된 미국은 강대국이다. 현재 미국이 가지고 있는 군사력은 전체 유럽, 아시아를 다 합친 것과 대등하다.

지금은 늙어가는 제국이라고 하지만 영국 역시 세계를 제패한 경험이 있다. 아직도 영국 국기를 쓰고 있는 나라가 40~50개국이나 된다. 대영제국은 해질 날이 없다는 말이 나올 정도로 대단한 나라였다. 엘리자베스 1세 여왕이 있었기에 가능한 일이었다. 여왕은 바다를 지배하는 자가 세계를 지배할 것이라고 생각했다. 강력한 해군을 만들어 영국 함대는 세계 최강이라는 스페인의 무적함대를 무찌르고 해상권을 장악했다. 해군 강국이 국가 전략이었던 것이다.

유럽에서 요즘 제일 잘나가는 나라는 독일이다. 독일은 1800년대 후반까지만 해도 유럽의 삼류 국가였다. 독일의 주식이 감자인데, 감자는 배고픔을 달래기 위해 먹는 구황식품이다. 독일은 통일이 되기 전까지만 해도 구황식품을 먹으며 프랑스의 멸시를 받던 가난한 나라였다.

그런데 어떻게 해서 독일은 부강한 나라가 되었을까? 바로 비스마르크라는 재상이 있었던 덕분이다. 그는 독일의 통일을 강하게 밀어붙였다. 나폴레옹, 비스마르크 등 많은 사람들이 통일된 제국을 원했다. 권력이 좋아서였을까? 아니면 통치자가 되고 싶어서였을까?

독일 통일을 보면 단순히 권력에 대한 욕심만으로 통일을 추진한 것은 아님을 알 수 있다. 그들의 통일은 정치보다 경제 네트워크 때문에 필요했다. 비스마르크는 정치적인 이유도 있었겠지만, 무엇보다 경제적인 이유로 통일을 이룩했다. 통일 이후 독일은 강력한 세력으로 등장해서 승승장구를 하고 있다.

금융위기를 맞은 나라를 가리켜 'PIGS' 라고 한다. 여기서 P는 포르투갈, I는 아일랜드, G는 그리스, S는 스페인이다. 이탈리아도 위태롭다고 한다. 이 나라들의 특징은 대부분 시에스타(siesta), 즉 낮잠 자는 나라라는 것이다. 그래도 이 중 이탈리아는 G7에 속하고 굉장한 파워를 과시하는 나라이다. 그 힘은 가리발디 장군이 이룩한 이탈리아 통일에서 나왔다.

하지만 통일 이후 지금까지도 이탈리아는 지역색이 강하다. 이탈리아 사람들이 스스로를 이탈리아 국민이라고 생각할 때는 월드컵밖에 없다고 한다. "당신은 어느 나라 사람입니까?"라고 물어보면 이탈리아 사람들은 나라와 함께 꼭 출생 도시명을 말한다.

이탈리아 통일 당시 초대 수상이 유명한 말을 남겼다. "우리는 이탈리아를 만들었다. 이제는 이탈리아인을 만들고자 한다." 그만큼 통일된 이탈리아를 만드는 것이 중요했다는 의미다.

이제 러시아로 가보자. 강대국 하면 러시아보다는 소련이 떠오를 것이다. 소련이 전 세계 3분의 1을 좌지우지했던 원동력은 무엇일까? 볼셰비키 혁명을 통해 모든 국민이 평등하게 잘살자는 이념이 있었기 때문이다.

그러나 누구나 잘사는 이상 국가를 만들겠다는 꿈은 현실을 무시한 이상주의였다. 빵장수가 아침부터 부지런히 빵을 만드는 것은 자부심이 아니라 이익을 얻기 위해서라는 말이 있다. 인간은 욕심을 가지고 있는 동물이다. 소련은 이것을 간과했다. 우크라이나는 곡식이 쌓여서 넘치는데 기차가 고장 나서 허허벌판 시베리아까지 갈 수가 없었다. 이 때문에 분배가 안 되고, 이런 비효율 때문에 소련은 몰락하고 러시아가 되었다.

잘나가던 일본은
왜 제자리걸음을 계속하고 있을까

이제 아시아로 넘어와서 일본과 중국, 한국을 살펴보자.

일본은 1853년 미국인들이 배를 끌고와 압박하자 허겁지겁 나라 문을 연다. 일본은 섬나라로 모든 것을 외부에서 들여와야 하는 만큼 다른 문화를 잘 받아들인다. 앞선 것을 받아들일 준비가 되어 있다. 그리고 다른 문화를 자신들에게 잘 맞게 바꾸는 능력도 있다.

당시 영국이 세계 패권을 잡고 있었지만 군인이 부족했다. 그래서 동인도회사와 서인도회사를 만들어 민간인들에게 군사권을 내줬다. 영국 상인들은 인도에 가서 인도의 용병을 고용하고 인도를 지배했는데 군사력을 유지하기 위한 자본이 부족해 인도 옆에 있는 중국에 눈독을 들였다. 거대한 중국 시장에 모직, 담배, 차를 팔려고 했지만 뜻대로 안되자 영국 상인들은 아편을 팔기 시작했다. 이로 인해 아편전쟁이 일어났고, 중국은 영국에 패하고 말았다.

이 전쟁을 계기로 중국과 일본은 개혁을 시작했다. 하지만 두 나라가 개혁을 하는 모습은 판이했다. 일본은 국가 목표를 '서양 따라잡기'로 정한 뒤 1868년 국가 전략을 '탈아입구(脫亞入歐)'로 세웠다. 아시아를 버리고 유럽으로 들어간다는 뜻이다. 일본은 모든 제도를 서양식으로 바꿨다. 또 하나의 국가 전략은 '화혼양재(和魂洋才)'이다. 일본의 정신을 유지한 채, 서양의 학문을 받아들여서 더 우수하게 만들겠다는 의미였다. 일본은 불과 20년 만에 강국이 되어서 우리나라를 침략했다. 그리고 청일전쟁에서 승리하고 러일전쟁에서도 승리한다. 세계열강에 진입한 것이다.

그럼 이번엔 중국을 살펴보자. 중국은 일본과 달리 단 한 번도 중화사상을 버린 적이 없다. 중국은 자신들의 시스템을 유지하고 서양의 학문만 받아들였다.

일본인들은 세계 진출을 해도 재팬 타운(Japan Town)을 만들지 않는다. 그들은 외국에 나가면 그 나라에 동화한다. 그러나 중국인들은 어디를 가나 차이나 타운(China Town)을 만들어서 그들만의 공동체를 만든다. 중국의 목표는 중화사상을 통한 세계 으뜸국가 건설이다. 그래서 중국은 대만과 티베트를 독립국가로 인정하지 않는다. 두 개, 세 개의 중국은 피바람이 분다는 것을 잘 알고 있기 때문이다. 중국이라는 나라가 존재하는 한 티베트 독립은 힘들지 않을까 싶다.

중국의 발전과 움직임이란, 세계 제패가 아니라 세계 으뜸나라로 올라서는 것이다. 중국은 최근 들어 일본도 넘어섰다. 앞으로 중국이 성장하는 것은 시간문제라고 한다.

그렇게 잘나가던 일본은 왜 1990년대부터 지금까지 제자리걸음을 하고 있을까? 나는 국가 전략의 부재라고 생각한다. 지금까지는 서양을 따라잡자는 것이 국가 전략이었다. 즉 '탈아입구'를 했는데, 어디로 가야 할지 모르는 것이다.

뒤집어 이야기하면 자기 거부 내지는 자기 부정이다. 황인종이 황인종이지 어떻게 백인이 되겠냐는 것이다. 이는 자기 정체성 부정이다. 일본에서는 동양인이 쓴 책은 잘 안 팔린다. 서양인이 쓴 책만 베스트셀러가 된다. 아시아에 대한 폄하가 원인이다. 이제 아시아로 돌아가자고 하지만 역부족이다. 이미 일본에는 서구적인 사고방식이 뿌리내려 있기 때문이다.

일본이 만든 세계적인 발명품으로 '워크맨'과 '가라오케'가 있다. '워크맨'은 단지 서양에서 만든 녹음기를 작게 만들었을 뿐이다. '가라오케' 역시 서양에 있던 것을 반주기 형태로 바꾼 것뿐이다. 정체성 부재가 일본의 가장 큰 문제이다.

공존을 국가적 목표로, 사랑받는 국가를 선진국의 목표로

우리나라의 국가 전략으로 국민의 절대적인 공감대를 형성한 것이 있었다. 바로 '잘살아보세'이다. 이 슬로건만큼 우리의 심금을 울리는 것이 없었다. 그런데 이제 외국에서는 대한민국을 인정해주는데 우리만 모른다.

동구권 몰락이 대한민국 때문에 시작됐다는 것을 아는가? 코리아에서 올림픽을 한다고 했을 때 동구권에서는 코웃음을 쳤다. 코리아를 거지들이 넘쳐나는 폐허의 나라로 알고 있었기 때문이다. 하지만 올림픽 때 보니 서울 거리에는 자동차가 넘쳐나고 사람들이 옷도 잘 입고, 굉장히 발전해 있는 것이다. 동구권이 넘어지기 시작한 시기가 올림픽이 끝난 1989년부터이다.

나는 《먼 나라 이웃 나라》를 쓰면서 우리나라가 선진국이 되길 꿈꾸었다. 이제 그 꿈이 G20 정상회의 의장국으로 실현되었다고 생각한다. 우리는 세계 변방국가에서 세계 중심국가가 되는 것을 꿈꾸었고, 그 꿈을 이루었다. 오케스트라로 치면 저 끝에서 탬버린만 치다가 지휘자가 된 것이다. 모든 것의 중심이 됐다.

우리나라는 산업화와 민주화를 동시에 이룩한 나라이다. 1960년대 1인당 국민소득이 60달러에서 현재 2만 달러로 올라섰다. 세계 10대 무역국에 들어간다. 세계 220여 개국 가운데 다른 나라의 도움을 받다가 도움을 준 유일한 나라이다.

과거의 G7은 백인과 기독교 국가였다. 그러나 이번 G20에는 신흥국들도 참석했기 때문에 모두의 의견을 아울러 좋은 결과를 낼 수 있었다.

우리나라는 이제 선진국 반열에 들어섰다. 그렇다면 우리는 어떤 선진국으로 가야 할까? 미국처럼 힘만 세고 미움받는 나라, 일본처럼 잘살아도 업신여김을 받는 나라, 이런 나라들은 우리가 원하는 선진국이 아니다. 한국은 한류가 있는 나라이다. 일류, 중류는 없다. 즉 콘텐츠가 풍부한 나라라는 것이다.

독일에 가면 피아노가 있는 가정이 백 집 중 한 집이 될까 말까 한다. 그런데 우리나라는 아무리 못살아도 집집마다 피아노가 있다. 엄마들의 욕심이 아이들을 르네상스적인 인간으로 만들었다. 때문에 우리나라는 콘텐츠가 다양한 나라가 될 수 있었던 것이다.

우리나라가 가지고 있는 문화적 저력을 잘 활용해야 한다. 한글 또한 정말 대단한 글자이다. 자기 언어에 맞는 문자를 직접 만들어 쓴 민족은 한민족밖에 없다. 인도네시아의 한 소수민족이 한국어를 배운다고 하는데, 여기서 조심해야 할 것이 있다. 수많은 민족이 사는 인도네시아에서 가장 중요한 것은 통일이다. 다양함 속의 통일인 것이다. 우리가 문화적 자존심을 내세우면 안 된다. 그들이 한글을 쓰는 것을 고맙게 여겨야 한다. 그들의 문화적 자존심을 건드려서는 안 된다.

독일인 친구들은 우리나라에 와서 담배꽁초 하나 없는 깨끗한 서울 거리를 보곤 다들 놀란다. 프랑크푸르트 같은 데 가보면 길거리에 마약이 깔려 있고, 파리 거리는 더럽기로 유명하다. 그에 반해 대한민국은 참 깨끗하다.

선진국은 무엇보다 사랑받는 나라가 되어야 한다. 사랑받는 나라, 존경받는 나라 대한민국이 되어야 한다. 왜 미국과 일본이 미움을 받을까? 물건을 팔기만 했지 베풀지 않았기 때문이다. 공존을 국가적 목표로 만든다면 누가 우리를 미워하겠는가.

세계에서 사랑받는 나라 가운데 하나가 캐나다이다. 캐나다는 남에게 폐를 끼친 적이 없다. 자연을 보호하고 난민을 보호하고 어려운 일이 생겼을 때 제일 먼저 달려가는 나라가 캐나다이다. 그래서 많은 사람들이 살고 싶어 하는 나라로 캐나다를 꼽는다. 캐나다는 우리나라의 100배나 되는 땅에 인구는 3,000만 명밖에 안 된다. 인구는 적은데 자원은 풍부해서 돈도 많다. 게다가 베풀 줄 알고 끌어안을 줄 아는 나라이기 때문에 다들 캐나다를 좋아한다.

남북통일을 하면 우리나라의 인구는 8,000만 명이 되고 엄청난 힘을 갖게 된다. 이제는 사랑받는 국가를 선진국의 목표로 삼아야 한다. G20 정상회의를 무사히 마친 지금, 우리는 어떤 선진국이 될 것이냐에 대해 다함께 생각해봐야 할 것이다.

홍준표

한나라당 최고위원, 한나라당 서민정책특별위원회 위원장, 국회 정무위원회 위원, 국회 기후변화·에너지
대책 연구회 대표의원, 대한태권도협회 회장. 고려대학교 법과대학 졸업, 신라대학교 명예법학박사, 영산대
학교 명예부동산학박사. 국회 국방위원회 위원, 국회 정보위원회 위원, 한나라당 원내대표, 제18대 국회 운
영위원회 위원장, 제17대 국회 환경노동위원회 위원장, 한나라당 클린정치위원회 위원장, 한나라당 혁신위
원회 위원장, 서울지방 검찰청 검사, 제15, 16, 17, 18대 4선 국회의원을 역임했다.

변방국가에서 세계 중심국가로

우리나라는 1945년 해방이 됐다. 그리고 1948년 헌법을 만들고 나라를 세웠다. 그때의 시대정신은 건국이었다. 나라를 끌고 갈 틀을 만들기 위해 노력했던 때였다. 이후 독재시대로 흐르면서 4·19혁명이 일어났고 1년 후 박정희 대통령이 주도한 5·16쿠데타가 있었다.

박정희 대통령은 시대정신으로 조국 근대화를 내걸었다. 나라를 되찾았으니 이제는 잘 먹고 잘살아보자는 것이었다. 18년간 독재를 했다는 부정적인 면도 있지만, 눈부신 경제성장은 간과할 수 없는 그의 공적이다. 조국 근대화를 내건 박 대통령은 62달러 정도 되던 국민소득을 3,000달러 시대에 올라서게 만들었다.

산업화를 거친 뒤 우리는 민주화시대를 맞았다. 경제적 기반을 갖추게 되면서 '나눠 먹자, 할 말은 하고 살자'는 욕구가 표출되는 시대가 도래한 것이다. 당시는 '민주화'라는 한마디의 외침이 가슴을 찡하게 할 정도였다.

이렇듯 지금까지 우리는 건국, 산업화, 민주화시대를 지나왔다. 아울러 노무현 대통령의 재임 기간을 끝으로 민주화는 어느 정도 제도적인 틀을 갖추었다고 본다. 그렇다면 현시점에서 대한민국을 하나로 만들 시대정신은 무엇일까?

진보진영은 통일시대를 이야기한다. 반면 보수진영은 선진국시대를 언급한다. 선진국시대의 다음 단계가 통일시대여야 한다는 게 보수진영의 주장이다. 국회에서도 진보와 보수가 나뉘어 지금의 시대정신이 무엇인지 논쟁을 하고 있다.

지금 필요한 시대정신은 선진국시대라는 게 나의 개인적 견해이다. 독일이 통일을 했을 때, 동독과 서독의 경제규모는 1대 4였다. 즉 동독 경제가 서독 경제의 4분의 1에 불과했다. 그래서 통일 이후 서독은 20년 동안 동독 재건에 힘썼다. 그리하여 동독의 소득수준이 서독 대비 70퍼센트 정도까지 올라왔다.

이를 위해 서독이 동독에 쏟아부은 돈이 연간 130조 원에 달한다. 연간 260조 원인 우리나라 예산의 절반에 달하는 엄청난 돈이다. 그러다 보니 세금이 크게 늘었고, 그 여파로 독일은 20년간 경제 침체에 빠져 있다. 통일 전 독일은 일본을 제치고 세계 2위의 경제대국에 올라섰던 적이 있다. 하지만 통일 후, 독일의 1인당 국민소득은 27위로 떨어졌으며, 조금씩 상승하고 있지만 아직 19위에 머물러 있다.

지금 한국과 북한의 경제적 차이는 한국은행 공식통계로 볼 때 40대 1 정도이다. 과거 동독과 서독 간 격차보다 10배나 더 크다. 따라서 북한의 생활수준을 대한민국의 70퍼센트까지 향상시킨다고 가정했을 때, 소요되는 통일비용은 가늠하기조차 힘들다. 따라서 통일을 달성하기 전에 대한민국이 부자가 되어야 한다. 국민들이 통일세를 감당할 만한 경제적 여력이 생겨야 한다. 그래서 보수주의자들은 통일 직전의 단계로 선진국시대를 주장하는 것이다. 통일시대는 그다음이 되어야 한다.

선진국, 국민소득만큼 기초질서 확립도 중요

선진국이 되기 위해 필요한 건 단지 경제적 파워만이 아니다. 사실 구매력을 기준으로 한 국민소득의 경우 우리나라, 일본, 스페인, 프랑스가 비슷하다. 우리는 2만 달러, 일본은 2만 2,000달러 정도다. 명목소득의 경우 당연히 일본이 우리보다 높다. 일본이 4만 2,000달러, 우리가 2만 달러 수준이다. 그럼에도 불구하고 그 돈으로 살 수 있는 경제적 재화와 서비스의 양은 큰 차이가 없다.

쉽게 설명해 우리나라에서 연봉 2,000만 원을 받던 근로자가 일본에 가면 4,200만 원을 받을 수 있다. 그러나 4,200만 원의 수입이 생겨도 살림살이가 크게 나아지지 않는다. 우리나라에서 2,000만 원 받을 때와 생활수준이 같다. 그 이유는 선진국의 공공요금이 비싸다는 데 있다. 예컨대 고속도로 통행료, 전기요금, 수도요금 등을 보면 우리나라의 공공요금이 다른 선진국과 비교가 안 될 정도로 저렴하다. 일본 고속도로 통행료의 경우 우리나라보다 10배나 비싸다. 그래서 일본에 가면 비싼 통행료 때문에 주말에 차가 많지 않음을 알 수 있다.

구매력을 기준으로 하면 우리 경제도 일본과 어깨를 나란히 하고 있다고 볼 수도 있다. 그러나 구매력 수준이 일본과 비슷하다고 해서 대한민국이 선진국이 되었다고 말할 수는 없다. 국민소득이 3만 달러가 된다고 해도 선진국이 되는 게 아니다. 즉 경제력이 좋아졌다는 사실만으로 선진국이 될 수는 없는 노릇이다. 자칫 졸부 국가가 될 수도 있다.

보다 더 근본적인 것은 기초질서의 확립이다. 일본은 1963년 동경 올림픽 직후부터 선진국 준비를 했다. 가장 먼저 준비한 것은 기초질서 확립이었다. 길거리에 휴지 버리지 않기, 담배꽁초 버리지 않기, 교통질서 지키기 등 기초질서 운동이 계속되었다. 이렇듯 기초질서를 지키는 것이 바로 선진국으로 가는 가장 기본이 되는 내용이다.

같은 맥락에서 선진국이 되기 위해서는 실질적인 법치주의가 확립되어야 한다. 법이 형식적으로 적용되면 부자들은 법망을 빠져나갈 수 있다. 그러나 재벌총수도 잘못하면 징역을 살고, 무기징역도 받을 수 있어야 한다. 없는 사람은 100만 원을 훔쳐도 실형을 선고받고 감옥에 들어가는데 권력이 있는 사람들은 수백억 원을 빼돌려도 집행유예를 받는다. 이런 현실을 접하면 국민으로서 화가 난다. 이런 나라는 선진국이라고 할 수 없다. 실질적 법치주의가 확립되어야 선진국 문턱에 올라설 수 있다.

이는 곧 노블레스 오블리주를 실천하는 지도층 없이는 선진국이 될 수 없다는 의미도 된다. 노블레스 오블리주는 사회가 올바로 유지되고 선진국으로 올라서기 위해 필요한 지도층의 기본 마인드다. 그러나 우리의 지도층은 권리와 특권만 주장하지 의무는 다하지 않는다. 예컨대 많은 고위 공직자 가운데 아리송한 이유로 군 면제를 받은 사람들이 있다. 남들 군대에서 고생할 때 납득치 못할 이유로 호의호식한 그런 사람이 고위 공직자가 되면 누가 군대에 가려고 하겠는가.

마찬가지로 세금을 잘 안 내고도 고위 공직자를 할 수 있다면 세금을 제대로 낼 국민은 없다. 국민들은 그런 사람을 절대 따르지 않는다. 대한민국이 잘되기 위해서는 지도층의 솔선수범이 필요하다.

2차 세계대전 당시 영국의 귀족 자제 4분의 1이 전사했다. 영국은 지금도 귀족제도를 유지하고 있고, 국민들은 그들을 존경한다. 국가를 위해 앞장서 목숨을 바쳤기 때문이다. 사회를 위해 기부하고 헌신하는 계급이 귀족이다. 반면 6·25전쟁 당시 우리나라 고위층 자녀가 군에 가서 죽었다는 이야기는 들어본 적이 없다. 선진국이 되기 위해선 대한민국의 리더들이 의무를 충실히 이행하는 노블레스 오블리주의 정신이 충만해야 한다.

출발의 공정성도 보장되어야 한다. 가능하면 모든 사람이 공정하게 시작할 수 있도록 해야 한다. 즉 과정이 공정해야 한다. 국가가 사회적 약자에게 기회를 주는 것도 공정이 될 수 있다. 서민들에게 은행 대출을 쉽게 해주는 등 다시 일어설 수 있는 디딤돌을 만들어주어야 한다. 다소 더디게 가더라도 더불어 가는 나라가 만들어져야 한다. 이것이 바로 공정한 사회다.

정치제도도 바뀌어야 한다. 많은 국민이 정치에 대해 비난을 한다. 걸핏하면 싸우고, 옆 사람 멱살 잡고, 회의장 점거하는 국회가 국민은 못마땅하다. 이런 국회를 바꾸기 위해선 제도의 변화가 필요하다.

국회에서 난투극을 벌이는 가장 큰 이유는 대통령이 되기 위해, 대통령을 배출한 정당이 되기 위해서다. 대한민국 헌법 체제 아래서 대통령이 되면 그는 국가의 전권을 장악한다. 이런 우리의 시스템을 나는 '황제적 대통령제'라고 이야기한다. 미국보다 대한민국 대통령이 헌법 측면에서 보면 권한이 훨씬 크다.

예컨대 미국의 대통령은 법률을 만들 권한이 없다. 국회의원들만 법률안을 만들고 개정안을 제출한다. 그러나 대한민국에선 정부도 법률안 제출권이 있다. 국회에 제출하는 법안의 90퍼센트가 정부가 제출한 것이고, 대통령은 정부 제출 법안에 당연히 영향을 끼친다.

그리고 미국 대통령은 예산 편성권이 없다. 의회가 갖고 있다. 그래서 미국 대통령은 아침부터 의회 의원들을 만나 '예산 좀 편성해달라, 법률 좀 만들어달라'는 부탁을 하고 다닌다. 그러나 대한민국 대통령은 예산도 마음대로 편성할 수 있고 법률도 마음대로 만들 수 있다.

게다가 대한민국 대통령은 공직자 임명도 가능하다. 단지 국무총리, 대법관 등 몇몇 자리만 국회에서 표결을 한다. 표결도 모든 사람이 알다시피 여당이 거의 통과시켜 준다. 따라서 부적절한 사람도 장관이 되고 고위 공무원에 오른다. 그러나 미국에선 상당히 많은 공직이 의회 청문회를 거쳐야 하고, 그 과정이 무척 까다롭다.

이렇듯 대통령의 권한이 워낙 방대하다 보니 서로 대통령이 되기 위해 안간힘을 쓴다. 정당도 대통령을 배출하면 이런저런 권력을 얻게 되니 죽기 살기로 싸운다. 사실 지금의 대통령제는 1987년에 만들어졌다. 대통령 직선제를 골자로 한 1987년 법은 민주화의 초석이 됐다. 그런 공적이 인정되지만 오늘날 권력 집중에 따른 많은 문제점을 노출하고 있다.

따라서 대통령의 권한을 적절히 분산하는 것이 옳다. 대통령은 외교, 국방, 통일, 법무 등 국가 통치 기본 영역의 권한만을 갖고, 나머지는 총선에서 이긴 정당의 대표가 내각을 책임지는 분권형 대통령제가 되어야 한다. 이렇게 되면 야당에서 대통령이 나오지 않아도 총선에서 집권하면 권력이 균형을 이룬다. 국회에서 의원들이 대통령을 배출하기 위해 싸울 필요도 없다. 대화하고 타협해서 공존하는 정치제도가 가능해진다.

사실 많은 국회의원들이 이 같은 생각을 갖고 있다. 17대 국회 말 국회의원의 90퍼센트 이상이 동일한 생각을 했었다. 당시 여야 대표들이 모여 18대 국회에서 개헌을 하자는 합의를 도출하기도 했다. 하지만 성사되지 못하고 있다.

대권주자들이 거부감을 나타내고 있기 때문이다. 자신이 대통령이 될 것 같은데, 권한이 박탈되는 법안을 만들고 싶지 않은 것이다. 권력이 많은 대통령을 하고 싶지, 권력이 줄어든 대통령이 되고 싶지 않은 것이다. 조만간 다시 개헌 논의가 이루어질 가능성이 높다. 여야가 타협하고 대화하고 공존할 수 있는 체제로 개헌이 이루어졌으면 한다. 4년 중임제도 좋지만 아울러 분권형 대통령제도 이뤄져야 한다.

이와 함께 여야가 공존하는 정치체제로 가려면 지역주의가 사라져야 한다. 따라서 국회의원 선거구제도도 바뀌어야 한다. 영남 지방은 한나라당이면 당선되고, 호남 지방은 민주당이면 당선된다. 이러한 선거구제도는 임명제도와 다를 것이 없다. 영남 지방에서도 민주당과 민노당이 당선될 수 있어야 하고, 호남 지방에서도 한나라당이 당선될 수 있는 그런 선거구제로 개편되어야 한다.

그 방법이 '중대선거구제'이다. 사실 국회의원은 국가를 대표하는 사람들이다. 지역을 대표하는 자리가 아니다. 지역을 대표해 일하는 사람은 시의원, 구의원이다. 그런데 소선구제이다 보니, 국회의원을 국민대표로 뽑아놓고 지역대표로 이용한다. 지역 행사에 조금만 안 보이면 국회의원 되더니 오만해졌다고 난리가 난다. 하나의 선거구에서 서너 명을 뽑아 이 같은 지역대표성을 없애야 한다. 그래야 지역주의가 사라진다.

행정구역의 개편도 필요하다. 현재 우리나라는 해방 직후에 만들었던 8도 체제를 유지하고 있다. 기초, 광역(도), 중앙정부로 구축되어 있다. 교통이 좋지 않을 때는 이 체제를 통해서 의사가 전달됐다. 그러나 지금은 교통이 원활해져 일일생활권이 만들어졌다. 모든 것을 즉시 알 수 있는데 여러 단계를 거칠 필요가 없다. 기초단체와 중앙정부 두 곳만 있으면 된다.

따라서 전국을 45개 정도의 기초단체로 나눈 뒤, 중앙정부가 직접 소통할 수 있는 행정 창구가 만들어져야 한다. 지금 일본에서는 대대적으로 이 같은 개편이 이루어지고 있다. 공무원 숫자가 감축되고 예산이 줄어든 반면, 국민 서비스 질은 높아지고 있다. 우리도 이 같은 지방행정체제로 대폭 개편해야 한다.

그런데 국회의원 가운데에는 자신의 지역구가 없어질 것을 우려해 반대하는 경우가 있다. 인접 지방자치단체끼리는 각자의 이해관계 때문에 반대를 한다. 그러나 선진국으로 가기 위해선 행정체제의 단순화가 반드시 이뤄져야 한다. 선진국으로의 도약을 위해 각자의 조그만 이해득실을 넘어서는 긴 안목이 필요하다.

G20 정상회의가 성공적으로 마무리됐다. 대한민국이 세계 중심국가로 들어섰다는 징표이다. 대한민국은 5,000년 변방국가에서 세계 중심국가로 들어서는 길목에 서 있다. 세계 속에 대한민국이 우뚝 선 것이다. G20정상회의의 의미는 단순히 세계 강국 원수들이 모여 회의하는 것에 있지 않다. 대한민국이 그들과 같은 반열에 섰다는 사실이 중요하다. 1960년대 초에 국민소득 60달러에 머물렀던 아시아 최빈국이 50년 만에 선진국 대열에 올라섰다.

장차 후손들이 자랑스러워할 나라를 만드는 것이, 지금의 우리가 해야 할 일이라고 생각한다. 해외에 나가 1등 국민의 대접을 받도록 하는 게 우리 세대가 해야 할 일이다. G20 정상회의의 성공적 개최를 계기로 우리 사회가 이 같은 사회로 한 걸음 더 나아갈 수 있기를 바란다.

2부

⋮

지속 가능한 성장 해법을 찾아서

이석형

사단법인 밀알중앙회 총재, 일본 동지사 대학교 일한 지방자치연구센터 수석연구원, 조선대학교 정책대학원 초빙교수, 전남대학교 농업생명과학대학 객원교수. 전남대학교 행정대학원 석사, 동 대학 농업정책대학원 석사. KBS 프로듀서, 전국 청년시장군수구청장회(청목회) 회장, 민선 제2, 3, 4기 함평군수를 역임했다. 농촌활력증진사업 최우수기관 대통령 기관표창, 일본능률협회컨설팅 글로벌경영대상 최고경영자상, 제1회 안중근평화대상, 전국지역신문협회 행정대상, 제1회 다산목민대상, 한국지방자치경영대상 최고경영자상을 수상했다. 저서로는 《세상을 바꾸는 나비효과》와 〈지방자치단체의 생태관광 기본 전략〉 외 다수의 논문이 있다.

함평은 어떻게 나비로 돈을 벌었나

**나비가 사람을 불러모으고
새로운 부가가치를 창출하다**

함평은 왜 나비로 돈을 벌 생각을 했을까? 함평은 여느 농촌지자체 못지않게 노령인구가 30퍼센트가 넘는 초고령 사회이다. 귀향하는 사람도 거의 없다. 지역을 대표하는 유명 인물도 없고 특산물, 국보 한 점 없다. 하다못해 귀양 온 사람 한 명 없었다. 강진은 다산 정약용, 나주는 정도전, 하순은 조광조, 해남은 고산 윤선도의 유배지로 사람들의 이목을 끈다. 하느님이 계신다면 공평하게 우리에게도 어떤 선물을 줘야 하는데, 우리 지역에는 하나도 주지 않았다는 서운함마저 들었다.

1998년 7월 함평 군수로 첫 취임을 한 나의 최대 고민은 함평에 맞는 핵심 콘텐츠를 찾아내는 것이었다. 당시 함평 공직자들과 이야기를 나누었더니 유채꽃 축제를 하자, 자운영꽃 축제를 하자는 등의 제안이 있었다. 그러나 유채꽃은 이미 제주도가 선점하고 있는 아이템이었다. 나는 함평 고유의 독창적인 아이디어를 만들지 못하면, 대한민국 지자체에서 결코 1등을 할 수 없을 것이라는 생각이 들었다.

21세기는 문화, 관광, 환경 등 여러 가지 핵심 키워드가 있다. 이것을 관통할 수 있는 아이템이 무엇일까를 고민하던 중, KBS 프로듀서로 일하던 시절 담당했던 '미니 나비' 다큐멘터리가 떠올랐다. 나비를 통해 친환경 농업의 이미지를 제고하고, 나비를 이용한 축제를 개최해 어린이들을 위한 생태체험학습장을 만든다면 사람들이 모일 것이고, 그렇다면 농외소득을 창출할 새로운 관광상품이 만들어지지 않을까 생각했다.

그런데 나의 아이디어에 공무원들이 도통 관심을 보이지 않았다. 심지어 나비 이야기만 나오면 창밖을 바라보는 사람도 있었다. 창조경영을 한다는 것은 결코 쉽지 않다. 그래도 그 모든 과정을 극복해내야만 가능한 것이다. 나는 갑자기 나비 전도사가 되어 이리 뛰고 저리 뛰고 했다. 공직자, 지역의원, 군민들을 찾아다니면서 '나비는 21세기 문화, 관광, 환경을 관통할 아이템'이라며, 나비축제의 필요성에 대해 이야기했다.

축제는 하루아침에 성공되지 않는다. 어떻게 하면 나비축제를 지역 브랜드로 만들 수 있을까? 나는 고민 끝에 당시 아이디어가 나왔던 유채꽃 축제와 자운영꽃 축제를 기본 바탕으로 하고, 나비를 날려 '나비 보러 오세요' 라는 슬로건을 걸고 나비축제를 하자고 제안했다. 그

나비축제를 보기 위해 전국 각지에서 모여든 관광객들로 인산인해를 이루다.

리하여 1999년 5월 5일 세계 최초의 나비축제가 탄생하였다.

국민들의 관심은 대단했다. 어린이의 손을 잡고 부모님, 할아버지, 할머니 등 그야말로 인산인해를 이루었다. 주유소 기름이 바닥나고 식당들 음식 재료가 동이 났다. 전국에서 몰려온 차들이 다 못 들어와서 줄을 서 있을 정도였다. 잔잔한 호수에 큰 돌을 던진 셈이었다. 우리 함평도 뭔가 되려나 보다 하는 희망의 싹을 틔웠다. 우리는 너무 감격해서 얼싸안고 눈물을 흘렸다. 그 후로 함평군 공무원들은 독창적인 아이디어를 내고, 군민들은 자원해서 봉사활동을 했다.

두 번째 축제부터는 함평의 축제만이 아니라 전국적인 축제로 만들려는 목표를 세웠다. 국민들에게 신선하면서도 강렬한 인상을 줄 수 있게 청와대를 나비로 점령하기로 했다. 4월 25일 지구의 날, 청와대 녹지원에 나비 날리기를 기획했다. 처음에는 반대도 많았지만, 우

현충원에서 나비를 날리다.

여곡절 끝에 청와대 녹지원에서 나비를 날렸다.

2007년 현충일에 영령들을 위로하기 위한 나비를 날렸다. 당시 5,000마리를 날렸는데 정말 감동적이었다. 나비들이 높이 날아서 참배객들이 꽂아놓은 꽃 위에 내려와 너울너울 묘역 주위를 돌아다니는데, 마치 영령들의 혼이 살아 있는 듯한 느낌을 받았다.

고 박경리 선생님의 안장식 때는 하얀 나비를 날렸다. 그랬더니 어떤 기자는 "박경리 선생님 한 손에는 하동 차를 손에 쥐고, 박경리 선생님의 혼은 하얀 나비가 되어서 날아갔다"라는 기사를 썼다.

노무현 대통령, 김대중 대통령이 돌아가셨을 때도 나비를 날려 애도를 표했다.

대한민국은 '축제 공화국'이라고들 한다. 그런데 대부분이 남의 축제를 카피해서 짝퉁을 만들어낸다. 함평의 나비축제가 성공을 거두자 다른 지역에서도 꽃가루 날리기 축제 등 비슷한 아이템을 기획했다. 그래서는 안 된다. 대한민국의 소비자, 관광객의 눈높이는 세계 최고 수준이다. 누구도 생각하지 못한 아이디어를 만들어내야 한다.

그리고 아무리 좋은 블루오션과 창조경영이라도 시간이 어느 정도 흐르면 유효기간이 지난다. 그래서 우리는 나비축제가 10회째를 맞을 때 또다시 사고를 쳤다. 세계 최초의 나비 곤충 엑스포를 정부에 제안했다. 정부의 반대가 컸다. 하지만 나는 다음과 같이 이야기하며 설득을 거듭했다.

"세계에서 가장 엑스포가 많이 개최되는 곳이 프랑스입니다. 그곳은 브래지어 하나로도 엑스포를 합니다. 일본은 인구 1,000명도 안 되는 작은 시골마을이 메밀 엑스포를 치러서 부를 창출했습니다. 이런 사례를 본다면 우리 대한민국이 선진화로 가는 길도 230개의 지방자치단체가 창조 마인드로, 창조도시를 만들어서 경쟁력을 창출하는 것입니다. 그런 면에서 나비 곤충 엑스포는 시대의 트렌드를 제대로 읽어낸 콘텐츠라고 생각합니다."

함평에는 아직도 큰 호텔 하나 없다. 이런 지역에서 엑스포를 하려다 보니 참 힘들었다. 그렇지만 엑스포가 열리자 우리나라뿐만 아니

라 세계 곳곳의 관광객과 국내외 곤충 학자들이 찾아왔고 성공적으로
행사를 치렀다.

지금까지 내가 함평의 나비축제 이야기를 한 것은, 기업이든 정부
든 지자체든 독창적인 아이디어를 만들어내서 성공을 거두고, 그 도
전정신을 바탕으로 대한민국의 선진화에 기여할 수 있었으면 하는 바
람에서이다. 나의 이야기가 여러분의 창조적인 도전에 도움이 되었으
면 한다.

독창적이고 창조적인
현장 리더십이 블루오션을 만들어낸다

나비축제 이후에도 나는 또 다른 블루오션과 창조경영에 대해 많
은 고민을 했다. 그러던 차에 황금박쥐가 세계에 20~30마리밖에 남
지 않았다는 이야기를 들었는데, 때마침 함평 지역에서 황금박쥐 60
여 마리가 발견되었다. 나는 주민들에게 황금박쥐를 보물로 만들기
위해 사유지를 생태보호구역으로 양보해줄 것을 부탁했다. 모든 주민
들이 동의를 해주었고 생태보호구역이 만들어졌다.

그런데 보호구역은 자칫 잘못하면 주민들에게 귀찮은 존재가 된다.
그래서 어떻게 하면 군민들에게 자긍심을 심어주면서 소득과 연결시
킬 수 있을까를 고민했다. 고민 끝에 세계에서 가장 큰 1톤짜리 황금박
쥐 조형물을 금으로 만들 계획을 세웠다. 당시 금 1돈당 가격이 4만 원
정도였는데, 중앙정부에 이 계획을 전했더니 반대를 했다. 그럼에도
나는 "지방자치단체는 문화로 지식으로 승부해야 한다. 아이디어로

콘텐츠로 꼭 성공하겠다"라며 30억 원을 지원해줄 것을 요청했고 10억 원을 받게 됐다. 그리고 의회에 부탁해 20억 원을 확보해서 순금 162킬로그램을 매입했다. 그리고 2008년 4월 드디어 황금박쥐 조형물이 그 모습을 드러냈다. 오늘날 황금박쥐 조형물은 함평 군민들의 자부심이 되었다.

황금박쥐 조형물은
함평 군민들의 자부심이다.

뿐만 아니라 폐교 직전의 농업고등학교를 골프 명문학교로 탈바꿈시키기도 했다. 한때 레슬링으로 유명했던 이 학교가 폐교 위기에 놓인 것이 안타까워 어떻게 하면 살릴 수 있을까 고민하다가 문득 골프가 떠올랐다. 농업학교이다 보니 원예, 농기계 과목을 가르쳤는데, 여기에 잔디 및 조경수관리, 골프장 장비관리 과목을 추가해서 본격적으로 골프 관련 인프라 학급을 육성했다. 그리고 새롭게 골프과를 만들어서 오늘날 LPGA를 호령하는 신지애 선수와 장수연 선수를 배출했다. 이처럼 생각을 조금만 바꾸면 블루오션 창조경영으로 큰 성과를 거둘 수 있다.

함평군은 임시정부에서 재무장을 지낸 일강 김철 선생이 태어난 곳이기도 하다. 나는 김철 선생의 생가 터에 기념관을 건립하고, 바로 옆에는 김철 선생이 천석군의 재산을 정리하여 상하이, 광저우 임시정부청사 건립에 공을 세운 것을 기려 상하이 임시정부 청사를 재현하였다.

　돈 없다고 탓하지 말고, 권한 없다고 탓하지 말고, 제도가 안 된다고 탓하지 말자. 구체적인 논리 명분을 만들어 돌파하려는 의지를 가져야 한다. 광화문 해치마당 위에 서 있는 이순신 장군도 조정 탓하지 않고 독창적이고 창조적인 현장 리더십을 발휘하여, 대포를 개발하고 거북선을 만들어 왜적을 물리쳤다.

　농업은 영어로 'agriculture'이다. 즉 농업(agri)은 땅의 문화(culture)인 것이다. 그래서 농업을 생각할 때는 디자인을 접목하고 기능성을 더하고, 어떻게 재배하고 키웠는지 스토리텔링을 만들어 문화에 버무려야 한다. 농업에 문화를 접목시키면 다차산업으로서의 부가가치가 창출된다. 농업은 미래의 생명산업으로 가장 각광받는 산업이 될 것이라 확신한다. 특히 함평의 농특산물은 친환경 나비 브랜드를 달고 제 값을 받게 되고, 가족 단위 체험학습의 메카가 되어 농외소득이 높은 농촌 문화 지역으로 발전될 것이라고 본다. 함평을 찾은 관광객은 1998년 12만 명에서 2010년 현재 400만 명으로 늘었다.

평범함 속에서 유레카를 외칠 준비가 되어 있어야 한다

　블루오션 창조경영이라고 해서 결코 멀리 있는 게 아니다. 가까이에 있다. 우리의 일상에서 조금만 생각하면 된다. TV 뉴스만 잘 들어도 훌륭한 아이템을 얻을 수 있다.

　2005년 4월, 신안 앞바다에서 뱀을 밀수하다 적발된 뉴스를 접했

생각의 차이가 만들어낸 뱀생태관.
똬리를 튼 코브라의 모습을 한 건물 모양새가 인상적이다.

다. 그 뉴스를 보곤, 밋밋한 생태체험장에 파충류 전시장을 설치하면 콘텐츠가 다양해지지 않을까라는 생각이 떠올랐다. 세관에 뱀을 빌려 달라고 했더니 안 된다는 대답이 돌아왔다. 그래도 계속 요청을 해서 우여곡절 끝에 뱀을 빌려와 전시를 했는데, 파충류에 대한 사람들의 관심이 폭발적이었다. 한 줄은 나비를 보러 가고, 한 줄은 뱀을 보러 갔다.

생각의 차이에 따라 밀수된 뱀의 활용도가 달라진 것이다. 이게 블루오션 전략과 창조경영이 아니겠는가. 뱀과 나비축제를 접목해서 성공한 이후에 나는 이것을 산업으로 연결시키기 위해 세 가지 전략을 세웠다.

첫째, 세계 최대의 뱀생태관을 세운다. 아마존 강 주변에서 서식하는 아나콘다 같은 뱀을 수입하여 인공 생태관을 만들어 볼거리와 학습의 장을 제공하려는 계획이었다.

둘째, 뱀독을 이용한 신약을 개발한다. 태국만 가도 뱀독을 이용한

의약품이 많다. 중풍, 항암 등 신약을 개발하려는 계획이었다.

셋째, 뱀을 인공 사육시켜 특수가축으로 진화 발전시킨다.

현재 함평군에는 뱀생태관이 들어서고 신약도 개발 중이며 뱀도 사육하고 있다.

나는 공직자들에게 이왕이면 즐거운 마음으로 재미있게 일하자고 말한다. 즐거운 마음으로 재미있게 일하는 것만큼 효율이 오르는 것도 없다. 매사에 주인의식을 가지면 원하는 것이 보이고, 몰입하고 미치면 이루지 못할 일이 없을 것이다.

20세기는 애덤 스미스가 말한 국부론의 시대였다. 이제 21세기는 향부론(문화로 일구는 지방경영)의 시대이다. 지방자치, 주민자치가 뿌리를 내려서 작은 정부들이 제각기 색깔을 갖고 정체성을 가진다면, 이것이야말로 나라의 경쟁력이자 선진국으로 나아가는 길이라고 생각한다. 중앙정부에서는 권한과 예산을 지방정부에 과감하게 지원하고, 그 지역만이 보유하고 있는 장점에 집중하고 특화시켜 세계화할 수 있도록 도와주어야 한다. 선택과 집중을 통해 모든 지자체가 각자의 색깔을 가질 수 있어야 한다. 지방의 경쟁력이 곧 국가의 경쟁력이기 때문이다.

일본의 에도 막부시대를 배경으로 하고 있는 《불씨》라는 소설이 있다. 매우 감명 깊게 읽은 책인데, 열일곱 살인 주인공이 낙후된 지역의 영주로 부임하여 끊임없이 개혁을 시도하며 토호 세력들에게 생명의 위협을 당하면서도, 소신을 굽히지 않고 주민들의 삶과 소득에 획기적 변화를 가져온 실제 사례를 다루고 있다. 화로의 꺼져가는 작은 불씨를 살려내 패배감에 젖은 체념의 땅에 희망의 불씨를 지펴 지역을 살려낸 우에스기 요잔은 존 케네디가 가장 존경한 인물이라고 한다.

나는 군수 시절 같은 차를 11년 동안 탔다. 20년 된 군수 집무실에 도배지 한 장 새로 바르지 않았다. 카펫도 깔지 않았다. 모범을 보여야 하기 때문이었다. 지도자들이 솔선수범, 언행일치하는 곳에 희망이 있다. 권력과 돈, 학식을 갖춘 자들이 어두운 곳, 약자 계층으로 내려와 배려하는 세상을 만들어가야 한다.

고대 그리스의 과학자 아르키메데스가 목욕을 하다가 '유레카'를 외쳤던 것처럼, 일상의 평범함 속에서 '심봤다'를 외칠 준비가 되어 있어야 한다. '블루오션과 창조경영' 아주 작은 생각의 씨앗이 위대한 기적을 창조하듯, 국민 모두의 가슴속에서 뜨거운 열정을 분출할 때 '대한민국 선진화의 길'이 우리의 동반자가 될 것이다.

조봉한

하나금융지주 그룹 부사장(CIO), 하나은행 정보전략본부 부행장(보). 하나아이앤에스 사장. 서울대학교 전자계산학과 졸업, 서던캘리포니아 대학교 대학원 컴퓨터공학 석·박사. 미국 오라클 선임기술연구원, 국민은행 차세대시스템 팀장 겸 신기술팀장(CTO), 서강대학교 경영대학 겸임교수를 역임했으며, 현재 서울대학교 컴퓨터공학부 초빙교수, 카이스트 소프트웨어 대학원 과정 초빙교수를 맡고 있다. 벤처기업 대상 특별상, 2009 CIO포럼 '올해의 CIO상', 2010 SW산업발전 유공자포상 대통령표창을 수상했다.

스마트인, 스마트 기업, 스마트 국가

사람의 행동을 이해하는 인간 중심의 기계

2009년 연말 스마트폰이 출시된 이후 가입자가 폭발적으로 늘어나면서 요즘은 너도나도 스마트폰을 사용하고 있다. 스마트폰이 얼마나 매력적인지를 보여주는 에피소드가 하나 있다. 스마트폰이 좋아서 스마트폰을 낮이고 밤이고 끼고 있는 사람이 있었다. 보다 못한 부인이 투정하면서 "당신 죽으면 내가 관에다 스마트폰 묻어줄게"라고 말했단다. 그러니까 이 사람이 "고마워, 대신 관 묻을 때는 인터넷 되는 곳에 묻어달라"고 하더라는 것이다.

스마트폰이란 말 그대로 '똑똑한 폰'이란 의미다. 인터넷 검색, 메일 전송, 다양한 애플리케이션 등 손안의 컴퓨터라 불러도 손색이 없다. 그런데 과연 스마트폰을 사용하는 사람은 얼마나 스마트할까? 아니 무슨 이런 말도 안 되는 질문을 하냐고 생각하는 사람들이 많을 것이다. 스마트폰과 스마트폰 사용자의 스마트함이 무슨 연관성이 있다고. 하지만 답은 의외로 간단하다. 스마트폰으로 통화하는 시간과 스마트폰을 사용하는 시간을 살펴보면 금세 알 수 있다. 통화 외의 스마트폰 사용시간이 통화시간의 다섯 배 이상이라면 스마트하게 스마트폰을 사용한다고 할 수 있겠다.

스마트하게 스마트폰을 사용하려면 우선 스마트폰이 우리 생활에 어떤 영향을 미치는지부터 살펴보는 게 좋겠다. 스마트폰은 어떻게 스마트할까?

스마트폰은 사용설명서가 없다. 사용설명서가 없다는 것은 스마트폰과 나 사이에 벽이 없다는 것이다. 즉 사람을 빨리 이해할 수 있다는 것이다. 스마트폰은 내가 어디에 있는지를 알려주고, 내가 무엇을 바라보는지 알고, 내가 어떤 음악을 듣는지도 안다. 물론 크기가 작기 때문에 모든 정보를 다 저장할 수는 없지만 스마트하게 인터넷 연결을 통해서 모든 정보를 알려준다. 게다가 사람을 사귀고 인간관계를 맺는 데도 유용하다. 내 생각을 다른 사람에게 알리고 다른 사람이 어떤 생각을 하는지도 알 수 있다. 그 덕분에 인간관계가 폭넓어진다. 이것도 스마트하다.

스마트폰을 한마디로 정의한다면 '인간 중심'이라고 말하고 싶다. 기계가 사람의 행동을 이해하고, 나에게 필요한 정보를 스마트폰 스스로 인터넷에 연결해서 찾아준다.

어떻게 해서 이처럼 사람의 행동을 이해하는 스마트폰이 만들어졌는지 잠시 컴퓨터 기술 발전 과정을 살펴보자.

스마트폰의 시초는 에니악 컴퓨터라 할 수 있는데, 에니악 컴퓨터는 1946년 펜실베이니아 대학교에서 개발됐다. 이 안에는 18,800개의 진공관이 들어 있다. 길이는 30미터, 무게는 30톤에 이른다. 그러니까 컴퓨터 한 대가 132제곱미터(40평) 크기의 방에 가득 들어차 있는 것이다. 이 컴퓨터는 1초에 5,000번의 덧셈과 뺄셈을 했는데 당시에는 획기적이었다.

이랬던 컴퓨터 기술이 2010년, 그러니까 64년이 지난 후 길이 10센티미터, 무게 100그램 정도의 스마트폰으로 진화했다. 30만분의 1 크기로 줄어들었고, 1초에 600만 번의 덧셈과 뺄셈을 할 수 있게 되었다. 거대한 컴퓨터보다 무려 1,000배나 빠른 계산을 하는 것이다. 정말 광속의 발전이라고 말할 수 있다. 게다가 통화도 하고 사진도 찍고 위치도 알려주고 엄청난 발전을 이루었다.

그렇다면 어떻게 해서 이렇게 빨리 발전할 수 있었을까? 그리고

에니악 컴퓨터는 현대 컴퓨터시대의 개막과 가능성을 보여주었다.

앞으로 어떤 방향으로 발전할까? 이것을 알아야 우리가 현재를 알고 미래를 준비할 수 있다. 기술의 발전은 처음에는 국가가 주도했다. 국가에서 기업으로, 기업에서 개인으로 이렇게 발전을 해왔다. 그럼 국가는 무엇 때문에 기술을 만들었을까?

최초의 기술은 국가가 전쟁에서 이기기 위해 만들어졌다. 전쟁을 하다 보면 적에게 포탄을 정확히 맞춰야 내가 살 수 있다. 포탄을 정확하게 쏘려면 각도 계산을 잘해야 하는데 굉장히 어려웠다. 이를 위해 미국 국방성 주도로 펜실베이니아 대학교에서 연구를 했고 에니악 컴퓨터가 만들어졌다. 인터넷도 마찬가지다. 군인들끼리 서로 통신을 하기 위해 만들어진 것이다. 이처럼 싸움에서 이겨서 살아남기 위해서 국가 주도로 기술이 개발되었다.

이런 기술들이 기업들로 인해 변화되기 시작했다. 냉전시대가 끝나고 기업들이 번창하자 기업들 입장에서는 생산성을 높이고 기업혁신이 필요해졌다. 이러한 필요성, 다시 말해 생산관리, 재고관리, 문서작업이 필요하다 보니 기술을 개발하게 되었고 소프트웨어가 만들어졌다. 기업에서 활용한 기술은 이전보다는 편리해졌지만 소프트웨어를 활용하기 위해서는 사용설명서와 많은 교육이 필요했다.

21세기에 들어오면서 스마트폰과 함께 기술 발전은 급진전하게 되었다. 스마트폰을 통해 사랑을 하고 친구를 사귀고 내가 알고 싶은 지식을 찾아내고, 감성과 직관으로 모든 것을 해결하게 되었다. 이처럼 기술의 발전은 국가에서 기업으로, 기업에서 개인으로 발전한다. 살아남기 위해서 잘 먹기 위해서, 더 잘살기 위해서, 더 재미있게 살기 위해서 말이다.

경쟁에서 살아남으려면
인문학적 기술로 승부해야 한다

　스마트폰의 기술은 사람 중심이라고 할 수 있다. 나는 이것을 '인문학적 기술'이라고 표현하고 싶다. 인문학적 기술은 사람의 편리성을 위해서, 지식을 얻기 위해서, 사람 간의 관계 유지를 위해서 쓰여진다.

　지금은 기술 그 자체가 중요한 시대는 아니다. 기술이 어떻게 편리하게 사용되고, 내가 하고 싶은 목적을 달성할 수 있도록 도와주느냐가 더욱 중요한 시대이다. 이제 기술은 삶의 편리성 뒤로 물러났다. 인문학적 기술에서는 기술이 뒤로 물러나고 사람들의 시야에서 사라져야 한다. 사용설명서가 필요 없다는 이야기이다. 기계가 인간에게 맞추어야 한다. 인문학적 기술로 승부를 해야 한다. 그래야 경쟁에서 살아남을 수 있다. 진정한 의미의 기술 발전은 기술 그 자체보다는 기술을 통해서 인간의 삶을 편하고 즐겁고 행복하게 하기 위한 인문학적 관점이 필요하고, 그 인문학적 관점을 적극적으로 활용한 기업들이 성공을 거둘 것이다.

　'플레이스테이션'과 '닌텐도 위'를 비교해보자. 플레이스테이션은 소니에서 야심차게 만든 제품이다. 블루레이라는 최고 품질의 기술이 들어가 있고 3D 그래픽 처리가 완벽하다. 엄청난 프로세서가 들어가 있어서 슈퍼 컴퓨터급으로 속도도 빠르다. 닌텐도 위의 경우 기술적인 측면에선 플레이스테이션보다 훨씬 뒤처진다. 그런데 닌텐도 위가 플레이스테이션을 눌렀다. 그건 감성에 기인했기 때문이다. 직관과 감성 하나로 전 세계 게임시장을 제패했다.

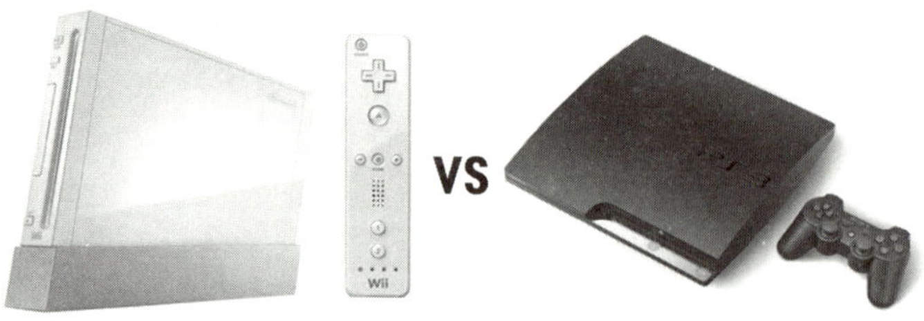

닌텐도 위와 플레이스테이션. 닌텐도 위가 직관과 감성으로 게임시장을 제패했다.

지금은 카메라가 500만 화소인지 1,000만 화소인지에 대해 별 관심이 없다. 현 관심사는 내가 필요할 때 사진을 찍어서 포토샵 처리를 한 뒤 지인들과 공유하는 것이다. 예전에는 기술 자체의 경쟁, 즉 숫자 경쟁이었다.

우리나라는 숫자 경쟁에서는 굉장한 능력을 보여왔다. 메모리 4기가, 16기가, 256기가, 모니터 32인치, 48인치, 60인치 등등 숫자 면에서는 세계 1등이다. 물론 이러한 부분도 중요하다. 하지만 앞으로 우리의 부가가치는 감성경쟁, 즉 인간 중심의 인문학적 기술에서 나올 것이다. 그러므로 이제는 시야를 돌려서 감성경쟁으로 가야 한다.

인간을 중심으로 한 기술일수록 부가가치가 높아진다

이렇게 사람과 가까운 기술이 무엇이고 인문학적 기술은 무엇일까? 사람과 가장 먼 것이 하드웨어라 할 수 있다. 스마트폰이 꺼져 있는 상태가 하드웨어이다. 하드웨어보다 사람과 가까운 것이 소프트웨어라

할 수 있다. 하드웨어는 소프트웨어 없이는 작동할 수 없다. 소프트웨어의 종류는 수없이 많다. 우리나라가 강한 게임 소프트웨어도 있고, 문서작업을 하는 소프트웨어, 기업에서 쓰는 ERP(Enterprise Resource planning, 전사적 자원관리) 같은 것도 있고, 가정에서 쓸 수 있는 가계부 소프트웨어도 있다. 또는 이런 소프트웨어를 바탕으로 우리는 음악을 듣고 영화도 보고 책도 읽는다. 우리는 이러한 것들을 콘텐츠라고 부른다.

이러한 소프트웨어 중에서 사람 간의 관계를 유지해주는 소프트웨어가 있는데, 바로 이것을 소셜 미디어(social media)라고 한다. 친구맺기를 하고 그룹을 만들고 청첩장도 보낸다. 소셜 미디어는 굉장히 사람과 가깝다. 소셜 미디어에서는 하드웨어가 무엇인지 보이지 않는다. 부가가치는 단순한 하드웨어보다는 소프트웨어, 콘텐츠, 인간을 중심으로 한 기술로 갈수록 높아진다.

약간은 어려운 이야기일 수 있어서 하드웨어, 소프트웨어, 소셜 미디어에 대해 하나씩 설명해보도록 하겠다.

하드웨어부터 살펴보자. 하드웨어는 눈에 보이고 만질 수 있는 것이다. 소프트웨어는 만져지지 않고 느껴지는 것이다.

스마트폰 안에는 'CPU'라는 하드웨어가 있어 여기서 모든 계산을 하고 수식 등을 인지한다. '메모리'에서는 데이터, 프로그램을 담고 있다. 그리고 액정화면이 있고, 내가 어디에 있는지를 알게 해주는 칩 'GPS'가 있다. 위도, 경도, 높이까지 아주 정확히 알려준다. 칩이 실제로 인공위성을 이용해 계산을 한다. 또 하나는 '와이파이 칩'인데 이것은 나와 인터넷을 연결해준다. 마지막으로 '모션센서'가 있다.

내가 핸드폰을 가지고 거꾸로 들고 있는지, 위아래로 흔드는지를 다 알게 해준다.

이런 칩들이 모여서 소프트웨어에 정보를 준다. 한 권의 책으로 비유해보면 책을 읽고 즐겁다고 느끼는 것은 그 안의 글 때문이다. 글이 소프트웨어라면 책의 종이 재질, 잉크 이런 것들은 하드웨어이다. 보이고 만져지는 것은 하드웨어이고, 느끼고 즐거움을 찾는 것은 소프트웨어다.

소프트웨어는 하드웨어를 움직이게 해주는 것이다. 소프트웨어는 우리가 쓰는 모든 것이라고 할 수 있으며, 크게 OS(operation system)와 응용 소프트웨어(application software)로 구분할 수 있다. OS는 하드웨어를 구동시키는 역할을 수행하는 소프트웨어이며 일반인에게는 보이지 않는다. 예를 들어 우리가 게임을 하다가 전화가 오면 벨이 울린다. 벨을 울리는 역할이 OS라고 할 수 있다. OS는 우리가 직접 사용하지는 않는다.

스마트폰 OS에는 '아이폰 OS'가 있고 갤럭시S의 '안드로이드' 등이 있다. 또한 우리가 사용하는 거의 모든 프로그램을 응용소프트웨어라고 한다. 스마트폰에 들어 있는 소프트웨어가 현재 25만 개 정도 되는데, 2011년에는 50만 개 이상으로 늘어날 것이라고 한다. 게임, 일정관리, 책, 음악, 소셜 미디어 등 다양한 소프트웨어가 있다. 스마트폰이 대단한 것은 소프트웨어가 엄청나게 많기 때문이다. 이런 소프트웨어를 응용 애플리케이션이라고 하며 줄여서 '앱'이라고 한다. 스마트폰이 스마트하게 보이는 핵심 공로자가 바로 응용 소프트웨어이다.

소프트웨어는 더 이상 컴퓨터 안에만 있는 것이 아니다. 일상에서 사용하는 휴대폰과 스마트 카드, 내비게이션 시스템 등의 각종 전자 기기는 모두 소프트웨어로 동작한다. 더 나아가서는 의료기기, 자동차, 전투기 등 모든 것에 소프트웨어가 들어간다. 기기가 빛이 나게 하는 것은 소프트웨어이다. 제조업은 소프트웨어를 개발하는 데 역점을 두어야 경쟁력이 생긴다. 의료기기를 개발할 때 소프트웨어를 개발하는 비용이 전체비용 중 40.9퍼센트, 전투기는 51.4퍼센트, 자동차는 52.4퍼센트를 차지한다. 그만큼 소프트웨어가 중요하다.

소셜 미디어를 장악하는 자가 세상을 장악한다

소프트웨어 중에 사람 간의 관계성을 보조해주는 소프트웨어가 있는데, 이것을 소셜 미디어라고 한다. 우리에게 가장 친숙한 것들이 싸이월드, 아이러브스쿨 등인데 우리가 훨씬 일찍 만들었음에도 불구하고 불행히도 미국의 후발주자들에게 역전당했다. 그 이유는 나중에 이야기하겠지만, 참 아쉬운 일이다.

소셜 미디어는 사회성을 가진 미디어라는 측면에서 해석하면 된다. 미디어는 원래 매개체를 말하는데 기존의 미디어는 일방적이었다. 서로 간의 관계성도 없고 콘텐츠도 방송이나 음악 같은 것에 한정적이었다. 반면 소셜 미디어는 친구관계를 맺을 수 있고 그룹을 형성할 수도 있다. 또 그 안에서 의견도 공유하고, 좋고 나쁨도 표현할 수도 있고, 사람 사이에서 일어날 수 있는 거의 모든 것들을 표현할 수 있다. 취미가 같으면 동호회를 만들고 그 안에서 여러 매체를 만들 수 있다.

그 안에서 할 수 있는 일은 무궁무진하다. 트위터는 약 2억 명 이상이 쓰고 있고 페이스북은 5억 명 이상이 사용하고 있다. 이 안에서 모든 일을 할 수 있을 정도로 소셜 미디어의 힘은 이루 말할 수 없을 정도로 막강해졌다.

이러한 소셜 미디어의 힘을 보여주는 사례가 미국의 44대 대통령 버락 오바마이다. 버락 오바마는 많은 핸디캡을 가지고 있었지만, 민주주의는 평등한 한 표 한 표가 모여서 이루어지는 것이다. 오바마는 소셜 미디어를 통해 대통령이 되었다고 해도 과언이 아니다. 오바마의 선거 홈페이지는 16개의 소셜 미디어 페이지와 연결되어 있었다. 선거 연설을 전파할 수 있는 기반을 갖추고 다양한 사람들과 소통했다. 감성, 직관, 인문학적 기술이 얼마나 중요한지를 보여준 사례이고, 트렌드를 읽는 힘이 얼마나 중요한지 보여준 사례이다.

사람과 가장 가까이 있는 것이 소셜 미디어이다. 모든 소셜 미디어를 합쳐서 소프트웨어라고 한다. 소프트웨어가 얼마나 부가가치가 있는지, 인간 중심으로 기술을 만드는 것이 얼마나 가치 있는지를 보자.

중국에서 짝퉁 아이폰이 만들어졌다. 사양은 같은데 가격이 다르다. 정품은 95만 원, 짝퉁은 14만 원이다. 기계와 성능은 똑같다. 즉 하드웨어는 14만 원을 넘을 수 없다는 것이다. 나머지 80만 원은 애플이 만든 소프트웨어와 감성적인 기술이다. 이렇게 소프트웨어의 힘이 중요하다.

애플은 컴퓨터를 만들던 회사이다. 애플컴퓨터는 얼마 전 회사명을 애플로 변경하면서 더 이상 컴퓨터를 회사명에 사용하지 않는다. 애플이 컴퓨터 회사가 아니고 인문학적 기술 회사라고 선언한 것이라고 할 수 있다. 애플은 소프트웨어 개발자들이 소프트웨어를 개발하고, 개발한 소프트웨어를 앱스토어를 통해 바로 올릴 수 있도록 만들었다. 그 결과 사용자들은 클릭 한 번에 앱을 받아서 사용할 수 있는 것이다.

애플은 누구나 개발하고 이용할 수 있는 인문학적 기술의 생태계를 만들었고, 인문학적 기술 무장을 통해 급속도로 성장했다. 2003년도에 6달러가 좀 넘었던 주가가 현재 300달러이다. 기업가치가 45배나 성장한 것이다. 기업은 혁신적인 사람이 나타나서 리드하면 변한다. 애플은 단순히 애플뿐만 아니라 우리에게도 큰 영향을 미쳤다.

상품보다 중요한 것이
고객 중심의 사고로 접근하는 것이다

이번에는 '페이스북'을 한 번 살펴보자. 미국의 인구가 3억 명 정도 되는데 페이스북 사용자는 5억 명 정도 된다. 페이스북 안에 가면 사람들 간의 관계가 있고 공동체가 있고 그 안에서 상거래가 일어난다. 페이스북을 위한 소프트웨어 55만 개가 팔리고 있으며, 페이스북 소프트웨어를 개발하는 개발자만 100만 명이 넘는다. 사진은 매일 1억 장 정도 업로드된다.

내가 어떤 사람과 친하냐 친하지 않느냐, 내가 무엇을 좋아하냐 싫어하냐를 페이스북이 알려준다. 내가 A라는 사람과 연결을 해야 하는데 중간에 어떤 사람을 개입시키면 좋을지도 알려준다. 국가를 운영하는 것도 페이스북이 더 효율적일 것이라는 의견이 나온다.

구글은 세상의 모든 지식을 총망라하고 있는 것으로 유명하다. 세상의 모든 지식을 담아내고자 하는 것이 구글의 모토이다. 세상의 모든 책을 다 스캔해서 볼 수 있고, 세상의 모든 지도가 구글 안에 있다고 한다. 그러나 구글이 가장 무서워하는 기업이 페이스북이다. 구글은 지식을 중심으로 성장했지만 페이스북은 사람을 중심으로 성장했다. 사람 숫자가 늘어나고 사람의 관계성 역시 굉장히 다양해진다. 구글이 가지고 있는 지식도 사람과 가깝지만 페이스북이 만들어주는 사람과의 관계가 더 인문학이다.

나는 지금 시대를 '신계몽주의'라고 생각한다. 계몽주의는 종이와 인쇄술의 발명으로부터 시작됐다. 그래서 귀족이나 성직자들이 가지고 있던 권력이 일반인들에게 급속도로 퍼졌다. 지식을 바탕으로 시민사회가 생기고 부가 축적되고 르네상스가 일어났다. 지금 우리에게도 그런 무기가 생긴 것이다. 인문학적 무기, 즉 스마트폰이다.

지금까지는 국가, 기업, 개인 순으로 정보가 나아갔다면, 앞으로는 개인의 인문학적 기술이 기업으로 가고 국가의 소통시스템에까지 영향을 미치게 될 것이다.

영화관에 무작정 가면 표가 없을 경우 기다려야 한다. 그 시간이 참 아깝고 그 시간이면 책을 한 권 더 읽을 수 있다. 그런데 스마트폰을 이용하면 바로 영화예매를 할 수 있다. 길 찾기도 마찬가지이다. 스마트폰으로 빠른 길을 실시간으로 찾아갈 수 있다. 저 건물 안에는 누가 있을까, 저 식당은 맛이 있을까 없을까 이런 것을 스마트폰이 알려준다. 이러한 것을 전문용어로 '증강 현실'이라고 한다. 내가 보는 것이 현실이고 그 현실에 대한 정보를 가져오는 것이다.

'정성하'라는 소년이 있다. 이 친구가 기타 연주를 해서 유튜브에 올렸는데 전 세계 1억 명 이상이 이것을 조회했다. 완전 스타가 됐다. 소셜 미디어는 개인의 정체, 개인의 위상, 개인의 권력까지도 바꿀 수 있다. 소셜 미디어는 사이버상에서뿐만 아니라 실제 현실과도 연결되어 있다.

기업이 앞으로 나아가야 할 길은 간단하다. 인문학적 기술로 무장하는 것이다. 소비자들이 어떤 욕구가 있고, 어떤 성향이 있는지를 파악해야 한다. 이것을 파악하기 위해서는 페이스북을 공략하면 된다. 페이스북 안에는 사람들의 온갖 취향이 들어가 있다. 인문학적인 통찰력을 가지고 있어 세상이 돌아가는 트렌드를 읽을 수 있고, 소비자에게 접근할 수 있다. 예전에는 상품, 품질이 굉장히 중요했다. 그러나 오늘날 상품보다 중요한 것은 고객 중심의 사고로 접근하는 것이다.

일하는 방식도 바뀌어야 한다. 과거 임원들이 힘이 센 이유는 정보를 갖고 있었기 때문이다. 이제는 모두가 정보를 공유하고 있다. 조직역시 수평적으로 운영해야 한다. 그래야 지식과 아이디어에 대한 순환이 빨라진다.

앞으로 PC, 노트북 등 이런 무거운 기기들은 다 없어질 것이다. 스마트 패드로 바뀌게 될 것이다. 그런데 스마트 디바이스는 저장 창고가 없기 때문에 다른 저장 장치가 필요하다. 다시 말해 문서나 데이터베이스를 따로 저장해두었다가 가져다 쓰는 기술을 활용해야 한다. 그것을 우리는 '클라우드 컴퓨팅'이라고 한다. 이것을 활용해야 경쟁력이 생길 것이다.

스마트 기술의 바탕에는
사람의 향기가 자리하고 있어야 한다

그렇다면 스마트한 국가는 어떤 모습일까? 국가가 스마트하려면 부가가치가 많은 사업에 투자를 해야 한다. 미국의 경우 제조업이 없다. 대신 금융과 IT분야가 막강하다. 인문학적 기술이 있는 곳에 투자한 결과다.

우리나라 또한 IT가 굉장히 발전했다. 초고속 인터넷이 집집마다 다 깔려 있다. 반도체, 메모리, 디스플레이의 최강국이다. 하지만 이러한 것들은 인문학적인 것과는 거리가 약간 멀다. 이것을 극복한 회사가 애플이다. 애플의 기업가치가 300조 원인데 삼성전자, 포스코, 현대자동차, 엘지전자, 국민은행, 한국전력을 다 합쳐도 애플의 가치보다 작다. 우리나라 시가총액 상위 10개를 합쳐야 애플의 기업 가치와 맞먹는다.

계몽주의시대에는 종이와 인쇄술로 축적한 돈을 식민지 개척에 사용했다. 오늘날의 애플을 보라. 인문학적 기술로 무장한 후 전 세계를 휩쓸고 있다. 우리도 소프트웨어 산업, 부가가치가 많은 쪽에 투자를 해야 한다.

국가에서 해야 할 일은 세 가지이다. 첫째, 부가가치가 많은 인문학적 기술에 투자를 해줄 것. 둘째, 인문학적 기술이 조금이라도 관련 있는 부분에 대해서는 규제를 풀고 중소기업이나 1, 2인의 소기업들이 대기업이 될 수 있는 풍토를 만들어줄 것. 셋째, 트렌드를 연구해서 기업들에 지원해줄 것이다.

스마트폰에 이어서 앞으로는 뭐가 나올까? 조만간 스마트 패드가 나온다. 이것이 PC와 노트북을 해체할 것이다. 곧 스마트 TV도 나온다. 내 마음대로 채널을 골라볼 수 있게 될 것이다. 스마트 자동차도 등장할 것이다. 내가 움직이는 것, 나의 현 상태를 기계가 다 알아서 조절을 해준다. 스마트 자동차 유리는 스마트 유리로 만들어져서 햇볕이 많이 들면 차단을 해주고, 내가 가는 길이 틀렸으면 모니터로 변해서 길을 알려준다. 그다음은 스마트 빌딩이다. 내부의 벽까지 스마트해진다. 건물이 태양에 따라 움직이는 경지까지 갈 것이다. 물론 이렇게 되는 데에는 굉장히 많은 시간이 걸리겠지만 기술은 끝이 없다. 인간이 상상하는 데까지 갈 것이다.

여기서 잊지 말아야 할 중요한 것은 스마트 기술의 바탕에는 사람의 향기가 녹아 있어야 한다는 점이다. 이것을 반드시 유념해야 한다. 우리나라가 스마트 국가로 발전하기를 기대한다.

양승룡

고려대학교 식품자원경제학과 교수, 농촌희망재단 이사, 농림부 농가소득안정심의위원회 위원. 고려대학교 농업경제학과 졸업, 미국 퍼듀 대학교 농업경제학과 박사. 농협개혁위원회 위원, 농특위 쌀소위 위원장, 농림부 농업금융개혁위원회 위원, 농림부 양곡유통위원회 위원, 농업경제학회 편집위원장을 역임했다.

선진국의 길,
자본주의 그늘을
보듬어라

G20과 선진국,
대한민국은 과연 선진국인가

G20 정상회의를 성공적으로 마무리하자 우리나라가 선진국 반열에 진입할 것이라는 기사를 본 적이 있다.

여기서 두 가지 상반된 의문이 생긴다. 하나는 "우리나라가 아직 선진국이 아닌가?"이고, 다른 하나는 "G20 정상회의를 개최한다고 바로 선진국이 될 수 있을까?"이다.

대한민국이 선진국인가 하는 것은 매우 중요한 화두이다. 단순한 흥미 이상의 중요한 국가적 이익이 걸려 있기도 하다. 하지만 사실 선진국의 정의가 명확하게 정해져 있는 것은 아니다. 어떤 이들은 한국이 경제협력개발기구(OECD) 회원이기 때문에 이미 선진국이 되었다고 말한다. 실제 OECD, 국제통화기금(IMF)은 경제규모 세계 12위의 한국을 선진국으로 분류한다. 이렇듯 해외에서는 대체로 한국을 선진국으로 본다.

그런데 우리 스스로는 어떨까. 한번은 명절을 이용하여 학생들과 그 가족들에게 한국이 선진국인지 물었더니 30퍼센트만이 '그렇다'라고 대답했다. '그렇지 않다'라고 대답한 70퍼센트에게 한국은 OECD 가입국이고 국민소득이 2만 달러를 넘었는데 그래도 선진국이 아닌가 물었더니, 그들의 7퍼센트만 '그렇다'라고 대답했다.

실제로 우리나라 국민 대다수가 스스로를 아직 선진국으로 보지 않는 것이다. 응답자들은 정치가 부패했다, 사회보장제도가 불안정하다, 고용체계가 불안하다, 승자독식 사회이다, 교육체계가 어지럽다 등 그 우열을 가리기 어려울 정도로 다양한 이유들을 쏟아냈다.

이러한 결과가 우리 국민의 겸손이나 자기비하에서 나왔다고는 보기 힘들다. 실제 대한민국은 선진국이라고 하기에는 부족한 점이 많다. '학생에게는 0교시, 환자에게는 빚더미, 노동자에게는 비정규직'을 외치는 1인 시위가 우리의 현실을 단적으로 보여준다.

사실 농촌이 못살면서 선진국이 된 나라는 없다. 공교육이 무너져 학교에서는 졸고, 학원에서 공부하는 학생이 있는 그런 선진국은 없다. '기러기 아빠'라는 용어를 가진 선진국도 없다. 이러한 나라를 선진국이라고 할 수 있을까?

무엇보다 중요한 것은 우리 국민이 행복하지 않다는 사실이다. OECD 국가의 행복지수를 보면 한국이 꼴찌 수준이다. 영국의 한 조사기관에서 분석한 각국의 행복도에 따르면 대한민국은 102위다.

우리가 선진국이 되는 것보다 더 중요한 것은 행복한 나라가 되는 것이다. 행복한 선진국이 되면 더욱 좋은 것이다. 설령 선진국이 되지 못하더라도 행복한 나라가 되어야 한다.

그렇다면 우리는 과연 어떤 선진국을 꿈꾸는 것일까? 우리나라 사람들은 대체로 선진국 모델로 미국을 손꼽는 경우가 많다. 그러나 미국은 노숙자가 전체 인구의 1퍼센트인 300만 명이다. 상위 1퍼센트가 미국 재산의 33퍼센트를 가지고 있고, 상위 10퍼센트가 전체 재산의 70퍼센트를 가지고 있다. OECD 국가 중 빈부 격차가 가장 심한 나라가 미국이다.

미국이 대량 살상무기를 핑계로 이라크 전쟁을 선포했을 때 유엔은 결의안을 내서 이라크 전쟁을 허용하지 않았다. 그러나 부시는 전쟁을 감행했다. 왜 미국은 이라크를 침공했을까? 석유 때문이다. 전문가들은 만약 이라크에서 석유가 나오지 않았다면 부시는 이라크를 침공하지 않았을 것이라고 진단한다.

지구온난화는 탄소를 비롯한 온실가스를 많이 배출해서 생겨났다. 탄소 배출은 경제 성장과정에서 발생하는 것이고, 역사상 가장 많은 탄소를 배출한 나라가 미국이다. 그럼에도 불구하고 미국은 교토의정서에 가입하지 않았다. 교토의정서는 선진국들이 의무적으로 탄소 배출을 줄이자고 약속한 국제법이다. 미국이 가입하지 않은 이유는 단 하나, 바로 미국 기업들의 이익 때문이다.

이것이 미국의 현재 모습이다. 우리가 바라는 선진국은 이런 모습이 아닐 것이다. 그래서 스웨덴이 이상적인 모델로 떠오르기도 한다. 물론 북유럽 국가들은 좋은 시스템을 갖고 있다. 그러나 우리는 우리에게 맞는 시스템을 구축해야 한다. 우리의 역사적 상황과 사회·경제적 여건에 맞는 국가 운영 시스템이 필요하다.

대한민국이 선진국으로 가는 길은 아직도 멀어 보인다. 비정규직, 부정부패, 교육, 통일 등 해결해야 할 문제도 많다. 우리가 바람직한 선진국이 되기 위해서는 자본주의의 그늘지고 어두운 곳도 보듬어야 한다. 언제 올지 모르는 통일에 대비하기 위해서라도 현실을 점검하고 경제·사회 시스템상의 준비가 필요하다.

'껍값보다 못한 밥값' 자본주의를 되돌아본다

자본주의 시장경제는 대한민국의 핵심 운영체제(OS)이다. 우리가 사는 세상을 이해하기 위해선 그 핵심 운영체제인 자본주의를 알아야 하고, 이를 위해선 먼저 자본이 무엇인지 파악해야 한다. 흔히 우리는 자본을 '투자에 필요한 돈이나 자산' 정도로 받아들인다. 그러나 본래 자본이란 '우회적 생산수단(detoured way of production or roundabout production)'을 뜻한다.

우회생산이란 토지나 노동 등 생산요소의 전부를 직접적인 생활자료, 즉 소비재 생산에 쓰지 않고 그 일부를 중간재 생산에 사용한 다음, 이걸 활용해 더 많은 최종 소비재를 산출하는 방법을 말한다. 요약하면 자본주의란 우회된 생산수단인 자본을 이용하여 보다 높은 생산성을 추구하는 생산양식이라고 정의할 수 있다.

맨손으로 매일 3마리의 물고기를 잡는 어부가 노동의 일부분을 들여 배와 그물을 만들면, 그 도움으로 매일 30마리의 물고기를 잡을 수 있다. 로셔(Roscher, 1817~1894)의 이 우화는 우회생산의 원리를 가장 잘 설명하고 있다. 이러한 훌륭한 개념의 자본주의가 왜 많은 사람들의 지탄을 받고 있을까?

그 이유는 분배에 있다. 우회생산으로 증가된 이익이 생산과정에 투입된 노동과 자본의 소유자에게 공평하게 분배되지 않고, 자본가에게 더 많이 분배되기 때문이다.

산업혁명 초기에 엔클로저 운동으로 농지에서 쫓겨난 수많은 농민들이 도시노동자가 되면서 생계를 유지하려는 노동자는 넘쳐나는 반면, 자본재를 소유한 자본가는 적어 힘의 불균형이 생겼다. 이러한 힘의 불균형은 분배의 불평등을 가져오고, 이는 다시 더 큰 힘의 불균형을 초래했다. 자본주의가 발전할수록 분배의 불균등이 문제가 되는 것은 이것 때문이다. 이러한 자본가들의 불균등 분배를 합리화시킨 것은 사유재산과 공리주의 등의 이념들이다.

아울러 자본주의는 홀로 성장한 것이 아니라 여러 사상과 이념적 장치들이 어우러져 발전하면서 변질되었다. 바로 시장경제, 자유경쟁, 사유재산, 공리주의, 법치주의 등이 여기에 들어간다.

'시장주의'는 보이지 않는 손에 의한 효율적 자원 배분을 말한다. 최소의 비용으로 최대의 생산을 하는 것이다. 따라서 끝없이 생산비용을 낮추는 경쟁이 요구된다. 여기서 지면 생존에 위협을 받는다. 우리는 흔히 '껌값보다 못한 밥값'이라는 이야기를 한다. 밥 한 공기에 1,000원인데 밥을 먹은 뒤 마시는 커피가 3,000원이다. 그런데 1,000원짜리 밥값 중 농민한테 가는 돈은 100원이 안 된다. 커피 농가에 가는 돈도 다르지 않다. 겨우 30원 정도이다. 상황이 이러니 시장이 결정하는 가격은 항상 공정한가에 대한 의문을 갖지 않을 수 없다.

'공리주의'는 흔히 '최대 다수의 최대 행복'으로 표현된다. 어떤 행위나 정책에 의한 편익이 그에 따른 비용 또는 손실보다 크면 공리주의 깃발 아래에서는 정당한 것이 된다. 쉽게 말해 대(大)를 위해서는 소(小)가 희생되는 걸 당연하게 받아들이는 게 공리주의다.

예컨대 기업은 경기가 나빠지면 너무나 당연하게 직원을 정리해고 한다. 공리주의적 사고 때문이다. 일부가 직장을 잃더라도 나머지 사람과 기업이 경쟁에서 버틸 수 있으므로 해고는 정당한 것이 된다. 그런데 정리해고 당하는 사람의 10퍼센트는 안타깝게도 스스로 목숨을 끊는다고 한다. 이것을 돈의 크기로 따질 수 있을까?

한미 FTA도 같은 맥락으로 이해할 수 있다. FTA는 단적으로 농업과 자동차를 바꾸는 것이라고 할 수 있다. 농업이 당하는 희생보다 자동차 산업이 얻는 이익이 더 크기 때문에 FTA가 정당하다고 말한다. 농업의 피해는 국가가 복지정책으로 보상을 해주겠다는 것이다. 그런데 자기 몸을 움직여 일하고 생계를 유지하며 자존감을 얻는 농민에게 농사짓는 대신 정부의 생계비 지원을 받으며 살라고 하는 것이 과연 '복지'일까?

'법치주의'는 법으로 나라를 다스리는 것이다. 법 앞에 만인이 평등하면 굉장히 좋은 시스템이다. 그런데 무전유죄, 유전무죄란 말이 있다. 자본을 위한, 자본에 의한 법을 우리는 실제로 많이 보고 있다.

토머스 클라렌스라는 미국의 대법관이 있다. 그는 유전자변형농산물(GMO)을 만드는 몬산토의 자문변호사였다. 부시 행정부의 딕 체니는 역사상 가장 힘이 센 부통령이었던 동시에 이라크 전쟁의 주역이다. 그는 핼리 버튼이라는 군수회사의 회장을 역임했던 사람이다. 헨리 폴슨은 서브프라임 사태가 발생하기 직전 미국의 재무장관이었다. 그전에는 골드만삭스의 최고경영자(CEO)였다.

이런 사람들이 과연 어떤 정책과 제도, 그리고 법을 만들고 추진했을지는 너무나 자명하다.

효율은 자연의 법칙, 동물의 법칙, 정글의 법칙이다

이러한 자본주의는 사회를 정글로 만든다. 시장경제는 보이지 않는 손에 의한 무한경쟁을 통해 끝없는 비용의 절감을 요구한다. 생산은 필요한 재화의 소비를 위한 것이 아니라 이윤을 얻기 위해 이루어진다. 그리고 상품뿐 아니라 인간의 노동 등 생산요소도 시장에서 가격이 결정된다. 물이나 공기, 지식이나 심지어는 인간(노동)까지도.

사유재산제는 개인의 이기심과 탐욕을 경제성장의 동력이라 칭송하며 '승자독식사회(winner-take-all society)'를 만든다. 법치주의는 법에 반하지 않는 한 정의와 도덕을 도외시한 어떤 형태의 효율에도 면죄부를 준다.

자본주의 시장경제주의자들은 유한한 자원을 효율적으로 사용하는 것이 국가의 부를 증가시키는 유일한 방법이며, 어떤 가치도 이보다 앞설 수 없다고 본다.

이러한 자본주의가 문제가 되는 것은 바로 그 효율(efficiency)을 가장 중요한 가치로 추구하기 때문이다. 효율이란 가장 적은 자원(비용)으로 가장 많은 생산량(이윤)을 얻는 것이다. 그러나 그것은 자연의 법칙이고 동물의 법칙이고 정글의 법칙이다. 효율성 원리는 인간을 단순히 노동이라는 생산요소로 전락시키고 자본의 대체재에 지나지 않는 것으로 만들어버린다.

고속도로에 나가면 종종 멋진 차들이 서로 경쟁하듯이 S자로 가로지르고 경적을 울리고 전조등을 깜빡이며 앞 차들을 압박하고 급정거와 급발진하는 모습을 목격하게 된다. 그들은 그러한 노력으로 10분 또는 20분 빨리 도착할 수 있을지 모른다. 그러나 그들은 같은 고속도로를 사용하는 대다수의 차량들에 위협을 주고 정체를 일으키고, 때로는 사고를 유발하여 결과적으로는 전체에 부담을 준다. 효율만을 추구하는 자본주의도 이와 같다.

물론 인간이 사적인 이익을 추구하는 것은 자연스러운 일이다. 2010년 9월 21일자 한 일간지에 '경제 눈뜬 북 주민들 쌀 사재기'라는 기사가 있었다. 자본주의 시장경제를 경험해보지 못한 북한에도 이윤을 추구하는 행위를 본능적으로 하는데, 자본주의의 대부인 미국에서는 말할 나위가 없을 것이다.

2004년 허리케인 찰리가 플로리다를 휩쓸고 지나가면서 엄청난 재산과 인명 피해를 냈다. 그런데 뒤이어 가격 폭리 논쟁이 있었다고 한다.

평소 2달러이던 주유소의 얼음주머니가 10달러로 뛰었고 250달러 하던 소형 발전기가 2,000달러에 팔리면서 남의 고통을 이용해 이익을 얻으려는 사람들의 탐욕이 도를 넘었다는 비난이 빗발쳤다. 그러나 시장경제학자들은 높은 가격은 더 많은 공급을 촉진하기 때문에 오히려 가격 폭리가 주민들에게 도움이 된다고 설명한다.

자본주의가 정의를 도외시하고 효율과 자유 경쟁만을 찬양할 때 문제가 발생한다. 따라서 이 같은 자본주의는 산업혁명이 시작된 뒤 100년도 지나지 않아 온갖 사회문제를 일으켰다. 자본주의의 교과서로 불리는 《국부론》이 출간된 지 100년이 채 안 된 1867년, 마르크스는 《자본론》을 통해 자본주의의 폐해를 해부했다. 노동자의 착취를 바탕으로 자본가들이 부와 권력을 독점했다고 그는 비판했다.

이러한 자본주의의 폐해는 러시아혁명을 낳았고, 20세기 내내 우리는 자본주의와 공산주의의 대립을 목격해야 했다. 그러나 공산주의 실험이 실패로 끝나자 자본주의는 금융자본주의를 중심으로 다시 무한질주하기 시작했다.

그 결과, 2008년의 서브프라임 사태로 전 세계는 다시 한 번 혹독한 시련을 겪는다. 미국에서는 반자본주의 반자유주의 정서가 급등했고, 급기야 '사회주의자'라는 흑색선전 속에서도 오바마가 미국 대통령으로 당선됐다.

한국 자본주의 그늘, 생각보다 훨씬 더 깊다

한국 자본주의의 그늘은 생각보다 더 깊다. 짧은 기간에 산업화가 진행되었기 때문이다. 1950년대 우리나라 1인당 국민소득은 67달러였다. 그런데 현재 국민소득은 1만 9,262달러이다. 그러나 이렇게 빨리 성장하면 성장통이 따를 수밖에 없다. 예컨대 우리는 일본, 미국보다 도시화율이 높다. 그러다 보니 교통, 환경, 상하수도, 범죄, 쓰레기 등 온갖 문제가 발생했다. 성장에 가리워진 그늘은 굉장히 깊고 넓다. 빈부격차, 교육문제, 비정규직 문제, 자살 등 이루 말할 수 없다.

과거에는 대학 졸업장만 있으면 취업이 됐지만 지금은 아무리 공부를 잘해도 취업이 쉽지 않다. 월급이 100만 원도 채 안 되는 인턴사원부터 출발하는 경우가 많다. 그래서 지금의 젊은이들은 88만 원 세대라 일컬어지기도 한다.

도시, 농촌 간의 소득 격차도 심하다. 농산물의 판매가격과 구매가격의 차이를 교역지수라고 하는데, 우리나라의 교역지수는 1995년 이후 급격하게 떨어졌다.

1995년은 세계무역기구(WTO)가 출범한 해이다. WTO는 농산물 개방을 위해 만들어진 곳이다. 미국과 유럽이 농산물 전쟁을 벌이다가 우리끼리 전쟁을 하지 말고 시장을 더 넓히자, 이렇게 시작한 것이 WTO의 설립 배경이다. 이 WTO가 우리 농업에 직격탄을 날렸다.

또한 대한민국은 자살대국이다. OECD 국가 중 자살률 1위이다. 특히 초·중·고등학생들의 자살률이 높아지고 있다. 대부분이 빈곤이나 가정불화 같은 가정문제 때문에 자살한다고 한다. 삶의 만족도는 OECD 국가 중 거의 꼴찌라는 조사 결과는 우리의 현실을 단적으로 보여준다.

한국인은 소득 수준보다 소득 불평등에 더 민감하다. 소득의 증가가 행복도를 거의 증가시키지 못하는 반면, 불균등한 소득 분배는 상대적 상실감을 증폭시켜 행복도를 크게 떨어뜨린다. 소득 격차의 확대는 사회계층 간의 갈등을 증폭시키고, 정부 정책에 대한 사회적 합의도 끌어내기 힘들게 만든다.

어떤 2차선 도로가 정체 상태에 있다가 한 차선이 움직이기 시작하면, 다른 차선 사람들도 이제 곧 움직일 것이라는 기대를 하게 된다. 그러나 시간이 지나도 소통이 되지 않으면 불만이 커지기 시작하고 이내 다른 차선으로 진입을 시도한다. 다시 온 도로가 불통이 된다. 상대적 박탈감이나 불평등은 당사자들만의 문제가 아니라 전체의 문제로 확산된다.

최근 이명박 대통령의 통일세 발언을 계기로 통일에 대한 논의가 활발해졌다. 통일이라는 것이 가시권에 들어왔기 때문이다. 그런데 우리가 준비되지 않은 상태에서 통일이 닥쳤을 때 이를 감당할 수 있을까? 이는 단지 재정적 비용의 문제만은 아니다. 우리 내부의 계층 간 갈등과 사회·경제적 문제들은 통일이 엄청난 사회적 갈등과 모순이라는 것을 예고하고 있다.

이 모든 상처와 그늘이 우리에게 새로운 국가운영 체제를 요구하고 있다.

인간의 법칙이 작용하는 자본주의를 만들자

자본주의는 대한민국의 핵심적 국가운영 체제이다. 우리의 자본주의는 동물의 법칙이 아니라 인간의 법칙이 작용하는 시스템이어야 한다. 이를 위해 무엇보다 '정의'가 필요하다. 정의는 '인간이 자신의 존엄성을 지키며 살 수 있게 하는 것'이라고 말할 수 있다.

《논어》에서는 정의가 '수오지심(羞惡之心)'에서 출발한다고 가르치고 있다. 수오지심은 부끄러워하고 분노할 줄 아는 것을 말한다. 우리는 승자가 모든 것을 차지하는 승자독식에 대해 부끄러워해야 한다. 집단적인 부정부패와 만성적인 부익부 빈익빈에 분노할 줄 알아야 한다.

그런데 자본주의 체제에서 정의는 어떻게 실현될 수 있을까? 인디애나 대학교 정치학과 교수인 엘리너 오스트롬은 2009년 여성 최초로 노벨경제학상을 수상했다. 정치학 교수가 노벨경제학상을 받은 것이 이색적인데, 그의 업적은 소위 공유지 비극(tragedy of commons)에 대한 공동체 해법을 체계화했다는 데 있다.

공유지 비극이란 초지나 저수지, 공기, 산림 등 주인 없는 공유지는 필연적으로 약탈적 사용을 통해 황폐해지므로 사유화하거나 정부의 관리를 받는 것이 좋다는 신고전학파의 경제학 이론이다. 오스트롬 교수는 이러한 공유지 문제를 사용자의 공동체적 접근으로 해결할 수 있다는 것을 보여주었다. 오스트롬 교수의 노벨경제학상 수상은 신고전주의 경제학의 한계를 인식하고 자본주의 모순에 대한 새로운 대안에 주목한다는 점에서 의미가 있다.

자본주의 경제체제의 기본요소는 기업이다. 기업은 자본과 노동을 결합해 이윤을 극대화한다. 이때 이윤은 노동에 대한 보수, 즉 임금을 지불하고 남은 몫이다. 그런데 임금을 결정하는 권한은 자본가에게 있다. 법적으로 자본가가 기업의 주인이기 때문이다. 이것이 노동과 자본이 대립하는 근본 이유이며, 자본주의 모순의 출발점이다.

기업은 경제활동의 접점에 있는 원료 생산자나 소비자와도 이윤을 두고 치열한 경합을 한다. 많은 경우 시장지배력과 치밀한 마케팅 전략을 가진 기업이 유리한 입장에 있으며, 이렇게 확보한 이윤의 대부분이 자본가에게 배분된다. 자본가들은 전문경영인을 고용하여 직접적인 도덕적 비난을 피하면서 최대의 이윤을 확보한다. 특히 기업들은 불황을 만나면 가장 먼저 고용을 줄여 이에 대처한다. 오늘날 자본주의가 비판받는 주된 이유이다.

주주의 이익만이 아닌 모두의 이익을 챙겨야 한다

영리를 추구하는 기업 중심의 자본주의 대안으로 협동조합과 사회적 기업이라는 공동체 해법이 있다. 협동조합은 자본주의의 폐해가 심각했던 19세기 중반 이윤 극대화를 목적으로 하는 민간 기업에 대한 대응방안으로 등장했다. 민간 기업이 투자자의 수익을 위해 영위되는 반면, 협동조합은 투자자이자 이용자인 조합원의 편익을 위해 운용된다. 일반 기업의 지배력은 자본 크기로 결정되지만 협동조합은 조합원 1인 1표로 민주적 지배구조를 형성한다.

협동조합은 조직구성원에 따라 소비자조합, 생산자조합, 신용조합 등으로 나누어진다.

생활협동조합으로 불리는 소비자조합은 최근 국내에서도 빠른 속도로 성장하고 있다. 한살림, ICOOP 등이 여기에 해당한다. 최근 배추 가격이 폭등해 포기당 15,000원에 이르렀을 때에도 한살림은 가격을 올리지 않고 기존의 포기당 가격인 1,770원을 유지했다. 협동조합이 아니면 상상하기 어려운 일이다.

생산자조합으로는 농협이 대표적이다. 시장개방과 유통자본의 급격한 성장 속에서 농업과 농촌 유지를 위한 농협의 역할은 지대하다. 농협은 2009년에 1조 원이 넘는 돈을 여러 형태로 조합원과 농촌 지역에 환원했다.

협동조합은 전 세계적으로 다양한 형태와 구조로 진화하고 있다. 자본주의의 모순과 문제가 심화될수록 그 대안으로 협동조합이 주류 경제 시스템으로 자리 잡을 것이다. 그러나 이윤을 추가하는 기업과 경쟁하는 협동조합의 경영은 매우 어려운 과제가 아닐 수 없다. 협동조합의 나라로 불리는 이탈리아에는 8만여 개의 협동조합이 운영되고 있으며, 헌법에서도 협동조합의 기능과 사회적 역할을 인식해서 각종 세제와 제도적 혜택을 보장하고 있다. 우리도 타산지석으로 삼아야 할 것이다.

또 다른 대안으로는 사회적 기업이 있다. 사회적 기업(social enterprise)이란 빵을 팔기 위해 고용하는 기업이 아니라 고용하기 위해 빵을 파는 기업이라고 정의할 수 있다. 일반적으로 기업은 주주 이익의 극대화를 목적으로 운영되며 이를 위해 고용량을 결정한다. 그러나 사회적 기업은 보다 많은 고용이나 공익적 목적을 위해 운영되며, 이를 위해 이윤을 고용이나 지역사회에 재투자한다.

사실 사회적 기업은 자본주의 시장경제의 돌연변이다. 사적 이윤이라는 본능적 욕구를 억제하고 사회적 약자를 배려하기 때문이다. 당연히 운영이 어려울 수밖에 없다.

우리가 자본주의 시스템을 버릴 수는 없다. 그러나 자본주의 내에서 함께 경쟁해 영리를 추구할 수 있을까를 고민해야 한다. 주주의 이익만이 아닌 모두의 이익을 챙길 수 있는 방안이 필요하다.

우리나라의 사회적 기업으로는 아름다운가게, 공정무역, 착한탄소기금 등을 들 수 있다. 현재 353개의 사회적 기업이 있다. 미국에는 사회적 기업이 150만 개가 있다. 영국에는 130만 개가 있다고 한다. 우리나라의 경우 2007년에 사회적 기업 육성법이 만들어져서 지원을 하기 시작했다. 보다 적극적이고 광범위한 정책적 배려가 필요하다.

균형 잡힌 국가 경영 철학이 중요하다

협동조합과 사회적 기업 등 공동체 대안뿐 아니라 국가를 운영하는 지도자의 철학도 매우 중요하다. 미국의 루스벨트 대통령은 대공황을 극복한 사람이다. 루스벨트는 대공황을 겪으면서 미국 헌법을 복지국가 형태로 수정하는 작업을 했다. 그러나 불행히도 헌법을 개정하지 못하고 사망했다. 만약 루스벨트의 수정헌법이 완성됐더라면 미국은 훨씬 좋은 나라가 되었으리라 생각된다.

한국의 노무현 대통령과 브라질의 룰라 대통령은 공통점이 많다. 노무현 대통령은 2003년, 룰라 대통령은 2002년에 대통령이 됐다. 두 사람은 나이도 비슷하다. 무엇보다 두 대통령은 진보적인 대통령이면서 성장과 분배, 두 마리 토끼를 잡으려 했다. 그런데 한 사람은 실패하고 한 사람은 성공했다. 룰라 대통령은 두 번 연임을 끝내는 시점에서도 여전히 브라질 국민 80퍼센트의 지지를 받고 있다.

브라질은 1970년대 선진국의 문턱에서 주저앉은 남미의 자이언트다. 우리나라가 선진국을 꿈꿀 때 반면교사로 삼은 국가이다. 그런 브라질에 초등학교밖에 졸업하지 못한 좌파 대통령 룰라가 등장해 '성장과 분배'라는 서로 대립된다고 알려진 두 마리 토끼를 잡는 데 성공했다.

룰라의 성공은 과연 어떻게 가능했을까? 국가와 국민을 사랑하는 대통령이 낮은 곳에 시선을 맞추고 헌신하고 노력한 결과이다. 많은 사람들은 노숙자들을 대통령 관저에 초청하여 이들을 위로하면서 흘리던 '룰라의 눈물'에 커다란 감동을 받았다.

그렇다면 이명박 대통령은 어떤 대통령으로 남게 될까? 친기업 정부를 천명했던 이 대통령은 최근 중도실용, 친서민 정권을 표방하고 있다. 혹자는 변절했다고 말하고 혹자는 정치적인 제스처라고 폄하한다. 그러나 이러한 비판과 상관없이 이 대통령은 우리 사회를 위해 성공한 대통령이 되어야 한다. 두 마리 토끼를 잡아야 한다.

한 신문에서 소득수준이 하위 20퍼센트에 해당하는 사람들에게 '10년 후 당신의 신분이 상승할 것 같습니까?'라는 설문조사를 한 적이 있다. 그런데 75퍼센트가 그렇지 못할 것이라는 답변을 했다. 이것은 희망의 상실을 의미한다. 희망을 잃은 사람은 노력도 하지 않는다. 이는 빈곤의 악순환을 가져온다. 만약 이명박 대통령이 성공하지 못하면 우리는 선진국 문턱에서 주저앉게 된다. 행복한 나라는 더 멀어지게 된다.

무엇보다 국민이 중요하다. 국민이 정치와 정부를 만든다. 국민은 정치권과 정부에 권리를 행사해 정의와 효율이 균형 있게 유지되도록 해야 한다.

정부와 마피아의 차이를 아는가? 1989년 개혁·개방 직후 러시아는 국가의 시설을 사유화한다. 그런데 공산정권하에서 세금을 낸 적이 없던 신흥 기업들은 정부에 세금 내는 것을 거부한다. 대신 자신을 보다 잘 보호할 수 있는 마피아에 보호비를 낸다. 러시아 정부는 복면과 기관단총으로 무장한 세무경찰을 보내 세금을 강제로 징수한다. 여기서 정부와 마피아의 차이는 거의 없다. 정부란 국민이 부여한 권한을 이용해 국민에게 봉사하는 집단이다. 마피아란 스스로 부여한 권한을 이용해 고객인 국민을 보호하고 세금을 징수한다. 정부가 국민에게 제대로 봉사하지 못한다면 마피아와 크게 다를 게 없다.

정부란 절대적인 존재나 권력이 아니다. 국민이 부여한 권한으로 국민에게 봉사하는 조직이다. 정부가 제대로 잘할 수 있게 하는 것은 국민의 몫이다. 그런데 만약 정부가 못났다고 그 역할을 러시아처럼 마피아에 맡길 수는 없다. 우리에게는 이미 훌륭한 대안이 있다. 바로 비정부기구(NGO)이다. 정부가 제 역할을 하지 못한다면 우리는 비정부기구에 감시 기능을 줄 수 있다.

무엇보다 중요한 것은 국민 의식이 깨어야 한다는 것이다. 어두운 곳, 그늘진 곳을 보듬고 공유하고 정치권을 이끌어가는 국민이 되어야 한다. 부시가 이라크 전쟁에 대해 미의회에 승인요청을 했을 때 의회는 동의를 했지만, 노벨평화상을 받은 카터 대통령은 반대를 했다. 하지만 동일한 노벨평화상을 받은 김대중 대통령은 고민을 했다. 국가의 이익이 걸려 있기 때문이다. 결국 국민이 정부의 역할을 결정하는 것이다.

최근 정부의 미래기획위원회에서 대한민국의 미래 성장산업으로 군수산업을 육성하겠다고 발표했다. 정말 충격이 아닐 수 없다. 사람을 죽이는 무기를 팔아서 경제를 키우겠다는 발상, 과연 우리는 그런 선진국을 원하는 것일까?

나는 세상이 상상과 긍정의 힘으로 움직인다고 생각한다. 좋은 선진국, 행복한 선진국을 상상하고 노력한다면 반드시 이루어질 것이다. 개인적으로는 농촌이 잘사는 나라를 희망한다.

이 글을 맺으며 내가 좋아하는 함민복 시인의 시를 하나 소개하고 싶다.

〈긍정적인 밥〉

시 한 편에 삼만 원이면

너무 박하다 싶다가도

쌀이 두 말인데 생각하면

금방 마음이 따뜻한 밥이 되네

시집 한 권에 삼천 원이면

든 공에 비해 헐하다 싶다가도

국밥이 한 그릇인데

내 시집이 국밥 한 그릇만큼

사람들 가슴을 따뜻하게 덮어줄 수 있을까

생각하면 아직 멀기만 하네

시집이 한 권 팔리면

내게 삼백 원이 돌아온다

박리다 싶다가도

굵은 소금이 한 됫박인데 생각하면

푸른 바다처럼 상할 마음 하나 없네

조정래

소설가, 동국대학교 국어국문학과 석좌교수. 동국대학교 국어국문학과 졸업. 소설문예 발행인과 한국문학 주간을 역임했다. 저서로는 《유형의 땅》《인간의 문》《태백산맥》《아리랑》《한강》《황홀한 글감옥》 등이 있다. 현대문학상, 대한민국문학상, 단재문학상, 노신문학상, 광주문화예술상, 만해대상 등을 수상했다.

대한민국의 부와 빈곤, 허수아비춤을 멈춰라

대한민국의 역사가 몇 년이라고 생각하는가? 한반도에 살았던 우리 선조들의 역사를 전부 합친 것이 5,000년이고, 대한민국의 역사는 사실상 해방 후부터 계산해 65년에 불과하다. 그래서 나는 우리나라를 말할 때는 '신생 조국 대한민국'이라 일컫는다.

다시 말해서 우리 대한민국은 새로 태어난 나라다. 그 새로 태어난 나라의 65년이란 시간 동안 우리는 참으로 많은 국제행사를 치렀다. 그중 세계적인 규모의 행사 세 가지를 꼽는다면, 첫 번째가 단연 88올림픽이고 그다음이 2002년 월드컵, 세 번째가 G20 정상회의가 될 것이다.

88올림픽을 개최할 때 우리나라의 국민소득은 5,000~6,000달러쯤 됐다. 그 정도밖에 안 되는 나라가 올림픽을 개최한다는 것에 세계는 불안해하며 실패할 것이라는 소리들을 했다.

그런데 막상 1988년 올림픽이 열리자, 대한민국은 엄청난 나라라는 것을 전 세계에 보여주었다. 우리는 수많은 경기가 펼쳐지는 동안 단 한 차례의 실수도 하지 않았다. 이런 우리를 온 세계가 다 보고 있었다. 당시 전 세계 인구가 60억 명이었는데, 지구상에서 올림픽 중계를 보는 사람들은 약 40억 명가량이었다. 그들에게 우리의 조직력이 얼마나 대단한지 보여주었다.

우리 국민 모두가 힘을 합해 세계적인 행사를 잘 치러냄으로써 우리나라의 수준을 끌어올렸고, 덕분에 우리 기업들이 해외에 나가서 활동하는 데도 엄청난 프리미엄을 가질 수 있게 되었다.

2002년 월드컵에서는 우리 대표팀이 4강까지 올라가면서 그 열기를 전 세계에 퍼뜨렸다. 경기만 잘한 것이 아니라 응원의 열기 또한 전 세계에 그대로 전했다. '붉은 악마'라는 요상한 이름을 가진 사람들이 시뻘건 옷을 입고 온 거리를 붉게 물들였는데, 그때 참가한 사람들이 700만 명이었다.

그런데도 사람들이 모였던 그 자리에는 쓰레기 하나 찾아볼 수 없었다. 하루이틀도 아니고 월드컵이 끝날 때까지 계속 그랬다. 이를 통해 대한민국 국민의 문화수준과 자존심을 전 세계에 보여주었다. 이것이 우리 국민들이 가지고 있는 응집력이다. 그 저변에 깔려 있는 것은 우리나라에 대한 사랑의 표현이다.

민주주의 사회에서는 한 가지 문제에 대해서 수많은 의견들을 경청하고 서로 다투듯이 치열하게 토론한다. 이런 과정을 통해서 사람들은 일체감을 가지게 된다. 그리고 이때 형성된 일체감은 국가적인 행사를 할 때마다 폭발적인 응집력으로 나타난다.

우리는 G20 정상회의 때도 다시 한 번 응집력을 보여주면서 세계적인 국제행사를 무사히 끝냈다. 88올림픽이나 2002년 월드컵이 세계적인 체육행사였다면, G20 정상회의는 세계경제를 주도해나가는 20개국 정상들과 유엔, 국제통화기금(IMF), 세계무역기구(WTO) 등 여러 국제기구들이 참가한 경제 올림픽이라고 할 수 있다.

이처럼 우리의 경제 수준은 G20 정상회의를 치를 정도로 높아졌다. 그럼에도 불구하고 우리나라는 자살률 세계 1위, 삶의 만족도와 행복도는 꼴찌라는 부끄러운 기록을 안고 있다. 이것이 과연 옳은 세상일까? 세상이 잘못 되어가고 있음이 분명하다. 나는 문학인으로서 이것을 말하지 않을 수 없다. 우리의 삶, 우리의 부와 빈곤, 허수아비 춤에 대해서 말이다.

소설은 우리 공동체가 안고 있는 심각한 문제를 재미있게 이야기하는 것

알다시피 나는 소설가다. 무릇 소설가는 재미있는 이야기를 쓰는 사람이다. 소설은 당연히 재미가 없으면 안 읽힌다. 텔레비전은 시청료를 내지만 자동이체가 되니 돈이 나간다는 생각이 잘 안 든다. 시청료에 비해 책값은 5~6배는 더 내야 한다. 게다가 한 글자 한 글자 읽어 내려가야 한다.

그런 반면 텔레비전은 리모컨을 누르고 그 앞에 가만히 앉아 있기만 하면 재미있는 방송이 절로 나온다. 이런 텔레비전의 재미에 길들여진 사람들은 재미가 없으면 책을 덮어버린다. 그래서 더더욱 소설은 재미있어야 한다.

재미만 있어서도 안 되고 내용도 있어야 한다. 우리가 살아가는 민족 공동체와 동시대 사람들이 가장 중요하게 생각하는 것, 가장 긴급하게 생각하는 문제, 가장 고통스러워하는 문제들을 다루어야 한다. 그러한 것들을 내 일처럼 함께 생각하고 공동으로 해결해나갈 수 있는 길을 모색하는 방안도 담고 있어야 한다.

그러므로 소설이 재미있는 연애 이야기만 쓰는 것이라고 생각해서는 절대 안 된다. 대한민국 소설 중에서 연애 이야기를 가장 재미있게 쓴 것이 《춘향전》이다. 영화도 일곱 번쯤 만들어졌는데 사람들은 보고 또 본다.

그러나 《춘향전》이 단순히 이 도령과 춘향이의 사랑 이야기만 다룬 것은 아니다. 《춘향전》은 양반과 상놈의 계급문제를 이야기하고 나아가 사회 변혁까지 꾀했다. 어떻게 인간은 다 똑같이 태어났는데 양반과 상놈 제도를 만들어 인간이 인간을 겁박하고 종으로 부릴 수 있는가. 그래서는 안 된다는 것을 조선 중기, 지금으로부터 300~400년 전에 어느 계급이 낮은 상인 출신의 재주 좋은 이야기꾼이 종합해서 쓴 것이다.

그러므로 《춘향전》에서 '앞으로 오너라, 뒤로 오너라, 뒤태를 보자' 이런 것만 보아서는 안 된다. 그 속에 담긴 인간존중, 인간평등 사상까지 읽어내야 《춘향전》을 제대로 읽은 것이라 할 수 있다.

그렇다고 소설가가 글을 쓰면서 "독자 여러분, 이것은 인간평등을 부르짖는 내용입니다"라고 설명하지는 않는다. 독자들의 수준에 따라 느낌에 따라 소설의 주제를 받아들일 수도 받아들이지 못할 수도 있다. 그것을 설명하는 것은 문학평론가들의 역할이다. 나는 소설은 재미있게 쓰되, 반드시 우리 공동체가 가지고 있는 심각한 문제를 이야기하는 것이 작가의 임무라고 생각한다.

세계 일류 '문화사가'란 우리 인간이 만들어놓은 역사, 철학, 종교, 문화, 풍습, 전통을 총체적으로 연구하는 사람들이다. 그들은 소설은 '그 시대의 산소여야 한다'라는 표현을 했다. 산소란 무엇인가. 더러운 것을 깨끗이 정화시키는 것이다. 우리는 산소가 없으면 2분도 살기 힘들다. 밥은 굶어도 20일까지 견딜 수 있지만 숨을 쉬지 않고는 한시도 살 수 없다. 소설이 인간의 삶에 그만큼 중요하다는 뜻이다.

또한 인간이 살아가는 삶 속에서 서로 다른 생각들을 가지고 서로 다른 이익을 추구하기 때문에, 갈등과 모순과 괴로움과 고통이 계속 나타나게 마련이다. 그 불의와 비인간적인 것들을 인간적인 것으로 바꾸려고 노력하는 것이 작가의 사회적 임무라는 이야기이다.

지금 우리가 알고 있는 세계문학에서 위대한 작품 100편을 뽑는다고 해보자. 그중 90퍼센트가 산소의 역할을 톡톡히 해주는 작품들일 것이다. 소설이 산소여야 한다는 말 이전에 이런 말도 있다. "작가는 인류의 스승이어야 한다." 산소 역할을 제대로 한 작가들은 인류의 스승으로 존대된다는 뜻이다. 반대로 인류의 스승이 되고 싶다면 산소 역할을 하라는 이야기다.

나는 문학청년 시절에 어떠한 이야기를 내 소설로 담아낼까 고민하

다, 그 이야기들을 내 문학인생을 결정짓는 좋은 가르침으로 받아들여
지금까지 문학을 해왔다.

소소한 이야기,
시시껄렁한 이야기 속에 담긴 진실

나는 대한민국이라는 나라에 태어난 필연에 대해서, 숙명에 대해
서, 운명에 대해서 끊임없이 생각한다. 여러분은 이런 생각을 해본 적
이 있는가?

왜 하필이면 이 땅에 태어났을까? 하늘에 있는 은하수에는 대충
1,000억 개의 별이 있다고 하는데, 또 그런 크기의 은하수가 1,000억
개쯤 더 있다고 한다. 은하수에서 우리 지구를 보면 보이겠는가? 그
많은 별들 중에 하필이면 우리는 왜 지구에 태어났을까? 왜 하필이면
한반도에 태어났을까? 왜 하필이면 분단된 남쪽 땅에 태어났을까? 이
렇게 따지면 여러분과 나의 오늘 이 만남은 수수만 년 준비된 인연으
로 만난 것이다.

우리 근현대사 100년을 놓고 보면 우리 민족은 참으로 비참하고 처
절하고 슬프고 고통스럽고 괴롭게 살아왔다. 나라의 주권을 빼앗기
고, 6·25 전쟁으로 나라가 완전히 초토화되어 다시 건설해야 했던 이
역사를 어찌 소설로 쓰지 않을 수 있었겠는가? 그래서 나는 《태백산
맥》《아리랑》《한강》 등의 소설을 써서 여러 독자의 주머니를 축내게
한 죄를 지었다.

소설이라는 것은, 시를 포함한 이 세상의 모든 문학작품은 그 작품

을 탄생시켜준 민족 언어의 가슴이다. 그러므로 나와 같은 언어를 쓰고 있는 동시대 사람들, 같은 민족의 슬픔과 괴로움에 대해 문학으로 표현해야 하는 게 작가의 책임이고 의무이다.

소설(小說)의 뜻은 소소한 이야기, 시시껄렁한 이야기라는 뜻이다. 그 옛날에는 임금이 나라를 다스리는 것이 가장 중요한 일이었다. 그걸 대사(大事)라고 했다. 그리고 백성들이 저잣거리에서 살아가는 이야기를 잡다한 소소함이라 했다. 그 저잣거리에서 오가는 이야기들을 엮어내는 게 소설이다. 이것이 소설이란 말의 기원이다.

그러니 소설가는 잡다한 이야기를 많이 알 수밖에 없다. 내 소설에 백성과 민중들의 삶을 담은 잡다한 이야기들이 많이 나오는 것도 그러한 이유이다.

백성의 하늘은 밥이고 임금의 하늘은 백성이다

그런데 지금 우리네 서민의 삶은 어떠한가? 우리 국민들의 현실을 반영하는 지표가 있다. 서두에서도 이야기했듯, OECD 국가 가운데 한국이 자살률 1위다. 삶의 만족도가 꼴찌다. 과연 그 원인은 무엇일까?

이것은 인간의 삶의 이유와도 관련된 것인데, 1인당 국민소득이 2만 달러인 나라가 이래서는 안 된다. 우리의 수출 실적이 세계 9위라면 삶의 만족도가 9위는 못 되어도 20위 안에는 들어야 되지 않겠는가?

그렇지 못한 이유는 국가를 이루고 있는 거대한 두 개의 권력 탓인데, 자본주의 국가에서는 정치권력과 경제권력을 말한다. 소설은 현실적으로 아무런 권력이 없다. 그런데도 소설이라는 것은 인간의 고통과 괴로움을 다루는 것이기 때문에, 어느 시대의 소설가이든 인간의 고통에 대해서 많이 괴로워했다.

시인들도 마찬가지였다. 릴케라는 위대한 독일 시인은 사회의식이나 역사의식이 별로 없던 사람이었다. 그런데도 자신의 시가 지금 길거리에서 굶어 죽어가는 소녀에게 무슨 도움이 되겠는가, 소녀에게 필요한 것은 빵 한 조각인데 빵 한 조각보다 못한 시를 평생 쓰면 뭐하겠냐며 괴로워했다. 샤르트르 또한 파리 몽마르트 언덕에서 죽어가고 있는 실직한 청년의 배고픔에 대해서 내 문학이 무엇을 해줄 수 있느냐며 괴로워했다.

이것이 바로 작가의 마음이다. 이는 지금 이 시대를 함께 살아가는 사람들이 공통으로 해결해야 할 문제일 것이고, 그런 자각 때문에 나는 많은 고민을 해왔고 지금도 하고 있다.

박정희 대통령은 1961년부터 경제건설을 시작했다. 그리고 1973년 초중반에 정부가 국민을 향해서 당당하게 한 말이 있다. "지금은 분배의 시기가 아니라 축적의 시기다. 자본을 축적해야 한다. 민족 자본을 만들어서 세계적으로 큰 기업들과 싸울 수 있는 자본을 만들어야 될 시기다." 이 말 속에는 "국민 여러분 참고 기다리시면 언젠가 분배해드릴 것입니다" 하는 의미가 들어 있다.

우리 국민들은 온갖 궂은일을 마다하지 않았다. 오늘날 중국이 그렇듯, 우리는 당시 잘살던 나라의 하청을 받아서 싸구려 임금을 받고 노동력을 팔았다. 옷뿐만이 아니라 모든 분야에서 노동력을 팔면서 하루 14~16시간 노동을 하면서도 참았다. 심지어 출판사에서는 남의 나라 조판까지 해줬다. 지금은 컴퓨터로 활자를 찍지만, 그때는 활자 하나하나를 뽑아서 문선이라는 것을 했다. 일본 사람들이 우리나라에 와 문선을 해서 자기 나라의 책들을 만들어갔다.

이후 정권이 여러 차례 바뀌었지만, 그 어떤 정권도 국민을 향해서 "국민 여러분 오래 참으셨습니다, 지금부터는 분배의 시기입니다"라고 말하지 않았다. 그런 채로 오늘까지 왔다.

젊은 세대는 모르겠지만, 60~70대들은 그 말을 명백하게 기억하고 있다. 잊어버렸더라도 지금 내 말을 듣고 '맞아, 그때 그랬어' 하고 무릎을 칠 것이다. 그렇게 국민들을 기만하면서 경제발전을 이루었다. 이것이 얼마나 심각한 문제인가.

우리는 왜 사는가? 우리 모두는 결국 즐겁고 행복하기 위해 산다. 우리네 인생은 무엇인가?

내가 정의한 인생이란, 연습도 재공연도 할 수 없는 단 1회의 연극이다. 그 연극을 연출하는 자, 시나리오를 쓰는 자 그리고 그 연극의 주인공은 모두 여러분 스스로다. 여러분 하나하나가 모여 민주국가를 이룬다. 민주주의란 모든 사람들이 공평하게 행복을 추구할 권리를 지니고 있음을 뜻한다. 헌법에도 그렇게 명시되어 있다. 이것을 행복 추구권이라고 한다.

모두가 골고루 평등하다는 것을 4년에 한 번, 5년에 한 번 확인할 수 있다. 남녀노소 가리지 않고 투표를 한다. 그것은 우리가 대한민국의 주인이고 우리 스스로의 주인이라는 뜻이다.

“백성의 하늘은 밥이다. 임금의 하늘은 백성이다.” 우리 선조들도 이런 신념으로 살았다. 백성을 굶주리게 하는 임금은 반드시 몰락한다. 한반도의 5,000년 역사를 돌아보면 수없이 많은 왕 가운데 백성을 굶주리게 한 왕은 몰락했다. 우리만 그런 게 아니라 세계의 인류 역사가 다 그러하다.

20년 전보다 소득이 늘었는데 왜 서민은 더 많아졌을까

우리는 공평하게 살 수 있는 권리가 있고 그렇게 살기 위해 노력하며 법 또한 이를 보장한다. 그럼에도 불구하고 최근 조사한 바에 따르면 국민의 85퍼센트가 “나는 서민”이라고 답했다고 한다. 서민이라는 말 속에는 “나는 가난하다” “나는 다른 사람보다 별 볼일 없는 사람이다”라는 회한과 슬픔과 절망이 들어 있다.

그런데 지금으로부터 25년쯤 전인 1980년에 여론조사를 했을 때는 “나는 중산층이야” 하는 국민이 75퍼센트였다. 지금의 4분의 1밖에 안 되는 1인당 국민소득을 벌고서도 그같이 생각했다. 이 통계를 보고 세계 경제학자들은 우리를 조롱했다. 서민인데 중산층이라고 우기는 것이라고.

우리는 그러한 경제학자들을 경멸해야 한다. 그때 우리는 ‘계속 노력하면 잘살 수 있다’는 희망을 가지고 있었기에 자기가 서민인 줄 알면서도 중산층이라고 말하고 싶었다. 20년이 지난 지금 자신이 서민이라는 사람이 많아졌다는 것은 그만큼 우리 경제가 병들고 잘못되었다는 뜻이다.

　나는 작가의 눈으로 작가의 양심으로, 그 분배의 시기를 기다리면서 40년 동안 뇌에다 경제문제의 모순과 문제점을 입력해왔다. 그 이야기를 담고 있는 것이 소설 《허수아비춤》이다. 《허수아비춤》을 탈고한 이후 마치 내 소설을 입증이라도 하듯 대기업의 비리가 폭로되었다. 보통사람들은 상상도 못할 정도로 엄청난 몇 천억, 몇 조에 이르는 비자금을 만들고 탈세와 불법 상속을 한 사실이 드러났다. 이런 꼴을 보면서 사람들은 절망하고 분노했다. 이 문제를 해결하지 않으면 우리의 미래는 없다.

　국가가 민족자본을 형성하기 위해서 보호해준 것이 50년이면, 지금쯤은 그 보호막을 허물고 철저하게 투명 경영을 해야 한다. 세금을 제대로 내고 그 세금을 국가가 철저히 관리해서 복지국가를 만들어야 한다. 그 복지 토대 위에서 경제발전에 온 힘을, 평생을 바쳐도 아무런 혜택도 받지 못하는 70~80대들에게, 한 달에 100만 원은 아니더라도 50만 원의 연금은 주는 사회가 되어야 한다. 지하철 공짜로 타는 것만 가지고는 안 된다.

　나라를 형성하고 있는 집단을 국민이라고 한다. 국민은 도둑질하고 사기 치지 않는 한 어떤 직업을 가졌든 그 사회를 이루는 데 공헌했다. 예를 들어 박정희 대통령 시절에 넝마주이가 있었다. 넝마주이는 헌 종이나 헌 옷가지, 병 따위를 주워 모으는 사람을 일컫는다. 당시에는 고아원 출신, 시골에서 상경한 못 배운 사람들, 인생 밑바닥을 사는 사람들이 커다란 망태를 지고 다니며 이 일을 해서 생계를 유지했다. 그런 그들이 가장 가난했기 때문에 사람들은 넝마주이를 가장 천한 직업이라고 생각했고, 그들을 온갖 범죄의 온상이라고 생각했다.

그럴 수 있다. 우리 속담에 '사흘 굶어 남의 집 담 넘어가지 않는 사람 없다'라고 했다. 견물생심이라고, 배고픈데 먹을 것을 보면 훔치게 되어 있다. 오늘 집으로 돌아가는 길에 돈다발이 떨어져 있다고 해보자. 그걸 아무렇지도 않게 집어서 파출소로 가져다주는 사람이 과연 몇 명이나 있을까? 나도 모르게 두리번거리게 되고 아무도 안 보면 슬쩍 집어가는 게 사람의 마음이다. 이래서 견물생심이라는 말이 나왔다.

그래서 정부는 자활의지를 키워주겠다는 명분 아래 '자활근로대'를 조직하여 넝마주이들을 전부 없앴다. 그 결과 사흘 만에 서울 시내가 쓰레기장이 되어버렸다. 특히 무교동 일대의 곰탕을 끓이는 식당에서는 소뼈가 산더미처럼 쌓여 냄새가 진동을 하고 파리가 들끓었다. 문제는 거기서 끝나지 않았다. 소뼈를 50시간 정도 고으면 흐물흐물 뼈가 녹으며 아교라는 천연 무공해 접착제가 만들어지는데, 넝마주이들이 가구공장에 소뼈를 갖다주지 않으니 가구를 못 만드는 사태까지 벌어졌다.

이것은 무엇을 말하겠는가? 아무리 하찮은 직업도 이 사회가 돌아가는 데 톱니바퀴처럼 맞물려 자기 역할을 한다는 뜻이다. 직업의 신성성을 말하는 것이다. 우리의 경제발전 50년사에서 도둑질하고 사기치는 일만 아니라면, 그 어떠한 일을 했더라도 모두가 공헌자라는 이야기다.

국부, 다시 말해서 나라의 부는 국민 전체가 만든 것이다. 지금 우리가 말하는 2만 달러가 우리의 국부이다. 그러니 기업은 투명 경영을 실현하고 납세의 의무를 철저히 지켜서 복지사회 건설에 이바지해야 한다. 그 혜택이 국민 모두에게 돌아갈 수 있도록 노력해야 한다. 국민은 떳떳하게 정부를 향해서 이것을 주장할 수 있다.

국가는 당연히 국민들이 편안히 살 수 있도록 해줘야 할 의무와 책임이 있다. 그 의무와 책임을 다하기 위해 이 땅에 있는 모든 기업 경영인들이 투명 경영을 하도록 철저하게 세무조사를 해서 세금을 내게 만들어야 한다. 그리고 그 돈을 국민을 위해서 써야 한다. 그러면 지금 공무원들 월급을 3배로 줄 수 있고 공무원들의 부정도 없어질 것이다.

더 이상 허수아비춤을 추어서는 안 된다

우리는 이런 복지국가를 충분히 이룰 수 있는데도 불구하고 못하고 있는 실정이다. 그래서 국민은 절망하고 죽어간다. OECD 자살률 1위라는 불명예가 그 증거다.

이 땅의 기업인들은 쉽게 말한다. "나라가 내라는 세금 다 내고는 사업 못합니다." 이 말은 이미 자신들이 탈세하고 있다는 사실을 시인하는 셈이다.

국가는 국민에게 세금을 거둬서 운영하는 조직이다. 세금을 제대로 걷지 못하면 나라를 운영할 수 없다. 그래서 국가는, 시민단체가 뭉쳐서 어떤 정책을 반대하거나 세금 조정에 거부 의사를 표명하는 것을 두려워한다. 또한 기업들은 상품 불매 운동을 제일 무서워한다. 국가는 기업들이 운영을 잘해서 이윤을 창출할 수 있도록 도와주고, 그렇게 해서 기업들이 돈을 벌면 세금을 거두어야 한다.

사업자들이 이윤을 추구하게끔 국가에서 법적으로 보호를 해주는데, 왜 기업은 세금을 제대로 내면 사업을 못한다는 사고방식을 지니게 된 것일까?

이유는 간단하다. 고속 성장 때문이다. 우리나라는 선진국들이 200년 동안 시행착오를 겪으면서 다져온 민주주의를 50~60년 동안에 이루어냈다. 경제발전도 마찬가지다. 남들이 200년 걸려서 만들어낸 것을 우리는 압축 성장을 하면서 50년 만에 해냈다.

그러는 동안 우리나라에는 상상을 초월하는 거대기업들이 생겨나고 그들은 떼부자가 되었다. 그렇지 못한 기업들은 상대적으로 박탈감을 느끼면서 나도 저렇게 돈을 많이 벌어야지 하는 생각과 욕망에 사로잡히게 된 것이다. 이처럼 계속 떼부자가 되고 싶다는 욕심이 앞서니까 그런 말을 예사로 하고, 듣는 사람도 별 것 아닌 것처럼 예사로 들어주는 풍토가 생겨났다.

한 여론조사에 따르면, 국민의 80퍼센트 이상이 오늘날 대기업들이 불법적으로 돈을 벌었다고 생각한다고 답했다. 불신이 팽배한 사회다. 재벌들이 이성을 회복해서 국민으로부터 존경받고 사랑받고 신뢰받는, '제대로 된 기업 경영'을 실현하길 바란다.

그리하여 서로 믿고 사랑하고 나누며 행복을 누리기 위해 노력하는 사회가 되어야 할 것이다. 또 경제발전을 일군 주체는 국민이라는 사실도 명심해야 할 것이다.

소설 《한강》은 두 가지 이야기를 담고 있다. 하나는 6·25 이후 분단된 우리 조국에서 남북한 정권들이 분단을 어떻게 획책하고 가속화시켜왔는가 하는 것이다. 또 하나는 경제발전 40년 그 과정이 어떠

했으며 경제를 오늘과 같이 발전시킨 주인공은 누구인가 하는 이야기다.

그 주인공은 바로 국민이다. 정치권도 아니고 재벌도 아니고 대기업도 아니고 국민이라는 이야기다. 국민이라는 말 속에 대기업도 정치권도 다 포함되니 국민이라는 말이 가장 정확한 답이다. 《한강》은 그들이 어떻게 피 흘리고, 고독한 삶 속에서 고통받으며 살았는가를 기록해 놓은 것이다.

나는 그 이야기를 써 내려가면서 《허수아비춤》이라는 소설을 쓰려고 마음먹었다. 책의 제목을 《허수아비춤》이라고 한 데는 이유가 있다. 우리가 기업들이 반사회적이고 비인간적인 작태들을 계속하도록 만들어왔기 때문이다. 우리는 기업이 잘돼야 우리도 잘살 수 있다는 맹신을 환상을 공상을 터무니없이 가지면서, 기업들이 저지른 경제범죄에 대해서 너무 관대하고 무관심했다. 무조건적으로 그들을 믿어줬다.

다시 말해서 공무원만 직무유기를 한 것이 아니라 국민도 직무유기를 해왔다. 그동안 우리 모두 기업들이 나쁜 짓을 하도록 허수아비춤을 춰왔다.

대기업들이 저지르는 반사회적인 행동을 이제부터라도 철저히 감시감독함으로써, 그들의 행위가 허수아비춤이라는 것을 깨닫도록 해야 우리의 미래를 확보할 있다. 《허수아비춤》은 이 두 가지를 상징하고 있는 제목이다.

선진국에서는 1인당 국민소득 2만 달러 시대를 맞이했을 때, 기업들이 탈세를 하고 비자금을 만들고 불법 상속하는 일이 없었다. 국민 전체가 감시하고 법을 철저히 집행했기 때문이다. 그랬기에 4만 달러, 5만 달러로 발전할 수 있었다. 우리는 거의 비정상적으로 지금까지 달려왔다. 비정상을 정상으로 바꾸지 않고 계속 간다면 절대로 4만 달러, 5만 달러로 발전할 수 없다. 나는 그 이야기를 하고 싶었던 것이다.

우리는 필연을 거부할 수 없다. 사람의 뜻대로 되는 것이 아니기 때문이다. 그것을 운명, 숙명이라고 한다. 우리가 살면 얼마나 살겠는가. 유한한 인생을 살다 가되, 서로 믿고 사랑하고 나누는 행복을 누리기 위해 노력해야 한다. 내가 그동안 얼마나 잘못했는가를 반성하는 기회도 가져야 한다.

나의 좌표를 찾아낼 때
미래는 빛으로 가득할 것이다

소설은 어떤 사실을 제시하는 것이지 문제를 해결해주지는 못한다. 이것이 내가 생각하는 소설이고, 작가인 나도 그동안은 죽 그렇게 소설을 써왔다. 그래도 지금만큼은 내 나름의 해결 방안을 제시하려고 한다. 모든 국민이 시민단체 활동에 적극 참여하라는 제안을 하고 싶어서다.

돈의 힘에 의해 정치 권력, 법조계 권력, 고위 공무원 권력, 감시 권력 전부 다 매수되어버렸고, 종신형을 받아도 시원찮을 정치 범죄가 무죄가 되어버린 세상이다. 사람들은 도대체 시민단체의 미약한 힘으로 뭐가 되겠냐고 반문한다.

이 말은 맞는 것 같지만 틀린 말이다. 시민의 힘은 국가를 만드는 힘이다. 눈을 부릅뜨고 감시감독을 철저히 한다면 절대로 시민의 힘을 무시할 수 없다. 5년, 6년 전부터 재벌의 비리가 빙산의 일각이나마 드러난 것도 시민단체의 고발이 있었기에 가능했다.

우리와 인구밀도가 비슷한 독일, 프랑스에는 시민단체가 5만 개라는 사실을 잊지 말자. 우리나라에도 1980년대 민주화 투쟁 이후에 시민단체가 많이 생겨났다가 갈수록 사라지고 있다. 왜일까? 구호물자를 줘야 할 국민이 무관심하니까 시민단체들이 말라비틀어져서 죽어가는 것이다.

독일, 프랑스 사람들은 한 사람이 많게는 30군데, 적게는 5군데, 10군데의 시민단체에 매달 돈을 보낸다. 결코 많은 돈이 아닌 1달러, 2달러에 불과한 적은 돈이다. 그러나 그것이 모이면 거대한 자산이 된다. '십시일반', 즉 열 사람이 밥을 한 숟가락씩 모으면 한 사람의 밥이 해결되는 것이다.

시민단체의 젊은이들이 제공받는 한 달 활동비가 40만 원에서 50만 원이라고 한다. 이 약소한 돈으로 좋은 사회를 위해 헌신한다. 돈을 조금씩만 아껴서 국민들이 성원을 보낸다면, 이들이 한 달에 100만 원, 150만 원은 받을 수 있다.

시민단체는 현재 2만여 개쯤 된다. 한 시민단체에서 젊은이들이 50명씩만 활동한다고 해도 그 숫자는 엄청날 것이다. 이게 바로 고용창출이 아니겠는가. 고용창출은 그리 거창한 것이 아니다. 직접 시민단체에서 활동할 수 없다면 그들이 잘하도록 도와주자는 것이다. 대신 철저히 감시감독하고 끊임없이 고발하면서.

자식 교육도 대단한 게 아니다. 수학 문제 풀어라, 영어 단어 외워라 하는 것은 전부 자식 죽이는 일이다. 부모가 어린아이 손을 잡고 시민단체를 찾아서 1,000원, 10,000원 내면서 기부를 해보자. 그렇게 몸소 실천하면서 자녀에게 말해보라. "이것은 우리 사회를 돕는 거야, 우리 사회를 바르게 하는 거야." 이런 작은 행동이 살아 있는 교육이다. 방학이 되면 아이와 함께 시민단체의 시위 현장에 나가 소리도 질러보자. 이것이 체험 학습이다.

최근 한 중학생이 집에 불을 질러 아버지와 할머니를 살해한 사건이 있었다. 결과만 보고 사람들은 천인공노할 사건이라며 어린 학생을 욕했다. 그 학생은 예술가가 되고 싶어서 예술계 고등학교에 진학하려 했다. 그런데 아버지는 자식이 판사, 검사가 되어야 한다고 아이의 진로를 일방적으로 정해놓고 공부를 강요했다.

부모는 모두 자식의 창창한 미래를 원한다. 자식 입에 밥 들어가는 것만 봐도 배부른 것이 부모라지 않는가? 그러나 자식은 부모의 것이 아니라 하나의 독립된 인격체다. 그런데 우리나라 부모들은 내가 이렇게 훌륭하니까 너도 이렇게 훌륭해야 한다고 말한다. 아니면 나는 판검사를 못했으니까 너는 꼭 판검사 돼서 이 애비의 한을 풀어줘야 한다고 말한다.

그 아이의 살인을 유발을 한 것은 바로 그런 아버지의 행동이었다. 아이가 얼마나 괴로웠으면 정신착란 상태에서 그러한 짓을 저질렀겠는가.

우리가 인생을 살아가면서 바르게 보고 바르게 행동하는 것은 쉽고도 어려운 일이다. 그 일을 해내기 위해서 우리는 눈을 크게 뜨고 멀리 봐야 한다. 책도 읽고 읽은 만큼 생각도 해야 한다.

그렇게 해서 마침내 나의 좌표를 찾아낼 때 우리 사회는 빛으로 가득한 미래가 될 것이다. 이것이 우리 국민의 삶의 질을 높이는 길이라는 것을 다들 인식했으면 한다.

3부

함께 가는 미래 정치와 사회

김광웅

서울대학교 명예교수(행정학), 서울대학교 리더십센터 상임고문, '미래대학 콜로키움' 운영위원, 희망제작소 상임고문 겸 '좋은시장학교' 교장. 서울대학교 법과대학 및 동 행정대학원 졸업, 미국 하와이 대학교 정치학 박사. 중앙인사위원회 초대위원장, 서울대학교 행정대학원 원장, 한국행정학회장을 역임했다. 저서로는 《행정과학서설》 《참여론 바로보기》 《열린정부 국정 새틀짜기》 《행정변동론》 《바람직한 정부》 《비교행정론》 《국가의 미래》 《우리는 미래에 무엇을 공부할 것인가》 《통의동 일기》 《창조 리더십》 등이 있다.

바람직한 미래 정부의 모습

**모든 게 하나로 연결되는
수평적 네트워크 세상이다**

정부는 꼭 필요한 조직이다. 소수의 무정부주의자를 제외하곤 정부의 존재를 부인하는 사람은 없다. 정부가 있어야 국민의 생명과 재산이 보호되고 사회질서가 유지될 수 있기 때문이다.

하지만 정부의 크기와 역할에 대한 논란이 많았다. 커야 하느냐 작아야 하느냐, 어떤 일을 해야 하느냐 그 일을 맡아야 하느냐에 관한 논쟁이다. 작은 정부가 효율적이라는 주장이 강세를 보였던 때가 있고, 국민 복지를 책임지는 큰 정부가 대세인 때도 있었다.

그렇다면 앞으로 정부는 어떤 모습이어야 할까? 과학 기술이 변하고, 세상이 변하고, 사람이 변하고, 삶의 방식이 변하고, 일하는 방식이 변하는데 정부는 어떻게 변해야 할까? 이를 위해 먼저 어떤 변화가 미래에 다가오고 있는지 살펴볼 필요가 있다.

가장 중요한 화두는 '융합'이다. 먼저, '생활하고 일하고 돌아다니고 놀고'하는 모든 것이 하나가 된다. 아직은 우리가 집에서 살고 사무실에서 일하며 극장에서 영화를 보지만, 이런 것이 미래 사회에서는 하나의 장소로 융합된다는 말이다. 다시 말해서 사는 것, 일하는 것, 노는 것이 하나가 되는 도시가 된다. 요즘 '통섭'이라고 해서 학문도 융합되지만 삶의 양식, 정부도 시장도 융합될 것이다.

따라서 개인은 임무와 장소라는 전통적인 관계로부터 해방된다. 전통적인 생각, 전통적인 삶의 방식에서 벗어나 모든 것이 하나가 된다. 그 결과 재택근무가 가능해지면 물리적으로 존재하는 정부 부처, 회사, 대학의 양식이 달라질 가능성이 높다. 예컨대 공무원도 집에서 업무를 볼 수 있다. 그러면 정부 건물이 사라질 수도 있다.

대학 캠퍼스가 없어질 것이라는 예측도 있다. 지금도 사이버 대학이 많이 생겨나고 있다. 어떤 이는 이름 있는 좋은 대학을 제외하곤 대다수 캠퍼스가 미래에는 사라질 것으로 전망한다. 배움이란 행위가 사이버상에서 전부 가능해지기 때문이다. 명문대 캠퍼스가 존재하는 이유도 배움 때문이 아니라, 대학 때 만나는 사람이 평생친구가 되고 인맥이 되기 때문에 얼굴을 맞대고 만나기 위한 장소로 캠퍼스가 존재할 것이라고 본다. 즉 학문의 장이 아닌 인적 교류의 공간으로 캠퍼스가 이용되는 것이다.

아래 그림은 증강현실에 대한 것이다. 가상현실을 영어로는 3D라고 하는데, 현실을 부풀리고 가상현실을 보태고 보태서 어떠한 가능

영화 속에서나 등장하던 증강현실이 머지않아 우리 현실 속에서 광범위하게 활용될 것이다.

성이 열리는지를 보는 것이다. 이미 영화 〈마이너리티 리포트〉에서 증강현실을 실감나게 다루었다. 영화 속에서 주인공은 허공에 손짓을 하면서 데이터를 입력하고 내용을 확인한다. 그리고 가상의 화면을 띄워 사진을 클릭하고 검색한다.

정부 이야기를 하면서 도시 이야기를 하는 것은 이러한 변화는 도시에서 더 많이 벌어질 것이기 때문이다.

정부는 각 분야 사람들의 관계를 맺어주는 중매인이 되어야 한다

이렇듯 융합이 가능해지는 이유는 모든 것이 네트워크로 연결되어 가기 때문이다. 헝가리 출생으로 미국에서 물리학을 공부한 《링크》의

저자 알버트 바라바시는 흔히 말하는 네트워크의 유형을 다섯 가지로
나누었다. 내 주변 사람들, 내가 누구를 위해 일하고 있는가, 내가 지
금 사는 곳은 어디이고, 부모는 누구인가, 학교는 어디를 다녔는가가
그것이다.

네트워크의 발달은 사람 간의 관계에도 새로운 변화를 몰고 왔다.
미국 사회학자들에 따르면 미국 사람들은 네 명만 거치면 다 아는 사
람이라고 한다. 거대한 미국이라는 나라도 그런데 우리나라는 말할
나위가 없다. 아마 두 사람만 거치면 다 아는 사이일 것이다. 페이스북
등 소셜 네트워크는 이처럼 모든 사람이 친구가 될 가능성을 현실화
하고 있다.

때문에 네트워크라는 것이 갈수록 중요해진다. 네트워크는 분리될
수 없는 연결망을 형성할 가능성이 높다. 정부도 시장도 개인도 전부
연결되어 있다. 정부는 위대해서 저 위에 있고, 시민들은 보잘것없어
아래에 있는 개념이 아니다.

지금 우리가 유럽이랑 축구 경기하는 것을 실시간으로 볼 수 있듯,
옛날에는 상상도 못했던 지구 안에서 일어나는 일들이 시차에 관계없
이 전파되는 세상이 온다.

집 안도 감각 센서로 모든 것이 연결되어 있고 세상도 인터넷으로
앱으로 다 연결되어 있다. 이러한 시대를 맞아 미래 정부는 무엇을 해
야 할까? 내가 하고 싶은 말이 이것이다.

MIT 경영대학원 교수들은 리더십의 4요소로 맥락 파악, 관계 맺
기, 비전 제시, 방법 도출을 꼽고 있다. 나는 이 가운데 관계 맺기에 주
안점을 두고 싶다.

왜냐하면 미래는 관계기술(RT, Relations Technology)의 시대가 될 것이기 때문이다. 각기 다른 분야의 기술이 연관을 맺으면 승수효과가 생겨나고, 개별적으로 분리되어 있을 때보다 훨씬 더 강력한 힘을 발휘한다. 과학과 기술이 괄목할 만하게 변하고 발달하면서 미래 사회를 지배하게 될 기술이 바로 관계기술이다.

정부가 해야 할 일도 바로 관계기술이다. 맺어주고 조정하고 뒷받침하는 일을 미래의 정부가 해야 한다. 위에서 지시하는 정부가 아닌 관계를 맺어주는 중매인이 되는 것이다. 각 분야 사람이나 물건을 연

앞으로는 네트워크로 인해 다양한 삶의 변화가 일어날 것이다.

결해주고 이를 통해 부가가치를 올려주어야 한다. 이렇듯 각 분야의 사람과 물건을 어떻게 맺어주고 이어줄지 고민할 때 미래를 책임질 수 있는 깨어 있는 정부가 될 수 있다. 그러나 아쉽게도 아직 우리 정부는 이에 대해 아무런 고민을 하지 않고 있다. 갑갑하고 안타까운 일이다.

뇌 과학의 시대, 상상을 초월할 정도로
많은 변화가 일어난다

거듭 이야기하지만 미래의 우리 삶에는 많은 변화가 일어날 것이다. 그 변화는 때로는 상상을 초월할 것이다. 몇 가지 예를 들어보겠다. 우선 미래의 집에는 컵이나 구두 등 집 안 모든 물건에 센서가 부착된다. 생활의 모든 움직임과 리듬이 기록된다고 할 수 있다. 어떻게 보면 일거수일투족이 전부 감시되는 것이다. 그런 면에선 분명 좋은 일은 아니다.

그러나 동시에 로봇이 그 센서를 감지해 집 안을 정리한다. 그릇도 가지런히 하고 어지럽혀진 물건도 제자리에 갖다놓는다. 이것이 바로 스마트 홈이다. 물론 그만큼 부담을 안고 살아야 하므로 좋은 것만은 아니겠지만, 생활의 편의를 가져다주는 것은 분명하다.

휴대폰을 시계처럼 차고 다닌다고 하지만 더 발전하면 피부에 이식하게 될 가능성도 높다. 어떻게 생각하면 끔찍하게 느껴질 수도 있다. 대신 깜빡해서 휴대폰을 두고 집을 나서는 일은 사라진다. 목욕탕에서도 세상과 통화를 할 수 있게 된다.

과학 기술이 더 발전하면 사람의 머리가 로봇처럼 되고 머리에 칩이 가득해질 수도 있다. 이렇게 되면 치매란 병도 사라질 것이다. 칩 안에 모든 게 기록되어 있기 때문이다. 물론 이런 상상이 소름끼치도록 싫을 수도 있다. 그럼에도 불구하고 과학 기술은 계속해서 발달을 거듭해나갈 것이다.

앞으론 눈이 나빠도 안경을 끼지 않고 사물을 볼 수 있게 된다. 안경의 역할을 칩이 대신하기 때문이다. 다시 말해서 칩이 눈을 조작할

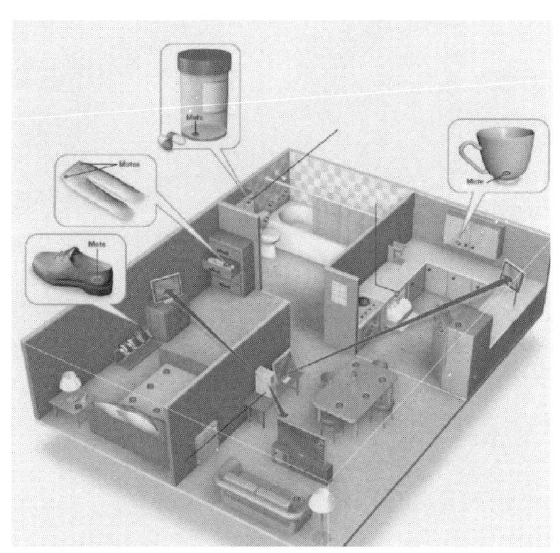

센서로 감지되는 스마트 홈의 모습.

수 있게 되는 것이다. 우리는 흔히 눈으로 사물을 본다고 생각한다. 하지만 눈이 아닌 뇌가 보는 것이다. 실제 동공으로 빛이 통과해 뇌에 전달되는 시간은 0.1초이다. 0.1초라는 시간이 있기 때문에 우리 눈이 바라보는 것이 사실 정확하지 않기도 하다. 아울러 뇌에 칩을 장착함으로써 눈의 기능을 조절할 수도 있다.

넥시아 바이오테크(Nexia Biotechnology)라는 회사는 염소젖에서 거미줄을 생산해 수술용 실, 다리 건축에 쓰이는 강철줄, 방탄복이나 낙하산용 섬유로 만들고 있다. 그 줄은 철근보다도 더 질기고 끊어지지 않기 때문에 교량을 짓는 데도 사용할 수 있다.

연잎을 생각해보자. 비가 내려도 연잎은 젖지 않는다. 물방울이 먼지를 훑고 지나갈 뿐이다. 이 원리를 이용해 자동차 유리를 만들면 어떻게 될까? 비가 와도 창문이 비에 젖지 않고 먼지만 쓸어갈 것이다.

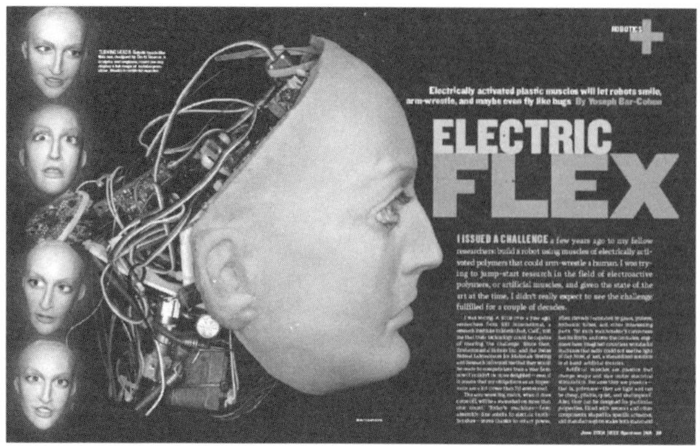

로봇처럼 사람의 머릿속이 온통 칩으로 바뀔 날도 멀지 않았다.

그러면 운전이 편해지고 차는 저절로 깨끗해진다. 만일 그 원리가 옷을 만드는 데 적용되면 어떻게 될까? 토마토케첩이나 커피를 흘려도 얼룩이 묻지 않는 옷을 만들 수 있을 것이다. 이미 이런 기술들이 쏟아져나오고 있다.

머지않아 나노튜브로 쏘는 3만 8,000킬로미터 높이의 엘리베이터를 타고 올라가서 만든 우주도시의 시대가 열릴 것이다. 그곳에서는 지구에서는 진동 때문에 완벽하게 할 수 없던 실험도 가능하므로 우주생명과학의 시대가 펼쳐질 것이다.

《특이점이 온다》라는 책을 쓴 레이 커즈와일은 과학의 변화 단계를 다음 여섯 단계로 주장했다.

1단계－물리현상과 화학반응

2단계－생물학

3단계－뇌

4단계 – 기술

5단계 – 기술과 인공지능의 융합

6단계 – 우주가 잠에서 깨어난다

그는 이제는 뇌 과학의 시대에 진입했다고 주장한다. 뇌 과학의 시대에는 인간의 지능이 지금보다 1조 배 이상 늘어난다. 세상은 이렇게 점점 더 복잡해지는데, 이 같은 변화에 대해 정부는 무엇을 하고 어떻게 변화해나갈지 심각하게 고민해볼 필요가 있다.

불가능한 일에 돈을 붓지 말고 빠른 변화에 대응해야 한다

그렇다면 미래 정부는 이런 모든 변화에 대해 어떻게 준비하고 대처해야 할까? 당장 벌어지지 않는 일이라고 손 놓고 있으면 안 된다. 그러면 다가오는 미래에 아주 곤란한 지경에 빠져들 수 있다.

예컨대 2040년에는 원숭이 뇌에 해당하는 지능을 가진 로봇이 나올 가능성이 있다. 2080년에는 인간의 뇌와 같은 컴퓨터를 만들 수도 있다. 이렇게 되면 로봇에게 일을 맡길 수 있다.

사람만 생각하고 만든 공무원법, 사람만 생각하고 만든 정부 조직은, 로봇과 함께 공존할 수 있는 패턴으로 바뀌어야 한다. 즉 단순한 일의 경우 인간이 하지 않아도 로봇이 알아서 처리하므로 업무가 더 쉬워진다. 따라서 기능직 공무원의 일이 줄어든다.

이에 맞춰 정부의 조직도 개편되어야 하는데 아무런 준비가 되어 있지 않다. 로봇을 둘, 셋 정도 데리고 일하면 90만 명의 공무원이 절반으로 줄고 나머지는 로봇이 할 수 있다. 그럼에도 불구하고 정부에서는 아직 9급, 7급, 5급 시험을 본다. 미래를 생각한다면 9급 시험도 없애고 7급 시험도 없애야 한다.

정부 조직도 평면이 되어야 한다. 로봇과 함께 일하려면 계급이 없어져야 하기 때문이다. 계급이 없어지면 평등 조직, 더불어 사는 콜라주 형태의 조직이 될 것이다.

미래에는 1,000달러만 지불하면 유전자 지도를 그리고 질병을 치료할 수 있을 것으로 예상된다. 그렇다면 복지정책을 세울 때도 이런 변화에 맞추어야 한다. 그러나 우리는 10년, 20년 전의 정책을 지금도 고수하고 있다.

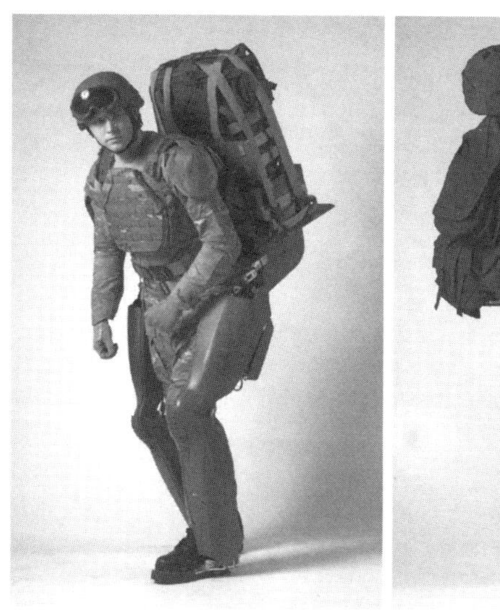

로봇과 함께 일하면 단순일용직 공무원은 다 사라질 것이다.

세상이 바뀌고 삶이 바뀌고 행동양식이 바뀌고 있다. 정부도 스스로 자신을 어떻게 바꿔가야 할지 고민해야 한다. 그런데 이에 대한 연구는 전혀 안 되고 있다. 아울러 불필요한 곳에 정력을 쏟고 있다. 예컨대 과학 기술이 발달하더라도 재앙을 예측하거나 피할 수 없다. 뛰어난 도시라도 언제 재앙이 닥칠지 누구도 알 수 없다. 화산, 지진, 쓰나미 등 예측할 수 없는 재앙이 너무나 많다.

1960년대에 노벨물리학상을 탄 한 학자에 따르면, 600만 년 전 지중해에는 물이 없었다고 한다. 그런데 1억 6,000만 년 전 미국 대륙 중부에는 물이 넘쳤다. 즉 자연이란 인간이 통제할 수 있는 게 아니다. 자연은 범접할 수 없는 존재이다. 아직 우리는 바다 속 바위의 크기, 그 바위가 품고 있는 물의 양을 알 수 없다.

이렇듯 범접할 수 없는 자연을 향해 불가능한 일에 돈을 쏟아붓는 일이 있어서는 안 되겠다. 정부가 저탄소 녹색성장이라는 이름으로 하이브리드카를 만들고 있다. 하이브리드카를 만들어 환경을 개선하고 녹색성장을 할 수 있다는 주장은 말도 안 된다. 라플린이라는 학자는 이걸로 자연을 보호할 수 없다고 주장한다. 인간이 거대한 자연의 흐름을 바꿀 수 있다는 생각은 오만한 발상이다.

결국 모든 것이 미래를 위한 일이 아닌 돈을 벌기 위한 일일 뿐이다. 지진이 많은 일본의 경우 천문학적인 돈을 지진 예측에 쏟아부었다. 그러나 아직도 제대로 된 지진 예측을 못하고 있다. 지진 예측과 관련된 업계만 돈을 벌었을 뿐이다.

자연의 흐름 안에서 인간이 할 수 있는 최선이 무엇인지를 찾아야 한다. 예컨대 기상청과 소방방재청을 한데 묶어 운영하는 것도 한 방안이다. 다시 말해서 기상청이 재앙을 예측하고 소방방재청이 처리하는 것이 함께 이루어져야 하는 것이다.

국민에게 군림하지 않는 작은 정부가 정답이다

미국 만화 가운데 놀고 있는 공무원을 풍자한 것이 있다. 취직을 앞둔 여성에게 무엇이 되고 싶은지 묻는다. 간호사, 선생님, 컨설턴트 등 여러 직업에 대해 과연 그 일을 하고 싶은지 묻는다. 그러자 광고 속 여성은 '노(No)'라고 대답한다. 그러다 '공무원'이란 직업이 등장하자 얼굴이 밝아지면서 '예스(Yes)'를 외친다. 공무원이 돼 국민에게 봉사하고 싶어서일까? 아니다. 편하게 놀고먹으면서 일할 수 있기 때문이라고 광고 속 여성은 말한다.

국립대학인 서울대학교에 구성원이 9명인 관리부서가 있다. 그 가운데 3명은 일하고 나머지 6명은 논다. 광고는 바로 이 같은 현실을 빗댄 것이다. 물론 모든 정부 조직이 그렇다고 볼 수는 없다. 그러나 많은 공무원 조직이 이 같은 비효율성을 내재하고 있다.

이를 해결하기 위해 우리는 작은 정부를 지향해야 한다. 정부의 크기와 기능은 국가 유지와 발전을 위한 기본기능만 수행하도록 변해야 한다. 미국의 《윌슨 쿼털리(Wilson Quarterly)》란 학술지는 30년 후 정부가 없어질지도 모른다고 예측했다. 그만큼 정부가 해야 할 일이 줄어든다는 의미다.

물론 정부가 없어질 것이라고 생각하지는 않는다. 하지만 작은 정

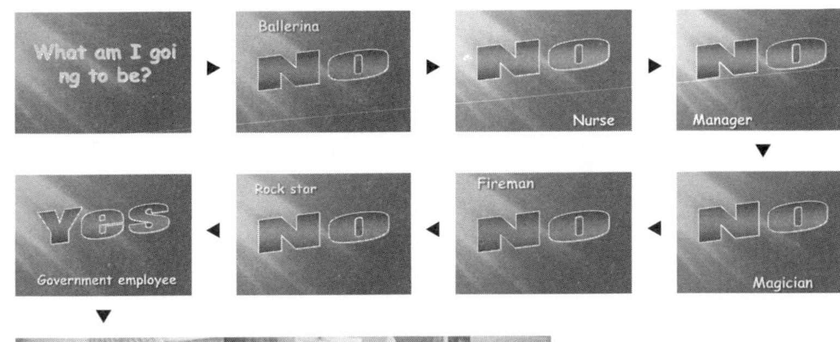

공무원은 편하게 놀고먹는 직업인가?

부, 큰 시장, 더 큰 국민의 형태로 변화해야 한다고 본다. 다시 말해서 정부는 존재하되 크기는 작아지고 국민에게 군림하지 않고 돕는 방식으로 변할 것이고 변해야 한다. 닫힌 정부에서 열린 정부로, 안방 민원 전자서비스를 담당하는 고객 지향적인 정부로 나아가야 한다. 따라서 정부는 다음과 같이 변해야 할 것이다.

첫째, 미래의 정부 조직은 행정구조와 조직이 '평면 네트워크 조직'으로 바뀌어야 한다.

둘째, 행정운영 방식은 융합의 형태로 바뀌어야 한다.

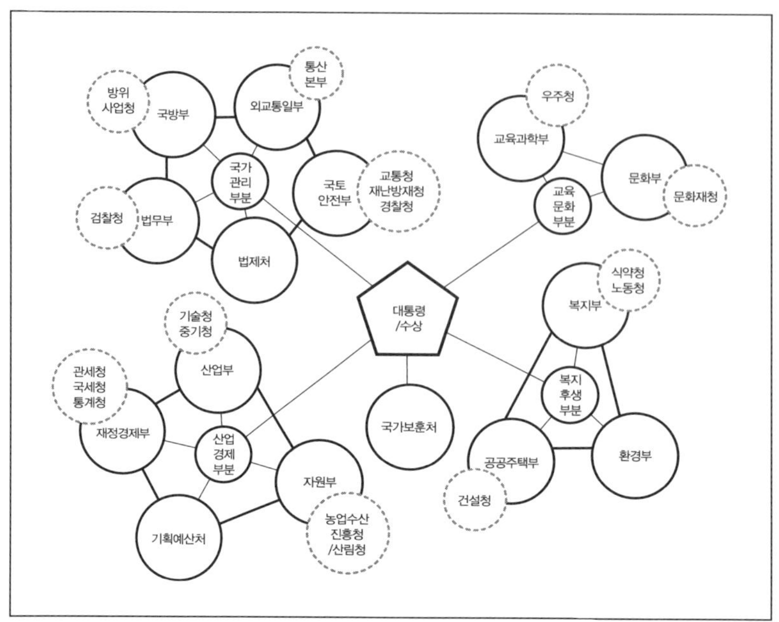

기본기능을 중심으로 단순화된 미래의 정부조직.

셋째, 정부와 시장의 관계는 거버넌스 형태로 바뀌어야 한다.

넷째, 정부의 크기와 기능은 국가를 유지 발전시키는 기본적인 기능만 해야 한다.

다섯 번째, 리더십은 팀 리더십, 디지털 리더십으로 전환되어야 한다.

이를 좀 더 구체적으로 보면 위 그림처럼 국가 관리, 산업 경제, 복지후생, 교육 문화의 4개 기본 기능을 중심으로 단순한 조직으로 개편되어야 할 것이다.

마지막으로 다시 한 번 정리하면, 세상도 변하고 생각도 변한다. 정부가 그것을 준비해야 하는 것은 당연하고 정부 스스로도 바뀌어야 한다. 정부는 지금부터 어떻게 변해야 바람직한 것인가를 모색해야 한다. 정부의 전 부처들이 앞으로 정부가 어떻게 변해야 하는가에 대해 연구하고 디자인을 만들어 꼭 필요한 미래 정부의 모델을 제시해야 할 것이다.

민경욱

KBS 앵커, KBS 1라디오 〈열린 토론〉 앵커. 연세대학교 행정학과와 동 대학교 국제학대학원 졸업. 미국 미주리 주 콜럼비아 대학원 언론학과에서 수학. KBS 사회부, 정치부, 편집부, 보도제작부, 라디오뉴스 편집부, 인터넷 뉴스부 기자, 워싱턴 특파원, KBS 2TV 뉴스타임 앵커, KBS 1TV 〈심야토론〉 앵커를 역임했다. 한국방송대상 보도기자 부문 개인상, 한국기자협회 이달의 기자상, KBS 보도 금상, KBS 바른말 대상을 수상했다.

민주사회의 토론, 그 소통방식에 대해

**싸우지 말고
제발 대화로 풉시다**

지난 2년간 KBS에서 토론 프로그램을 진행해오고 있는데, 한국의 대표적 토론 프로그램인 KBS 〈심야토론〉 사회자를 1년 반 동안 맡았고 지금은 KBS 1라디오의 〈열린토론〉을 진행하고 있다.

그러고 보면 토론 진행자로서 경력이 꽤 되는 셈이다. 하지만 아직도 토론을 진행하다 보면 힘들 때가 많다. 토론이 막 나가는 경우가 적지 않기 때문이다.

얼마 전 〈열린토론〉에 서울대학교를 나와 하버드 대학교에서 박사학위를 받은 분이 출연했다. 상대 토론자는 학사학위밖에 없는 분이었다. 그런데 두 사람 사이에 언쟁이 심해지자 갑자기 서울대학교 출신의 출연자가 "당신 나만큼 똑똑해?" 하면서 토론장을 나가버리고 말았다. 그럴 경우 진행자는 매우 당혹스럽다.

그런가 하면 생방송 중 스튜디오를 나가겠다고 하는 사람도 있다. 한 번은 마무리 발언을 할 때 토론 주제에 대해 "나는 조건부 찬성을 하겠다"라고 말한 적이 있다. 그러자 반대 측에 있던 토론자가 갑자기 가방을 싸면서 생방송 중에 스튜디오를 나가겠다고 말했다. 3대 1의 토론이 됐다는 게 그의 주장이었다. 나는 겨우겨우 손짓과 눈짓으로 그를 말렸다.

심지어 남녀 패널 사이에 몸싸움이 생긴 적도 있다. 야당의 한 여성 의원이 "대통령이 바뀌기 전까지 이 정책은 그대로 간다"라는 이야기를 했다. 대통령의 생각이 바뀌어야 한다는 말이었는지, 아니면 대통령을 다른 사람으로 바꿔야 한다는 말이었는지는 당사자만 알 수 있는 상황이었다. 그러자 이명박 대통령의 가신 출신인 한 여당 의원이 "지금 대통령을 탄핵하겠다는 겁니까?"라고 말했다. 이에 화가 난 여성 의원이 그 의원을 몸으로 밀면서 사과를 요구했다.

사실 누가 사과를 해야 하는 건지 잘 판단이 안 선다. 그러나 어쨌든 생각이 다르다고 상대의 말이 귀에 거슬린다고 몸싸움까지 가면 안 된다.

판사 출신 출연자와 대학 교수가 자존심 싸움을 벌인 적도 있다. 서로 자기 할 말만 해서는 토론이 제대로 이루어지지 않았다. 두 사람 다 같은 학교에서 사법고시를 패스했고, 학번도 한 학번밖에 차이가 안 났다. 서로 살아온 경력과 생각이 비슷했기 때문에 자존심 싸움을 한 것이다.

이런 모습들을 보면서 처음에는 사회자인 나의 진행이 서툴러서 그런 줄 알았다. 그래서 바로 수습을 하려고 애를 썼다. 그런데 나중에 보니 좀 싸워야 사람들이 재미있어 하면서 듣는다는 것을 깨달았다. 그래서 보통 싸우면 한 2분 정도는 그냥 놔두기도 한다. 사실 의견이 심하게 대립되면 감정적으로 격앙될 수도 있다. 언쟁이 심해지고 말싸움이 벌어질 수도 있다. 덕분에 보는 사람도 재미있게 느낄 수 있고, 더 진지하게 두 사람의 이야기에 귀를 기울일 수도 있다.

그러나 선진국으로 발돋움하기 위해선 그 시간이 2분을 넘어서는 안 된다. 자신의 주장을 강하게 내세우지만 동시에 적정선에서 물러설 줄도 알아야 한다. 이를 위해선 상대를 배려하고 소통하는 열린 마음이 필요하다.

이렇게 곤란한 토론이 있는가 하면, 반대로 아주 좋은 토론도 있다. 최근 들어 '글로벌 통화 갈등과 우리의 금리정책'이라는 토론이 있었다. 토론자들의 해박한 지식과 서로에 대한 예의와 유머가 있는 토론이었다. 토론을 통해 시청자들은 주제가 되는 사안의 쟁점이 무엇인지 정확히 이해할 수 있었다. 이런 토론이 참 필요하겠다는 생각을 하게끔 해준 시간이었다.

민주적 토론을 위한 여섯 가지 코드

그동안 곤혹스러운 토론, 즐거운 토론을 경험하면서 나름대로 찾아낸 민주주의 토론을 위한 여섯 가지 코드가 있다.

첫째는 상대에 대한 배려와 예의다. 이를 위해선 다름과 틀림의 차이를 인정해야 한다. 사실 우리 사회는 '다르다'를 써야 할 상황에서 '틀리다'라는 말을 너무 쉽게 꺼낸다. 만일 독특한 취향을 갖고 있는 누군가를 보면 "그 사람은 다른 사람과 틀려"라고 말하는 사람들이 많다. 사실 '달라'가 맞는 말이다. 다른 의견에 대해 "당신이 틀렸어"라고 단정하기보다 "나와는 다르네요"라고 말함으로써 서로의 차이를 인정해야 한다. 상대가 나와 같아지기를 바라기보다 다름을 받아들이는 것이다.

둘째, 규칙을 준수해야 한다. 도착 시간, 발언 횟수, 마무리 발언 시간 등을 잘 지켜야 한다. 토론 프로그램을 한 번이라도 본 사람이라면 더 많이 이야기하려는 패널과 시간을 적절하게 배분하려는 사회자 사이에 실랑이가 벌어지는 모습을 본 적이 있을 것이다.

100분 정도로 4명의 패널이 참가하는 토론 프로그램의 경우 사회자가 20분 정도 발언을 하고, 나머지 80분은 패널 4명이 각각 20분씩 맡는다. 한 번 발언하는 데 평균 2분씩 소요되니까 한 사람이 열 번 정도 발언할 수 있는 기회가 생긴다. 그런데 말하다 보면 2분이 짧다고 느껴져 다들 더 많은 말을 하고 싶어 한다. 그러나 아무리 하고 싶은 말이 많아도 규칙을 지켜야 한다. 그래야 민주적 토론이 될 수 있다.

사실 진행자는 기계적으로라도 중립을 지키고 있어야 한다. 발언권을 한 사람에게는 열 번 주고 반대 사람에게는 서른 번 주면 공평하지 않다. 많아야 한두 개의 오차 안에 들도록 발언권을 공평하게 분배해야 한다. 많이 말한 사람은 누르고 적게 한 사람은 적극적으로 이야기하도록 유도해야 한다.

이런 사회자의 노력을 민주적 장치로 받아들여야 한다. 그런데 "왜 나한테 발언 기회를 적게 주는 거야"라는 불만을 토로하는 경우가 심심치 않다. 텔레비전 토론뿐 아니라 일상에서 벌어지는 토론도 크게 다르지 않을 것이다.

셋째, 열린 마음이 중요하다. 상대의 주장을 어느 정도 받아들여서 자신이 바뀔 수도 있다는 여지를 남겨놓아야 한다. 토론이 여론을 바꾸고 여론이 세상을 바꿀 수 있어야 민주주의가 성립한다.

길에서 사람들이 직접 나를 봤을 때 하는 말이 있다. 텔레비전에서 보던 것과 다르다는 것이다. 특히 세 가지를 많이 얘기한다. 첫 번째는 생각보다 키가 작다는 것이다. 그다음은 생각보다 나이가 어리다는 것이다. 보통 토론은 나이가 든 사회자가 진행한다는 선입견 때문인 것 같다. 마지막으로 텔레비전보다 피부가 괜찮다는 이야기를 자주 한다.

텔레비전에서 보는 것과 실제 보는 것에는 상당한 차이가 있다. 상대의 의견이나 생각도 마찬가지 아닐까 싶다. 직접 만나 들어보고 생각해보면 맞는 구석이 있는 경우가 많다. 그걸 받아들일 때 지금보다 더 성숙한 대한민국이 될 수 있다.

넷째, 정정당당한 토론이다. 토론을 구성하는 사람들의 체급, 실력이 맞아야 한다. 헤비급의 선수가 오로지 이겨보겠다는 마음으로 플라이급 선수와 시합을 해서는 안 된다. 아울러 이기기 위해 말꼬리를 잡아 물고 늘어지는 등 정정당당하지 않은 방법을 써서도 안 된다. 이런 경우 토론에서는 이긴 듯 보이지만 길게 보면 결국 지게 된다.

다섯째, 토론의 심판자가 누구인지를 알아야 한다. 라디오 프로그램의 심판자는 청취자다. 청취자가 어떻게 들을지를 생각해야 한다.

진정한 프로는 청중을 설득함으로써 상대를 존재감 없는 사람으로 만들어 버린다.

여섯째, 올바른 우리 말을 사용해야 한다. 예를 들어 '저희 나라' 라는 말은 없다. '우리나라' 가 맞다. 저희는 낮추는 말이다. 우리 모두의 나라인데 내 맘대로 낮추는 건 어법에 안 맞는다. '보여집니다' 도 틀린 말이다. '보여집니다' 는 피동이 두 번 반복된다. '봅니다' 나 '보고 있습니다' 라고 말해야 한다. 우리 말뿐만 아니라 외국어와 외래어도 잘 지켜야 한다. 예컨대 '팩스' 는 피읖 발음을 살려서 발음해야지, 영어의 F(에프) 발음을 그대로 써서 발음해서는 안 된다.

민주적으로 이기는 일곱 가지 방법

모든 토론자에게 동일한 시간이 주어지지만 자신의 의견을 멋지게 피력하는 사람들이 있다. 그런 사람들은 민주적 토론에서 승자가 되는 비결을 알고 있기 때문이다. 과연 그 비결은 무엇일까?

첫째, 토론장에 일찍 도착해야 한다. 일찍 도착한다는 이야기는 그만큼 철저히 준비하고 토론장에 익숙해진다는 것이다. 이처럼 준비가 되어 있으면 분위기 주도가 가능해진다.

둘째, 확실한 주장을 준비해야 한다. 자기 입장이 명확해야 한다. 애매한 입장은 상대와 듣는 사람을 혼란스럽게 한다. 입장을 명확히 하고 그 입장을 논리적으로 설명할 수 있어야 한다.

셋째, 유머의 위력을 무시해선 안 된다. 코너에 몰렸을 때 만회할 수 있는, 상대를 무장 해제시킬 수 있는 유머가 중요하다. 유머 한 방으로 수세에 몰리던 토론이 뒤집어질 수도 있다.

넷째, 동문서답을 예방하려면 우선 잘 들어야 한다. 토론을 진행하다 보면 동문서답을 하는 바람에 이야기 초점이 흐려지는 경우가 많다. 대개 상대나 사회자의 이야기에 집중하지 않아서 벌어지는 일이다.

다섯째, 사회자의 곤란한 질문은 간간히 무시하는 것이 좋다. 토론은 재치문답이나 질의응답이 아니기 때문이다.

여섯째, 태도에 유의해야 한다. 실제 미국의 대통령 후보 토론회에 나섰던 앨 고어는 토론을 잘해놓고도 부시에게 졌다. 부시가 이상한 발언을 하자 앨 고어가 정말 어이없다는 표정을 지었는데 그 표정이 텔레비전에 나가면서 표가 깎였다. 라디오에서는 비웃는 소리를 조심해야 한다. 청취자들이 예의 없다고 느낄 수 있다.

마지막으로 쟁점뿐 아니라 상대 토론자에 대해서도 공부를 해야 한다. 상대 패널이 어디에서 공부를 했는지, 전공분야는 무엇인지, 고향은 어디인지를 알아두면 토론을 하는 데 큰 도움이 된다. 《손자병법》에도 나왔듯이 지피지기면 백전백승이다.

토론회에서는 사회자가 아닌 토론자가 돋보여야 한다

사회 곳곳에서 토론이 활발히 벌어지면서 진행을 해야 하는 상황에 마주 서는 경우도 늘었다. 사실 토론의 진행은 쉽지 않다. 의견이 다른 사람들 사이에 끼어 조율을 해야 하기 때문이다. 다음에서 제시하는 몇 가지 포인트를 알고 있으면 토론을 진행하는 데 큰 도움이 될 것이다.

먼저 주제 선정을 잘해야 한다. 주제는 찬반 의견이 있어야 하고, 한창 뜨거운 쟁점에 놓여 있어야 한다. 예를 들어 '군 가산점제' 같은 경우는 항상 뜨겁다. 남녀가 갈리고, 군 복무를 한 사람, 하지 않은 사람이 갈린다. 그래서 이런 주제에 관한 토론이 벌어지면 항상 시청률이 높다.

토론에서 사회자가 돋보이려고 노력하면 안 된다. 토론 후 방청객들이 "진행이 끝내줬어" "그 사람 때문에 토론이 살았어"라고 말한다면 이것은 좋지 않은 결과이다. 토론회에서는 토론자가 왕이다. 사회자는 2차적인 역할에 만족해야 한다.

그리고 토론 시간에도 신경을 기울여야 한다. 토론 프로그램은 KBS뿐만 아니라 MBC와 SBS에도 있는데, 다들 100분 동안 진행한다. 왜 100분일까? 아마도 어떤 쟁점을 가지고 갑론을박하면서 결론을 맺기에는 100분 정도는 필요하다는 게 공통된 생각인 듯하다. 그보다 짧으면 다른 의견을 이해하고 토론자들이 자신의 주장을 펼치기에 시간이 부족하다. 그보다 길면 같은 말이 반복되고 토론이 지루해질 수 있다.

마지막으로 재미있는 이야기를 하나 하면서 마무리를 하고자 한다. 경마장에서 말들을 대상으로 "가장 싫어하는 사람은 어떤 사람입니까"라는 설문조사를 했다. 그랬더니 5위는 말꼬리 자르는 사람이었다. 4위는 말머리 돌리는 사람, 3위는 말허리 끊는 사람이 각각 기록했다. 2위는 말 더듬는 사람이었다. 준비가 안 된 사람은 말을 더듬게 마련이다. 그리고 공동 1위는 말 바꾸는 사람, 말씹는 사람, 말까는 사람이었다. 이 다섯 가지를 기억한다면 일상에서도 민주적인 토론을 잘할 수 있지 않을까 싶다.

이석연

변호사. 전(前) 법제처장. 전북대학교 법학과 졸업, 서울대학교 대학원 법학 박사. 행시(23회), 사시(27회) 합격. 법제처 사무관, 법제관, 헌법재판소 헌법연구관, 감사원 부정방지대책위원장, 동 국민감사청구심사위원장, 경실련 사무총장, '법무법인 서울' 대표, '헌법포럼' 상임대표, '시민과 함께하는 변호사들' 공동대표, 제조하도급 분쟁조정협의회 위원장을 역임했다. 저서로는 《헌법의 길 통합의 길》《침묵하는 보수로는 나라 못 지킨다》《헌법과 반헌법》《헌법소송의 이론과 실제》 등이 있으며, 〈검사의 불기소처분에 대한 헌법소원 연구〉를 비롯해 50편의 논문이 있다.

공정한 사회, 법치에서 길을 찾다

**권력자에게도
공정한 법집행이 필요하다**

버트런드 러셀은 영국의 철학자이자 문학가이다. 노벨상을 받았고 평화운동가로도 활약했다. 98세까지 살았던 러셀은 88세가 되던 1961년 핵무기 개발에 반대하는 시민불복종운동을 주도했다. 그 과정에서 불법행동을 선동했다는 이유로 징역 1월의 실형을 선고받았다. 판결이 내려지자 방청객 한 사람이 외쳤다. "부끄러운 줄 아시오. 88세 노인에게 징역형이라니!" 그러자 판사가 맞받아쳤다. "나잇값을 하라 하시오."

방청객과 판사의 재치문답을 소개하자는 게 아니다. 여기서 주목하고자 하는 것은 영국 법치주의의 현실이다. 노벨상을 수상한 세계적 석학의 평화를 위한 행동이라도 불법적 수단이 동원됐다면 책임을 묻겠다는 영국 법치주의의 전통이다. 동시에 법은 공정하고 일관되게 적용되어야 한다는 법치 확립의 의지를 읽을 수 있다.

2009년 4월 미국 워싱턴에서 하원의원 5명이 시위를 하다 폴리스라인을 넘었다. 경찰은 즉각 의원들의 손을 등 뒤로 모아 노끈형 수갑을 채웠고 의원들은 순순히 체포에 응하는 장면을 CNN 화면에서 본 적이 있다. 이러한 일이 우리나라에서 일어났다면 큰 이슈였겠지만 미국 언론은 당연한 것으로 여겨 단신으로 처리했다.

우리 사회에서는 언제부터인지 "목적이 정당하면 수단이나 절차의 불법쯤은 괜찮다" "불법행동이라도 정당한 주장은 들어줘야 한다"는 분위기가 조성되어 있는 듯하다. 그러나 이런 생각은 민주주의와 법치주의의 본질을 잘못 이해한 것이다.

인간 예지의 산물인 민주주의는 절차와 수단을 존중하는 것이지 목적만을 제일로 삼는 것은 아니다. 적법절차(due process of law)가 무시되는 조치라면 추구하는 목적과 관계없이 권력의 남용이자 자의적(willkür)인 것으로 위헌적이다. 대통령을 포함한 공권력 역시 헌법과 법률이 정한 절차에 따라 권한을 행사하고 의무를 다해야 한다. 이것이 법치주의의 핵심(요체)이다.

다소 원론적인 얘기 같지만 우리 사회의 모든 국정 현안 및 사회문제 역시 헌법과 법률이 정한 적법 절차에 따라 합리적으로 논의되고 해결되어야 한다. 또한 원칙(헌법정신)이 분명한데도 편법으로 원칙을 대신하려는 변칙이 허용되어서도 안 된다.

그동안 새 정부가 들어설 때마다 지난 정부에 대한 심판론 내지 청산론이 대두됐다. 그 과정에서 지난 정부의 업적은 가려지고 적법 절차를 지켰는가, 국민적 합의 절차를 거쳤느냐 등의 문제가 부각되면서 측근이나 핵심세력이 처벌을 받고, 결국 전직 대통령까지 책임을 추궁당하는 후진적 정치행태가 되풀이됐다. 나는 정부에 있으면서 다시는 이런 일이 되풀이되어서는 안 된다고 실감하면서 국정 운영의 헌법 법률 적합성과 투명성을 강조한 바 있다.

법치주의가 약자에게만 강요되는 일방통행이어서는 안 된다

내가 고시공부를 하던 시절부터 시작돼 지금까지도 이해가 안 되는 법률규정이 있다. 똑같이 기간을 준수하라는 규정인데 법원이나 행정부 등이 해야 할 것은 지키지 않아도 문제가 없고, 국민에게 요구한 것은 하루만 늦어도 가차 없이 권리 행사 기회가 박탈된다는 사실이다.

예컨대 헌법재판소법(38조)에 보면 헌법재판소는 헌법 소원을 접수한 날로부터 180일 이내에 종국 결정 선고를 해야 한다. 또 민사소송법(199조)에 따르면 법원은 소송이 제기된 날로부터 5개월 이내에 선고해야 한다. 그런데 180일, 5개월 등은 법리상 훈시규정이기에 지키지 않아도 법적인 문제가 없는 것으로 운용되고 있다.

소송을 제기한 국민 입장에서는 제때 판결이 선고되어 신속한 권리구제를 받는 것이 절실함에도 불구하고, 판결 선고가 법이 정한 기간을 넘어 이뤄지는 예가 비일비재하다. 심지어 몇 년이 지나 이뤄지는 경우도 있다.

국회의 경우도 마찬가지다. 예컨대 헌법(제54조)에 따르면 국회는 회계연도 개시 30일 전까지 예산안을 의결해야 한다. 하지만 이 기간을 지키는 경우는 거의 없다.

반면 헌법소원이나 행정소송 등은 공권력에 의한 기본권 침해가 있음을 안 날로부터, 또는 행정청의 잘못된 처분이 있음을 안 날로부터 각각 90일 이내에 제기해야 한다고 규정하고 있다. 그런데 이 경우 특별한 사유가 없는 한 하루만 늦어도 소송은 불가능하다. 똑같이 기간이 정해져 있지만 어느 경우는 지키지 않아도 되고, 어느 경우는 지키지 않으면 불이익을 받도록 되어 있다. 그리고 그 판단은 법원 등 공권력이 한다.

이처럼 국민에게만 준수를 요구하는 제도나 법의 운용은 바뀌어야 한다. 법치주의가 일방통행이 되어서는 안 된다. 국민에게만 약자에게만 일방적으로 준법을 강요하는 것은 진정한 법치주의가 아니다. 권력을 행사하는 측에서도 헌법과 법률이 정한 절차에 따라 권한을 행사하고 잘못된 법 집행에 대해서는 책임을 져야 한다. 법치주의는 국민과 국가기관 모두가 준수하는 쌍방통행이 될 때 공정한 사회의 토대가 된다.

우리 주변에는 사회적 약자, 소수자 그룹, 소외 계층 등이 많다. 헌법은 이들이 인간다운 생활을 할 권리, 사회보장 등 국가의 보호를 받을 권리, 행복을 추구할 권리 등을 기본권으로 보장하고 있다. 따라서 국가의 취약 계층에 대한 배려는 시혜적 차원이 아닌 국민 기본권이자 국가의 의무다. 이명박 정부가 중점적으로 추진하는 이른바 친서민 중도실용정책은 바로 헌법이 보장한 사회적 약자의 기본권을 실질화, 내실화하는 과정이다.

같은 맥락에서 약자가 법적 배려 부족으로 불법행동에 나서는 경우가 있다. 이때 약자에 대한 공권력 문제보다도 그들의 행위에 대해서만 엄격한 법집행을 요구하기도 한다. 이 역시 헌법 정신과 공정사회 원리에 부합하지 않는다. 피해를 입지 않은 자가 피해를 입은 자와 똑같이 분노할 때 비로소 정의가 실현되는 것이다. 따라서 피해자의 입장에서 애정을 갖고 접근할 때 정부의 친서민 정책은 더 넓은 국민의 공감과 참여를 이루어낼 수 있다.

한니발 군대를 격파한 스키피오 장군은 왜 실각했을까

법치의 핵심은 세 가지로 요약된다. 첫째, 법은 공정하고 일관되게 적용되어야 한다(법 적용의 일관성, 형평성). 둘째, 법은 투명하고 모두에게 열려 있어야 한다(법의 개방성, 투명성). 그리고 마지막으로 법의 적용은 효율적이고 시의적절해야 한다(법 적용의 적시성, 경제성). 이 중 가장 중요한 것은 법 적용의 공정성과 일관성이다.

한국법제연구원에서 최근 조사한 자료에 따르면, 우리 국민의 약 70퍼센트는 법이 공정하지 않다고 보고 있다. 그리고 72퍼센트의 국민이 법대로 살면 손해라는 조사결과도 있다. 많은 국민이 법 적용의 형평성, 일관성 결여를 문제 삼고 있는 셈이다.

그런데 한 가지 흥미로운 것은 중·고등학생을 대상으로 한 조사에서 감옥에서 10년을 살더라도 10억 원을 벌 수 있다면 부패를 저지를 수 있느냐는 질문에, 20퍼센트에 이르는 학생들이 "그렇다"라고 답했다는 점이다. 참으로 충격적이다. 기성질서에 대한 불신이자 사회적 신뢰의 위기이다.

공자는 《논어》에서 국가의 구성요소를 군사력, 경제력, 사회적 신뢰라고 하면서 그중 사회적 신뢰를 가장 중시했다. 그런데 일부 사회 지도층과 고위 공직자 사이에 법치 불감증 내지 목표지상주의가 만연한 것을 느끼곤 한다.

사마천은 〈사기열전〉 편에서 법이 공정하지 못한 이유를 "윗사람부터 준수하지 않기 때문"이라고 하면서, "윗사람들의 행실이 바르면 명령하지 않아도 저절로 이행되지만 그렇지 못하면 명령을 내려도 복종하지 않는다"라고 갈파했다.

최근 고위 공직 후보자 검증과정에서 국민들은 후보자들의 높은 도덕성, 살아온 과정의 투명성, 엄격한 법치 준수를 요구했다. 혹자는 기준이 너무 가혹하다는 비판을 하기도 한다. 그러나 이는 우리 사회를 한 단계 높인다는 점에서 긍정적이다. 앞으로 고위 공직자에 대해 더 높은 수준의 도덕성과 법 준수가 요구되어야 한다. 국민은 이를 요구할 권리가 있다.

고대 로마시대에, 연전연승하는 한니발을 격파하고 로마를 포에니 전쟁의 수렁에서 구한 로마의 영웅 스키피오 아프리카누스 장군이 사용처가 분명치 않은 500탈렌트의 돈 때문에 추궁당하고 물러난 바 있다. 지도층에 대한 이런 엄격한 잣대가 로마를 대제국으로 1,000년 이상 지속시킨 원동력이었다.

노블레스 오블리주를 실천한
조선시대 국가지도층의 참선비 정신

조선왕조는 백성들이 초근목피, 즉 풀뿌리와 나무껍질로 연명한다는 말이 있을 정도로 가난한 나라였다. 이렇게 가난했던 나라가 500여 년이라는 장구한 세월 동안 단일 왕조의 틀을 유지할 수 있었던 요인은 국가 기강이 무너지지 않았기 때문이다. 국가 기강을 유지시킨 것은 도덕적 용기를 갖춘 선비의 직언과 정승을 비롯한 권력 핵심층의 청렴성이었다.

최고통치자, 즉 임금에 대한 직언은 개인의 영달이나 정치적 계산에 매달리면 불가능하다. 바른 말을 하려면 관직은 물론 때론 목숨까지 걸어야 한다. 한마디로 참선비로서의 기개와 의리가 살아 있을 때에만 가능하다. 《조선왕조실록》은 목숨을 건 선비들의 직언을 낱낱이 기록하고 있다.

예컨대 모함에 휘둘린 선조 임금이 이순신 장군을 죽이려 하자 중견 관료인 종사관 정경달이 다음과 같이 직언한다.

"장수가 기회를 엿보고 정세를 살피는 것을 가지고 전투를 기피한다는 명목으로 죄를 물을 수는 없습니다. 전하께서 통제사(이순신)를 죽이시면 사직을 잃게 될 것입니다."

태종 시절 황희 정승은 양녕대군을 폐하고 세종을 세자로 책봉하는 데 반대하다 귀향을 갔다. 그런데 세종은 왕위에 오른 후 그런 황희를 불러 영의정까지 시켰다. 황희는 국정의 고비마다 세종에게 직언을 하고 임금은 이를 받아들였다. 예컨대 "전하, 그것이 비록 왕실과 나라에 큰 도움이 되는 일이라도 백성이 원치 않으면 시행하지 않는 것이 도리인 줄 압니다"라는 직언이 곳곳에 나온다.

조선왕조 500년 동안 황희, 맹사성 등 218명의 청백리가 있었고, 그 중 정승급이 34명이고 이권 부서인 호조, 공조, 형조 순으로 청백리가 많았다고 한다. 비록 하위직이나 지방관서에서는 시대에 따라 부정부패가 심했다 하더라도 권력 핵심층의 청빈함과 공직에 대한 헌신적 태도가 정권에 대한 불만을 잠재우고 국가의 기틀을 유지한 것이다.

한마디로 국가 지도층의 참선비로서의 기개와 정신, 즉 사명의식(노블레스 오블리주)이 조선시대에 의연히 살아 있었다는 것이다. 오늘의 우리는, 특히 지도층과 공직자들도 이러한 전통을 의연히 계승해야 한다. 사마천은 〈사기열전〉편에서 힘주어 말하고 있다. "최고통치자 곁에는 천 사람의 '예, 예' 하는 사람보다 한 사람의 바른 말하는 선비가 필요하다"라는 것을.

억울하게 당하는 사람이 줄고, 세금이 공정하게 사용되어야 한다

시민운동을 했던 법조인으로서 그리고 고위 공직자 생활을 했던 사람으로서, 앞으로 재야에 있으면서 꼭 해보고 싶은 두 가지 일이 있다. 우리 사회에서 억울하게 당한 사람이 줄어들게 하는 일과 국민이 낸 세금이 공정하게 제때 제자리에 사용되는지 감시하는 일이다.

우리 주변에는 정말 억울하게 당한 사람(단체, 조직)이 의외로 많다.

때로는 권력, 때로는 사회의 거대한 세력, 때로는 잘못된 제도로 인해 말이다. 호소할 곳도 없고 호소를 해도 여러 제약에 막혀 결국 구제받지 못하고, 국가에 대한 원망과 사회에 대한 한을 품은 채 살고 있는 사람들이 많다. 나에게도 이런 억울함을 호소해오는 사람들이 종종 있었으나 제대로 들어주지 못한 것이 부끄럽다. 이런 억울한 사례들을 방치하면 공정사회와 국민통합의 길은 요원하다.

한 사회의 문명수준을 파악하려면 그 사회가 소수자와 약자, 억울한 사람을 어떻게 대우하는지 보라는 말이 있다. 앞으로 이런 사례 중 몇 가지를 분석하고 검토해서 무엇이 어디부터 잘못되었는지 파헤쳐볼 생각이다. 제도적 허점으로 인한 것은 소송이나 헌법소원 등으로 바로 잡고, 권력남용과 횡포로 인한 것은 그 책임을 묻는 일을 하고자 한다. 이렇게 해서 억울하게 당한 사례가 밝혀지고 그 원인과 대책이 공론화되면 권력남용이나 강자의 횡포나 법제의 미비 등으로 인한 억울함이 차츰 줄어들 것이다.

그리고 두 번째로, 국민이 낸 세금인 예산이 적정하게 분배되고 그 집행이 제때 낭비 없이 이루어지는가에 대한 감시운동을 체계적으로 할 계획이다.

다시 정부에 들어와 일하다 보니 예산분배의 적정성 문제, 예산집행과정에서의 적시성, 낭비성 문제가 가슴에 크게 와 닿았다. 법제처의 경우 1년 예산이 겨우 220억 원 정도인데 이 중 인건비, 고정사업비를 빼면 실제 사업비는 50억 원 정도다. 그런데 이 돈을 가지고 참으로 많은 일을 했다. 몇 천억, 몇 조 단위의 예산이 제대로 분배되고 사용되는지, 특수 활동비와 같은 명목으로 검증대상에서 제외된 돈이 과연 적절했는지 등을 국민 입장에서 따져봐야 한다.

어느 조사에 따르면 납세자 10명 중 8명이 세금 내기를 꺼려하는 이유로 예산 낭비를 들었다. 잘못 분배되거나 낭비성 예산을 모아 복지예산으로 돌리면 약자와 취약계층에 대한 배려가 실질적으로 이루어질 수 있다.

이 운동은 많은 전문가, 전문가 단체, 실무경험자의 참여와 협조를 받아 전개할 필요가 있다. 그리고 이 운동을 성공적으로 이끌기 위해서 가칭 '예산 과정에서의 국민 참여 및 감시에 관한 법률'의 초안을 만들어 공론화할 필요가 있다.

승리자로 가득 찬 세상은 삭막하고 재미없다

최근 하버드 대학교의 마이클 샌델 교수가 쓴 《정의란 무엇인가》라는 책이 인기다. 이 책에서 강조했듯이 공정한 사회는 정의로운 사회이고 정의로운 사회는 각자의 행복을 극대화하거나 선택을 존중하는 것만으로는 이루어질 수 없다. 결국 정의는 좋은 삶의 의미(공동선의 추구)를 함께 고민하고, 그 과정에서 생기게 마련인 다름과 차이(異見)를 존중하고 받아들이는 문화를 가꾸어가는 데서 이루어진다.

같은 맥락에서, 우리 사회에 실패를 용인하는 시스템이 구축되어야 한다. 우리 사회는 실패자, 패배자에 대해 너무 가혹하다. 한 번의 실수와 잘못으로 공들여 가꾼 기업이나 직업의 발판을 잃었던 사람들이 재기할 수 있는 풍토가 제도적, 법적으로 조성되어야 한다. '성공의 신화'보다 '실패의 교훈'이 잔잔한 감동과 의욕을 불러일으키는 분위기가 마련되어야 한다.

모험과 도전, 용기를 강조하는 사회 분위기 속에서는 성공자보다 실패자가 많을 수밖에 없다. 실리콘밸리는 성공의 요람이라기보다 실패의 무덤이라는 말이 있다. 그들 중 극히 일부가 재기에 성공하여 신화의 주인공이 되는 것이다.

공정한 사회는 1등과 성공자만이 대접받고 그들의 독무대가 되어서는 안 된다. 승리자로 가득 찬 세상만큼 삭막하고 재미없는 사회는 없다. 그나마 우리의 삶을 참을 만하게 하는 것은 패배자 내지 실패자들이다. 공정한 사회는 비주류가 경쟁력인 사회이고, 비주류가 좌절하지 않고 언제든지 주류로 편입할 수 있는 길이 열려 있는 사회이어야 한다.

그런 점에서 국가인적충원제도로서의 고시제도는 비주류가 주류에 편입할 수 있고, 패자가 재기할 수 있는 오랜 세월을 걸쳐서 검증된 시스템이다. 따라서 시험과목과 방법(절차)의 개선을 거쳐 더욱 존치 발전시킬 필요가 있다고 본다.

패자에게는 관용을 베풀고 나와 다른 생각을 가진 상대는 포용하라

로마인은 지적인 면에서 그리스인보다 못했다. 체력에서는 갈리아인(켈트족)이나 게르마니아인에 뒤떨어졌다. 기술력에서는 에트루리아인을 따라가지 못했다. 경제적으로는 카르타고인이 더 앞섰다. 하지만 로마인은 이들을 차례로 정복하고 2,000년 넘게 대제국으로 존속했다.

《로마인 이야기》를 쓴 시오노 나나미는 그 원인을 패배자도 동화시키는 그들의 관용성과 포용성에서 찾고 있다. 인종과 종교, 피부색이 다른 상대를 포용하여 동화시키는 로마인의 유전자는 한국 사회의 통합 논의에서도 큰 시사점이 된다. 패자에게 관용을 베풀고 나와 다른 생각을 가진 상대를 포용하여 함께 가는 노력이 필요하다.

최근 우리 사회는 이념 편향적이고 파편화된 개인과 집단들의 극단적 주장으로 공동체적 연대가 급속히 허물어지고 있다. 그 결과 국가 정체성이 흔들리고 개인 간 연대의 끈도 점차 사라지고 있다. 관용과 진실에 기초한 공동체 정신을 헌법이라는 가치로 시급히 회복해야 할 때이다.

대한민국 국적을 가진 사람들이 이념과 가치관을 떠나 합의할 수 있는 기본 텍스트는 바로 헌법이다. 헌법이 추구하는 자유민주주의와 시장경제, 그리고 법치주의와 기본권 존중이라는 두 이념이 서로 조화를 이뤄야 한다. 헌법은 국민 통합의 나침반이 되어야 한다. 더 이상 철 지난 이념조각을 붙들고 국민 편 가르기에 열중하거나 지연, 학연 등 패거리 문화에 심취해서는 미래가 없다. 양분법으로 상대를 매도하는 독선에 빠져서도 안 된다.

헌법이 요구하는 국민적 합의는 참여의 기회균등에 바탕을 둔 것일 때에만 그 의미가 있다. 참여의 기회균등에 바탕을 둔 국민적 합의야말로 헌법이 추구하는 정의를 실현하는 길이며 사회통합 나아가 국격 향상을 위한 길이기도 하다.

《맹자》〈진심〉편에 "유수불영과불행(流水不盈科不行)"이라는 말이
있다. 흐르는 물은 구덩이를 채우지 않고는 앞으로 나가지 않는다는
뜻이다. 첩경, 효율, 외형에 연연하지 말고 당장은 좀 더디고 불편하더
라도 적법 절차와 충분한 합의과정을 거쳐 다름과 차이를 인정하면서
함께 가는 것, 이것이 바로 국민과의 소통이다. 그리고 공정사회로 가
는 디딤돌이자 마중물이다.

윤평중

한신대학교 철학과 교수, 한신대학교 대학원장. 고려대학교 철학과 졸업, 미국 남일리노이 주립대학교 철학 박사. 저서로는 《급진자유주의 정치철학》 《담론이론의 사회철학》 《푸코와 하버마스를 넘어서》 등이 있다.

번호대기표에서 공정사회의 원리를 찾다

**공정성이라는 윤리가
튼실하게 뿌리내려야 한다**

2010년 광복절 경축사에서 이명박 대통령은 공정한 사회, 공정한 경쟁, 공정한 공동체 건설이라는 화두를 던졌다. 그 이후 '공정한 사회'라는 말은 일찍이 우리가 겪어보지 못했던 쓰나미 같은 현상을 보이고 있다. 예전 같았으면 대부분의 사람들이 경축사에 별 관심이 없었을 것이다. 광복절 등의 국가기념일에 대통령이 경축사를 하는 것은 흔한 일이고, 대개 스쳐 지나가는 정치적 수사쯤으로 여기기 십상이기 때문이다.

하지만 이번에는 달랐다. 국민들의 폭발적인 주목을 받았다. 그 계기는 2010년 8월부터 9월 초에 이르는 고위 공직자 인사청문회에서 드러난 비리와 전 외교부장관 딸의 특채 사건이 맞물리면서다. 특히 대학 졸업 후 직장을 구하지 못해 고심하는 취업 지망생들과 이런 자녀들 때문에 마음고생하는 부모들은 분노하지 않을 수 없었을 것이다. 결코 공정하다고 할 수 없는 공직 사회의 비리들이 연이어 폭로되면서 '공정한 사회'라는 말이 날개를 달아 일파만파로 퍼져 국민들의 폐부를 찌른 것이다.

물론 이러한 분위기는 언제 그랬냐는 듯이 사그라질 수도 있다. 하지만 명실상부한 선진국으로 진입하기 위해서는 국정 운영뿐만 아니라 우리의 삶에서 공정성이라는 윤리가 뿌리를 내려야 한다. 우리가 어떻게 하느냐에 따라서 그 결과가 달라질 수 있다. 과연 공정한 사회란 무엇인가? 어떻게 해야 공정한 사회를 이룰 수 있을까?

한국 사회는 정의, 특히 미래지향적인 공정성에 목마르다

대통령을 비롯해서 너도 나도 공정한 사회를 만들자고 하는데, 도대체 공정한 사회가 어떤 것인지 너무 막연하고 추상적이다. 더욱이 현 정부 출범 이래 '고소영' '강부자'란 말이 생겨날 만큼 국민들 입장에서는 용납하기 어려운 인사가 계속되어 왔다. 그리고 2010년 8월 말 국무총리·장관 후보자 인사청문회에서 비슷한 사태가 재연되었고 외교부장관 딸 특채 사건까지 겹친 시점에 정부가 공정성을 외치자, 이에 대해 유보적이거나 냉소적인 반응을 보이는 사람들이 많았다.

공정한 사회가 무엇인지 살펴보기 전에 먼저 공정함의 즐거운 예를 들어보겠다. 한동안 〈남자의 자격〉이라는 TV 프로그램이 인기를 끌었다. 지금까지 살면서 오랫동안 꿈꾸었지만 해보지 못한 일들을 30~40대 연예인 7명이 모여서 하나하나 실천해가는 프로그램인데, 최근 이들이 전국 아마추어합창대회에 나가서 감동의 하모니를 이끌어냈다.

이 급조된 합창단의 임시 지휘자를 맡은 이는 혼혈 여성 박칼린으로, 요즘 그녀의 리더십이 주목받고 있다. 민주적이면서도 감성적이고 카리스마가 있으면서도 공정한 리더십을 발휘해 단원들을 휘어잡고 격려했기 때문이다. 악보도 읽을 줄 모르는 아마추어들을 모아 석 달 만에 괄목할 만한 하모니를 이끌어냈다.

특히 합창단 가운데 솔로를 맡은 두 여성에 대한 배치가 눈에 띈다. 배다해와 선우, 두 사람 모두 대학 시절 성악을 전공한 이들로 발군을 실력을 갖췄다. 누구한테 솔로를 맡길지에 대한 결정권은 지휘자한테 있다. 박칼린은 처음에 배다해에게 솔로를 맡겼다가 나중에 지휘자의 직권으로 선우에게 솔로를 맡긴다.

여기에 주목하는 이유는 박칼린이 자기 판단으로 솔로 파트를 변경한 것에 대해 그 누구도 편파적인 느낌을 받지 않았다는 것이다. 그녀가 사심을 갖고 결정했다는 생각이 전혀 들지 않았다. 합창단원과 시청자는 지휘자의 헌신과 노력에 깊은 인상을 받았고, 단원들도 연습과정에서 자발적으로 일심동체가 되어 울고 웃으며 놀라운 결과를 가져왔기 때문이다. '각자에게 합당한 몫을 준' 결과, 즉 일을 공정하게 처리한 결과 아마추어 합창단이 큰 감동을 준 것이다.

그런데 우리의 현실은 어떠한가? 최근 외교부 직원의 특채 문제에 대한 행정안전부 감사 결과를 보니까, 17명을 특채로 뽑았는데 그중 10명이 자기 자식들이나 친척, 친구의 아들딸에게 특혜에 특혜를 받은 이들이었다. 한마디로 변칙과 편법과 특권이 난무하는 현장이었다. 공정해야 할 공복이 사사로운 목적을 위해서 이익을 위해서 자신이 가진 권리를 남용하는 것이다. 어떤 것이 공정하고, 어떤 것이 공정하지 못한지는 우리가 직관적으로 느낄 수 있다.

그리고 공정성, 공정한 사회라는 단어가 막연하게 추상적으로 들리는 이유가 있다. 그것은 상당한 철학적·사상적 배경을 가지고 있기 때문인데, 공정성에 대한 논리와 이론적인 배경을 간략하게 설명한 뒤 어떻게 하면 공정한 사회를 이룰 수 있을지 살펴보겠다.

최근 서점가에서는 하버드 대학교 정치철학교수 마이클 샌델의 《정의란 무엇인가》라는 책이 40만 부가 넘는 판매고를 올리면서 화제를 모으고 있다. 이 책은 하버드 대학교 학부생들이 수강하는 인기 교양과목 강의록을 엮은 것이다. 소설책처럼 읽기 쉬운 책도 아닌 어려운 철학책이 이렇게 많이 판매되는 이유는 무엇일까? 출판 마케팅의 승리인 측면이 있을 수도 있다. 그런데 그것만으로는 설명되지 않는 측면이 있다.

그동안 우리는 민주주의도 산업화도 압축성장을 하며 앞만 보고 달려왔다. 그 과정에서 탈법과 편법의 경계를 위태롭게 넘나드는 삶의 모습에 웬만큼 익숙해진 것은 사실이다.

한 여론조사에 따르면 국민의 74퍼센트가 "우리 사회는 불공정한 사회다"라고 답변했다고 한다. 속을 들여다보면 이것보다 더 높은 수치일지도 모른다. 다시 말해서 우리 사회가 전혀 공정한 사회가 아니라는 이야기이다.

그런데 우리 사회가 한 단계 더 진화하기 위해서도 뭔가 달라져야 하는데 그게 무엇일까? 공직 사회의 개혁을 필두로 우리 삶의 전반에까지 영향을 미칠 수밖에 없는, 우리의 일상생활이나 국가 운영에 있어 좀 더 공정성의 원리에 충실한 시스템을 만들어야 한다. 우리의 마음속에 공정성에 대한 욕망, 정의로운 사회에 대한 갈구, 이러한 것들이 깊이 자리하고 있기 때문이다.

사실 2005년 샌델 교수가 방한해서 호남과 영남, 서울에서 강연을 했지만 언론에 거의 보도가 되지 않았다. 그가 왔다 갔는지조차 알지 못한 사람들이 대다수였다. 그런데 최근 5년 동안 우리 사회의 공정성에 대한 갈망이 팽대해졌다.《정의란 무엇인가》가 화제를 모으고 있는 것 역시 이러한 배경에서 비롯된 것이라고 볼 수 있다.

이처럼 공정성에 대한 열망이 사회 저변에서 이미 자리 잡고 있는 것이다. 지난 번 인사청문회와 외교부장관 딸 특채 사건 등은 이에 불을 붙이는 효과를 낸 것이라 할 수 있다. 이러한 현상들은 그만큼 우리 사회가 정의, 특히 미래지향적인 공정성에 목말라 있다는 증거이기도 하다.

패자도 약자도
다시 시작할 수 있는 기회가 필요하다

그렇다면 공정성이란 무엇일까? 한마디로 '세상 어느 누구에게 적용해도 불편부당하게 수용 가능한 어떤 원칙' 이라고 규정할 수 있다.

누군가로부터 부당한 대접을 받으면 마음속에 분노가 생기게 마련이다. 심지어 공정성이라는 것에 대한 개념이 없는 아이들조차 분노를 갖게 된다. 예컨대 어린이집 선생님이 어떤 아이에게는 간식을 두 개 주고, 어떤 아이에게는 하나만 준다면 하나만 받은 아이는 마음속에 실망과 분노, 화를 느끼게 마련이다. 이는 선생님이 공정하지 못했기 때문에 느끼는 본능적 반응에 가까운 것이다. 그만큼 공정성은 직관적 호소력이 큰 말이다.

공정성이라는 단어는 올바름, 불편부당성, 적법, 공평성과 연결된다. 공정성을 영어로는 Justice라 하는데 이 단어의 라틴어 어원을 보면 정당함, 공평무사함, 정확함으로 공평성과 거의 겹친다.

지난 광복절 경축사에서 이명박 대통령은 '공정한 사회의 원리'를 다음과 같이 제시했다.

첫째, 공정한 사회는 출발과 과정에서 공평한 기회를 주되 결과에 대해서는 스스로 책임을 지는 사회이다.

둘째, 공정한 사회는 개인의 자유와 개성, 근면과 창의를 장려한다.

셋째, 공정한 사회에서는 패자에게 또 다른 기회가 주어진다.

정치철학을 전공한 나의 소견으로는 대통령의 경축사가 다음과 같은 사상적 맥락을 참고하지 않았을까 짐작된다. 하버드 대학교 철학과에는 '존 롤스'라고 하는 '정의론'의 대가가 있다. 그는 1971년 '공정성으로서의 정의' 개념을 발전시킨 《정의론》이라는 책을 출간했는데, 1971년 이후 지금까지 정치철학 영역에서 공정성과 정의를 이야기할 때 빼놓을 수 없는 핵심적인 준거가 되는 텍스트로 삼는다. 마이클 샌델도 롤스의 이 정의론을 비판하는 책을 써서 유명해진 것이다.

롤스 교수는 정의론에서 '어떤 사회가 정의로운 사회인가'에 대해 다음과 같이 정의했다.

첫째, 모든 사람은 동등한 자유의 권리를 갖는다.

둘째, 사회경제적 불평등은 가장 불리한 처지에 있는 사람들의 이익을 극대화하기 위해서만 정당화될 수 있다.

셋째, 사회경제적 불평등은 직위 또는 위치와 관련해 모든 이에게 공정한 기회의 균등이 주어질 때만 정당화된다.

여기서 나는 롤스 교수의 두 번째 정의, 즉 '가장 불리한 처지에 있는 사람들의 이익을 극대화'하는 것에 대해 좀 더 깊이 다뤄보고자 한다.

미국의 케네디 대통령은 범정부 차원에서 '소수자 우대정책'을 실시했는데, 이 예를 보면 좀 더 쉽게 와 닿을 것이다. 미국 명문 대학에 가보면 한국 출신 학생들이 굉장히 많다. 명문 대학에서는 신입생을 뽑을 때 소수인종 출신들, 즉 아시아, 흑인, 중남미 출신 학생들이 백인들이랑 같은 성적이면 이들에게 우선권을 준다.

어떤 면에서는 불공평하다고 여길 수 있겠으나, 여기엔 다음과 같은 미국 사회의 생각이 담겨 있다. 미국에서 동양인과 흑인 등은 아직 사회적 약자다. 그들이 좋은 대학을 가고 좋은 직장을 갖고 미국 주류 사회로 진입할 수 있도록 국가가 공동체가 도와준다면, 그 결과 미국

사회가 장기적이고 거시적으로 더 공정한 사회가 될 수 있다는 의지
를 담고 있는 것이다.

이 사례는 롤스 교수가 주장한 정의의 두 번째 원리인 차등의 원리
에 해당하는 것이다. 이것을 한국 사회에 적용해본다면 다음과 같은
내용이 될 것이다.

한국 사회는 여전히 남성 중심주의적인 사회이다. 지금은 많이 좋
아졌다고 하지만, 기업체나 공직 사회에는 여전히 여성들에 대한 차
별이 존재한다. 여성의 입장에서는 능력이 비슷한데 왜 남성만 뽑는
지 불공정하다. 여기에 차등의 원리, 소수자 우대 정책의 원리를 적용
한다면, 남성과 여성의 비율이 비슷해질 때까지는 점수가 같을 때 여
성들에게 우선권을 주는 것이다. 이것이 남성 중심주의적인 한국 사
회의 불공정함을 시정할 수 있기 때문에 정당화된다는 이야기다.

이처럼 누구에게나 공평한 기회를 주되 반드시 개인이 책임을 져
야 한다. 민주주의와 시장경제는 인간의 잠재력을 크게 발양시키면
서 번영을 가져다주지만 패자가 발생할 수밖에 없다. 사람에게는 능
력의 차이가 있게 마련이다. 그리고 열심히 노력한 사람과 그렇지 못
한 사람, 운이 좋거나 좋지 못한 경우가 섞여 있다. 따라서 공정한 사
회가 되기 위해서는 능력 있는 사람이 그에 걸맞은 대우를 받아야 함
과 동시에, 패자와 약자도 다시 시작할 수 있는 기회를 줘야 한다는
것이다.

상당히 설득력 있는 이야기지만, 아직까지는 롤스 교수가 이야기
한 여성 우선권제, 소수인종 우대정책에 상응할 만한 적극적인 프로
그램은 보이지 않아 안타깝다.

'나는 안 되는데 너는 어찌 그리 쉽게 하느냐'는 원망을 버려라

이처럼 정의는 그 자체로 보편타당한 원리지만 예기치 못한 다른 문제를 가져올 수도 있다. 그것은 '원망'이다.

최근, 6개월 동안 학력 위조 문제에 시달린 타블로 이야기를 다룬 TV 프로그램을 보았다. 그는 미국 서부의 명문 대학인 스탠퍼드 대학교에서 학사와 석사 학위를 3년 반 만에 땄다. 그 사실은 그가 유명 가수가 되는 데 좋은 배경이 되어주었다. 타블로는 TV에 나와 자신이 중학교, 고등학교를 퇴학당한 뒤 미국에서 대학교를 다니고, 한국에 와서 노래를 하면서 영어학원 강사를 했다는 이야기를 했다. 그러자 그의 학력에 의심을 갖는 사람들이 생겨나기 시작했다.

급기야 '타블로에게 진실을 요구합니다(이하 타진요)'라는 블로그가 생겨났다. 불과 몇 개월 사이에 가입자가 13만 명이나 되었다. 결국 타블로를 고발하기에 이르렀다. 타블로 측에서 스탠퍼드 졸업증명서를 내놓았지만 다들 위조라고 했다. 그러자 MBC의 한 프로그램에서 타블로와 함께 스탠퍼드 대학교를 찾아가, 타블로의 학번을 입력하자 입학증명서와 졸업증명서가 곧바로 발급되는 해프닝도 있었다.

여기서 주목할 것은, 13만 명이나 되는 타진요 회원들은 그래도 믿지 못하겠다며 다음과 같은 말들을 했다.

"나는 죽어라 공부했는데도 안 되는데 넌 어째서 그렇게 일찍 학위를 땄냐?"

"미국에 유학생을 보낸 학부모는 엄청난 돈을 들였는데, 어째 너는 돈도 벌어가면서 학위를 딸 수 있었냐?"

이들은 억울함과 분노를 호소했다. 그들의 마음속에는 '이것은 분명 잘못이야, 가짜 학위로 그 명성을 이용해 돈벌이 수단에 사용했다, 정의롭지 못하다' 라는 생각이 컸을 것이다. 하지만 그 마음 한쪽에는 어떤 원망도 있었을 것이다.

'나는 그렇게 못했는데 타블로 너는 어떻게 그렇게 잘하느냐!'

공정성에 대한 크고 작은 실천을 모아라

공정한 사회와 정의의 개념이 단순한 단발성의 정치적 기획이나 말로 끝나서는 안 될 것이다. 그렇게 되면 불행하다. 더더욱 어떤 특정 정부의 정치 공략으로 끝나서도 안 된다.

최악의 경우, 이런 상황도 있었다. 1980년도에 전두환 정부가 광주 민주항쟁을 유혈로 진압하고 권력을 찬탈해서 정치권력을 잡았다. 당시 광주 시민들을 학살하고 온갖 부정의한 일을 도맡아서 했던 정치 군인 집단이 정권을 잡자 내세운 것이 '정의사회 구현' 이었다. 또한 그들의 정당명이 민주정의당이었다.

공정한 사회를 만들기 위해서는 첫째, '반칙사회에서 규칙사회' 로 가는 것이 제일 중요하다. 추상적인 도덕과 윤리를 말하기 이전에 법과 질서가 굳건히 자리를 잡아야 한다. 그러기 위해서 가장 중요한 것은 지도층 인사들이 솔선수범해서 법과 질서를 지켜야 한다는 것이다.

그러나 유감스럽게도 기득권층이 의무를 다하지 않고 탈세, 병역 기피, 부동산 투기 등을 자행하는 사례가 너무나 많았다. 수많은 서민들은 그럴 능력도 없고 배포도 없고 기회도 없어서 법과 질서를 지키면서 소박하고 정직하게 살아오고 있는 데 말이다.

윗물이 맑아야 아랫물이 맑아진다. '노블레스 오블리주' 라는 말도 있다. 지도층 사람들일수록 그 사회가 요구하는 의무와 법과 질서를 앞장서서 지켜야 한다. 고위 공직자, 재벌 자제들, 서울시 강남 중산층의 병역 면제 비율이 제일 높다. 도대체 이것을 어떻게 설명하겠는가.

영국의 예를 들어보면 영국은 지금도 귀족사회다. 여왕이 있고 공작·백작 등의 작위와 재산을 후손에게 승계한다. 병역 기피 사례가 비일비재한 우리 사회의 기득권층과 달리 영국의 귀족들은 1, 2차 세계대전 당시 자녀들을 대거 최전방에 참전시켰다. 물론 수많은 귀족 자제들이 전사했다.

이처럼 우리 역시 우리 사회에 맞는 가장 근본이 되는 병역, 납세, 투기 근절 등 기본적인 의무를 대통령을 필두로 고위 공직자와 정치인, 가진 자들이 앞장서서 준수해야 할 것이다.

기득권이나 사회 고위층을 국민들이 잘 감시해야 한다. 이는 정치 공동체의 거시적인 발전을 위해서 좋은 일이다. 이 정부를 지지한다, 지지하지 않는다는 차원이 아니다. 이렇게 보편적인 설득력이 있고, 우리 사회가 한 단계 발전하기 위해서 결정적으로 중요한 것을 화두로 삼아 노력하겠다는 데 지지를 보내자는 것이다. 대신 제대로 하는지 감시하고 격려하고 채찍질하자.

그렇다고 국민들의 책임이 면제되는 것은 아니다. 국민들 스스로도 노력해야 한다. 사실 우리 모두 어느 정도는 불공정한 관행에 익숙한 채 살고 있고, 그런 관행에 오염되어 있는 것을 부인하기 어렵다.

최근 한 여론기관에서 청년들에게 여론조사를 했는데, '취직이 굉장히 어려운데 당신에게 특혜의 기회가 온다면 거절하겠느냐?' 하는 항목이 있었다. 이에 "진지하게 고려해보겠다"라는 답변이 대다수였다.

공정성이라는 것이 정부의 일만도 아니고 공무원들의 일만도 아니다. 우리 자신의 일이다. 우리 자신의 의식구조가 바뀌어야 하고 실천하는 방식도 바뀌어야 할 것이다. 국민들이 깨어 있는 자세를 취하면서 늘 정부를 감시하고, 동시에 우리 스스로 일상의 삶에서 공정성을 실현할 수 있도록 함께 노력해야 할 것이다.

둘째, 공개적이고 예측 가능한 절차를 만드는 것도 매우 중요하다. 사소해 보이지만, 엄청난 파급효과를 가진 제도가 있다. 바로 '번호대기표' 제도이다. 우체국, 은행, 병원에 가면 자기 차례를 기다리면서 도착한 순서대로 대기표를 뽑는다.

추석이나 설 같은 명절 직전에 우체국을 가면 1시간 이상 기다려야 한다. 하지만 아무도 불만 없이 인내심을 가지고 기다린다. 기다리다 보면 언젠가 자기 차례가 온다는 것을 알고 있기 때문이다. 다 지켜보고 있기 때문에 누구도 새치기할 엄두를 내지 않는다. 이는 굉장히 사소한 예이지만 제도와 함께 사회적 신뢰가 확립되는 과정이 공정한 사회를 만드는 데 필수적이라는 사실을 잘 보여주는 사례라고 할 수 있을 것이다.

또한 정부가 해야 할 일에 대한 모델을 제시하고 있다고 볼 수 있다. 즉 정부는 정책을 만들고 집행하는 과정에서 투명하고 공개적이며 타당한 방식으로 사람들의 동의를 이끌어내야 한다. 그 과정에서 설득력 있는 제도와 공정한 관행이 차츰 뿌리를 내려가는 것이다.

번호대기표 같은 생각 위에 자리하고 있는 제도와 절차를 더 체계화해 국정 운영의 기조로 삼고, 그 과정을 공개해 국민들이 자료를 취득할 수 있도록 해야 한다. 국가 안보나 소수 기밀정보 등을 제외한 대부분의 '정보에 대한 접근권'이 보장되어야 하고, 여기에 국민들이 '관심'을 가져야 한다. 잘못된 부분은 용기 있게 고발하고 사회적으로 주의를 환기시켜야 한다.

이런 것들이 모여질 때 우리 사회가 한 단계 성숙해지리라 믿어 의심치 않는다. 공정한 사회에 대한 국민들의 갈망과 감수성이 갈수록 강화되고 있다.

정말로 중요한 것은 '공정성'의 이념이나 원리, 개념이 아니라 이것을 실천하느냐 하지 않느냐이다. 말만 앞세우고 정작 실천하지 않으면 공정성을 말하지 않는 것보다 훨씬 못할 수도 있다. 우리 모두의 '공정성'에 대한 크고 작은 실천이 모아질 때 대한민국이 좀 더 성숙한 사회, 좋은 사회, 공정한 사회로 나아갈 수 있을 것이다.

나경원

한나라당 최고위원, 제18대 국회의원, 국회연구단체 '장애아이 We can' 대표의원, 사단법인 '사랑나눔 We can' 회장, 국장애인부모회 후원회 공동대표, 2013 스페셜 올림픽 세계 동계대회 준비위원회 위원장. 서울대학교 법과대학과 동 대학원 법학과(석사) 졸업, 동 대학원에서 박사과정(국제법전공) 수료. 부산지방법원 판사, 인천지방법원 판사, 서울행정법원 판사, 제17대 국회의원, 한나라당 대변인을 역임했다.

인권이 존중되는 사회가 선진국이다

‘코리아 디스카운트’라는 말이 있다. 같은 제품을 만들어도 ‘메이드 인 코리아’와 ‘메이드 인 재팬’은 가격이 다르다. 한국산 제품은 일본 등 한국보다 국가 브랜드 이미지가 나은 나라가 생산한 제품보다 값이 싸다. 이번 G20 정상회의를 통해서 나는 코리아 프리미엄 시대가 열릴 것이라 기대한다.

한 보고서에 따르면, G20 정상회의를 통한 수출 증대와 기업 이미지 개선 등의 직·간접적 경제 효과가 26조 원에 이를 것이라고 한다. 나는 경제적인 효과보다 더 중요한 것이 바로 우리의 국가 브랜드가 높아지는 것이라고 생각한다. 그리고 국가 브랜드를 높이는 가장 좋은 방법은 우리나라의 문화를 알리는 것이다.

지금은 힘으로 경제력으로 한 나라가 다른 나라에 영향을 미치는 하드 파워 시대가 아니다. 한 나라의 문화적인 매력으로 다른 나라에 막대한 영향을 끼치는 소프트 파워 시대이다. 이번 G20 정상회의를 통해서 우리의 국가 브랜드는 물론, 국민 개개인의 소프트 파워도 상당히 높아졌을 것이다.

우리의 소프트 파워를 더욱 높일 수 있는 길은 무엇일까? 이는 선진화와도 관련된 문제로, G20 정상회담을 성공적으로 치룬 이 시점에서 짚어보지 않을 수 없다. 흔히들 선진화의 지표로 경제 지표, 복지 지표, 문화 지표를 언급한다. 물론 이러한 것들도 다 중요하지만, 가장 중요한 것은 인권 지표를 통해서 나온 인권의 선진화라고 생각한다. 인간이 인간답게 살 수 있고 인간의 존엄성을 보장받는 나라, 국가의 선진화 정도는 인권 존중에 대한 인식을 통해 가장 잘 나타난다.

최근 '공정사회'라는 말이 자주 들려온다. 공정사회 역시 인간의 존엄성과 밀접하게 관련된 용어다. 약자를 배려하고 약자에게 기회를 보장하는 사회가 선진사회의 출발점이자 종착점이라고 생각한다.

사전적으로 약자란 힘이나 세력이 약한 사람 혹은 집단으로 정의되어 있다. 법과 제도로 보호받지 못하는 사람들이 있기 때문에 이런 개념이 생긴 것이다. 법과 제도로 이들의 기본적인 권리를 보장해줘야 하는데, 아직 그것이 원활하게 이루어지지 않고 있다. 그래서 제도적인 틀 안에서 자신의 권리를 보호받는 데, 자신의 권리를 주장하는 데 부족한 사람들을 약자라고 본다.

그들을 어떻게 보호해주어야 할까? 동정, 신뢰, 배려가 다가 아니다. 그들이 보통사람과 똑같은 권리를 지닐 수 있도록 제도적으로 보장해주어야 한다. 나는 G20 정상회의의 성공적인 개최국으로서 우리나라가 경제력뿐만 아니라 인권을 우선시하는 참다운 민주화 사회로 발돋움해야 할 때라고 생각한다.

사회적 약자는 무수히 많지만, 특히 인권 보호가 필요한 사회적 약자로 여성, 청소년, 장애인에 대한 이야기를 해보겠다.

안타깝게도 대한민국의 여성은 아직도 사회적 약자다

먼저 여성에 대해 생각해보자. 요즘 여성들은 취직 시험에도 잘 붙고 하는데 왜 여성이 약자냐고 반문하는 사람이 있을지도 모르겠다. 물론 요즘 한국 여성들은 예전에 비해 매우 강해졌다.

나는 아침에 일어나서 제일 먼저 트위터를 보며 하루 일과를 시작한다. "우리 나라의 권력 구조에 대해 어떻게 생각하냐?" "휴머니즘이 뭐라고 생각하냐?" 이런 당찬 질문들을 하는 사람들 대부분이 여성들이다. 과학, 예술, 체육 등 다양한 분야에서 전문적인 지식을 갖춘 여성들이 제도적 개선을 위한 다양한 제안을 해온다.

얼마 전 청소년 여자축구대표팀이 FIFA 주관 축구대회에서 1등을 차지해 청와대에 초청되었다. 청와대에서 그룹 샤이니의 축하 쇼를 보고 열광하는 그들의 모습은 평범한 10대 소녀들의 모습 그 자체였다. 당시 한 신문의 기사 제목이 'MB보다 샤이니가 좋아' 여서 웃음을 자아내기도 했다.

이처럼 아이돌에게 열광하는 그들이지만, 자신의 생각 또한 너무나 당당했다. FIFA에서 지소연 선수를 집중 조명하는 와이드 인터뷰 기사를 실었는데 매우 인상적인 질문이 있었다.

"지소연 선수의 우상은 누구죠?"

"저는 우상 없어요. 남자든 여자든. 다만 내 스타일을 발전시켜서 아이들이 나를 아이돌로 삼았으면 합니다."

우리 여성들의 당당한 모습을 단적으로 보여주는 예다. 당찬 여성 하면 김연아 선수는 물론, 우리나라 골프 여자 선수들도 빼놓을 수가 없다. 골프 여자 선수하니까 생각나는 에피소드가 있다. 이명박 대통령이 부시 미국 전 대통령과 처음으로 통화를 할 때 우리나라 골프 선수들에 대한 이야기가 잠시 나왔다. 그때 나는 그 자리에 있었는데, 부시 대통령이 너무 진지한 태도로 전화를 하자 이명박 대통령은 친근한 분위기를 만들려고 골프를 좋아하냐고 물었다. 이 질문에 대한 부시 대통령의 대답이 걸작이다. 한국 여자 선수들만큼은 못하지만 자신도 골프를 좋아한다고. 한국 여자 골프 선수들의 활약상은 전 세계에 그만큼 알려져 있다.

고시 합격자를 봐도 여성의 합격률이 점점 높아지고 있으며 각계 각층에 진출해 성공을 거둔 여성도 늘어나고 있다. 최근에는 '줌마렐라' '피오나 주부'와 같은 신조어도 생겨났다. '줌마렐라' 란 경제력을 갖추고 자기를 위해 시간과 돈을 투자하며 가정도 훌륭히 돌보는 여성을 말한다. 영하 〈슈렉〉의 주인공 피오나를 빗댄 '피오나 주부'

란 아침과 저녁에는 아이들 뒷바라지하는 아줌마지만 낮에는 자기개발을 위해 아낌없이 투자하는 여성들을 일컫는다.

이런 사실만 놓고 보면 대한민국 여성들의 지위가 높아졌다고 생각할 수 있다. 과연 그럴까? 안타깝지만 대한민국에서 여성은 아직도 약자다. UN 개발계획에서 발표한 2009년 '여성 권한 척도'라는 지표가 있다. 우리나라는 109개 국가 중 61등을 차지했다. 성평등지수는 134개국 중 104위였다. 정계 진출 여성 의원의 비율 현황은 78위, 여성의 초등 교육 수준은 99위, 여성이 고위 관료 관리직을 차지하는 비율은 111위, 임금 평등 수준은 116위다. 한국 여성의 평균 소득은 남성의 46퍼센트로 OECD 국가들의 평균보다 13퍼센트 낮았다.

한국 여성은 교육 및 보건에서는 남성과 거의 동등한 혜택을 받지만 경제활동에 제약을 받는 것이 현실이다. 임신과 출산 때문에 어쩔 수 없이 회사를 그만두는 여성들도 많다. 경력이 단절된 여성들은 경력을 지속한 여성들에 비해 임금이 70퍼센트 수준밖에 되지 않는다.

우리나라 여성들이 OECD 국가들의 평균 수준으로 취업을 하게 된다면, 1인당 국민소득이 최소한 2,000달러는 높아질 것이라는 보고도 있다. 또한 OECD에서는 "한국이 경쟁력을 높이기 위해서는 우수한 여성 인력을 사회생활에 참여시켜야 한다"는 견해도 나왔다.

2010년 10월 13일이 어떤 날인지 아는가? 5,000만 번째 주민등록 번호가 나온 날이다. 1968년 3,000만 명이었던 한국의 인구가 2010년 5,000만 명이 되었다. 하지만 1997년 이후 출산율이 계속 1퍼센트 이하이기 때문에, 2018년이 되면 우리나라의 인구는 감소할 것이라 예측되고 있다. 앞으로 대한민국은 저출산으로 인해 고령화 사회로 진입할 것이라는 뜻이다. 그렇다면 고령화 사회에서 부족한 인력은 어디서 끌어올까? 바로 여성들의 활발한 사회생활이 절실히 필요하다. 여성의 사회 진출이 대한민국 국가 경쟁력을 증원하는 방안이다.

여성이 사회생활을 꺼려하는 이유를 한번 보자.

첫째, 조직의 분위기가 남성 중심적이기 때문이다. 나도 국회에서 이러한 분위기를 직접 느낀다. 가장 크게 느끼는 것은 목욕탕 문화이다. 국회 의원회관 지하에 목욕탕이 있는데, 여기서 남성 의원들끼리 주고받는 고급정보가 많아 여성 의원들은 소외되는 경우가 많다.

둘째, 비전의 문제이다. 여성들에게 앞으로 승진할 가능성이 있겠냐고 물어봤더니, 43퍼센트가 그렇지 못할 것이라고 답했다. 가능할 것이라고 답한 여성은 13퍼센트도 되지 않았다.

셋째, 이 시대의 고정관념이 여성을 여전히 짓누르고 있기 때문이다. 우리 사회에서는 아직도 아이는 어머니가 키워야 한다는 전통적 사고방식이 뿌리를 내리고 있다. 직장 상사에게 아이가 아파서 병원에 갔다 오느라 늦었다고 하면 눈살을 찌푸리는 게 현실이다. 이것은 내가 아이를 키우면서 경험한 바이기도 하다. 아이가 아프다고 하면 여자 판사는 일을 못한다고 생각할까 봐 내가 아파서 늦었다고 이야기 했다. 아이가 아프다고 말하지 못하는 분위기는 하루빨리 사라져야 한다.

그 개선 방안으로 국가의 사업을 예산으로 통제하는 방법, 구체적인 행동 규범을 법으로 규정하는 방법 등이 있다. 앞서 말한 것처럼 이러한 법제도에 녹아 있는 여성에 대한 인권, 여성들이 정말로 그러한 권리를 누리면서 살 수 있도록 하는 것, 그리고 여성에 대한 우리의 인식이 중요하다. 이것은 여성만을 위하는 것이 아니라 대한민국의 국가 경쟁력을 높이는 길이라는 것을 꼭 알았으면 한다.

청소년들이 안전하게 자랄 수 있는 삶의 터전이 필요하다

이번에는 청소년 문제를 들여다보자. 미성년자는 말 그대로 성년에 이르지 못한 존재들이다. 성인은 이들을 유해 환경으로부터, 폭력으로부터 안전하게 지켜주어야 한다.

학교 왕따나 사이버상에서 언어폭력과 욕설, 성희롱 등에 노출되는 등 다양한 청소년 문제들이 이야기되고 있다. 나는 그중에서도 청소년 연예인들에 대한 이야기를 하고 싶다. 청소년 연예인이라면 극소수에 불과한 듯싶겠지만, 청소년 연예인들이 요즘 우리 아이들의 우상으로 많은 영향력을 미친다는 점을 감안하면 이들의 인권 문제를 짚고 넘어가지 않을 수 없다.

최근 들어 청소년 연예인이 굉장히 늘어나면서 초등학교 6학년 학생도 활동을 한다. 아직 어린 이들은 과연 얼마나 보호받고 있을까? 아동·청소년 연예인을 보호해주는 법 규정은 하나도 없다. 외국의 경우에는 일주일에 몇 시간 이상 공부를 하고, 밤 10시 이후에는 근로를 하면 안 된다는 등 구체적인 사항들이 분명하게 규정되어 있다. 그들 역시 근로자이기 때문에 법적으로 보호해주는 규정이 있다. 하지만 우리나라 청소년 연예인들은 밤 10시 이후에도 출연하고 학교에 공부를 하러 갈 수 없는 경우가 많다.

<해리포터>에 출연한 엠마 왓슨이라는 배우는 열한 살에 데뷔해 10년 동안 왕성한 활동을 했다. 그럼에도 고등학교 때 전 과목에서 A를 받았고, 학교 클럽 활동도 열심히 해서 미국의 브라운 대학에 입학했다.

어떻게 이것이 가능했을까? 영국에서는 아동·청소년 연예인을 보호하는 법이 제정되어 있다. 방송 근로 기준 또한 정해져 있다. 즉 13세 미만일 경우는 오후 10시까지 일하고, 13세 이상일 경우는 오후 10시 30분까지, 리허설은 최대 하루 3시간 30분으로 제한한다. 최소 3시간에서 5시간 이상은 수업을 받아야 한다는 등의 법 규정이 있다.

반면 우리나라는 아동·청소년 연예인을 방치하고 있다. 원래 청소년이 근로 계약을 체결하면, 근로 시간을 1년에 몇 시간으로 하고 고용은 노동부 장관의 허가를 받아야 하는 등의 제한이 있다. 그런데 우리의 현실은 어떠한가. 빅뱅의 승리, 원더걸스의 소희가 학업을 접는다는 이야기를 들었다. 너무나 안타까운 일이다. 이뿐만 아니라 신체 부위를 노출하도록 강요받는 경우도 있다고 한다. 그야말로 우리의 연예인 청소년들은 인권의 최사각지대에 놓여 있다고 할 수 있다.

최근 설문조사를 보면 초등학생이 바라는 직업 1위가 연예인이라고 한다. 더욱이 지금은 우리나라 아이돌 연예인이 해외에서도 각광받으며 활동 무대를 세계로 넓혀가고 있다. 이러한 때 청소년 연예인들이 좋은 소양을 갖춘 사회인으로 자라나기 위한 교육을 받고, 정당한 고용 계약 하에서 일할 수 있는 권리를 보장받는 것이 무엇보다 절실하다. 이것을 해결하지 않고서는 청소년 문제 해결과 한류의 세계화는 기대할 수 없을 것이다.

그래서 나는 '대중문화예술산업 발전 지원에 관한 법률안'을 발의했다. 그 핵심은 대중문화예술인(연예인) 및 대중문화예술산업 종사자, 특히 청소년인 대중문화예술인의 기본적 인권 보호와 대중문화예술산업(연예산업)에서의 공정거래 질서 확립 등이다. 우리 사회가 더욱 건강하고 건전해지기 위해서는 미성년자들이 안전하게 클 수 있는 삶의 터전을 만들어주어야 할 것이다

최근에는 체벌 금지 조치가 이슈로 떠오르기도 했는데, 학생들에 대한 체벌을 전면적으로 금지하느냐 마느냐 하는 것이다. 나는 체벌을 전면적으로 금지해야 한다는 인권적 측면에 공감을 한다.

우리는 외국처럼 퇴학이나 정학을 자유롭게 시킬 수 있는 게 아니므로, 전면 금지를 하면 교사들의 교수법을 침해하는 것이라는 주장에도 공감을 한다. 그러나 미성년자의 인권 존중이라는 원론적인 측면을 고려할 때, 체벌만큼은 단계적으로 금지해야 하지 않을까 하는 생각을 갖고 있다.

장애인의 문제는 시혜가 아니라 인권 차원에 접근해야 한다

다음으로 장애인 문제를 살펴보자. 내가 장애인 관련 일을 많이 하니까 주변 사람들이 나에게 많이 묻는다. 장애인에게 가장 중요한 것이 무엇이냐고. 교육, 주거, 모두 다 중요하지만 가장 우선시해야 할 것은 장애인의 문제를 인권 차원에서 접근하는 것이라고 생각한다.

떡 하나 더 주듯이, 선물하듯이 장애인의 문제를 다뤄서는 안 된다.

그들의 존엄성을 보장하는 방안을 생각해야 한다. 눈이 없는 이들에게 눈이 되는 법과 제도를 만들어주고, 귀가 안 들리는 이들에게는 귀가 되는 법과 제도를 만들어주고, 다리가 없는 이들에게는 다리가 되는 법과 제도를 만들어주는 것이 장애인 제도의 핵심이라고 생각한다.

2006년 12월 UN에서 장애인권리협약이 제정되었고 2008년 6월 8일 우리 국회에서도 비준되었다. 대한민국에서도 이 협약이 효력을 가지게 된 것이다. 하지만 이것으로는 부족하다. 장애인권리협약에 따라 인권을 경제적·사회적으로 법을 통해 보장받을 수 있도록 해야 한다.

그들이 더 많이 활동할 수 있게 함으로써, 오히려 사회적 비용이 줄어든다는 점을 생각한다면 장애인의 문제를 인권의 문제로 푸는 데 많은 사람들이 공감할 것이다.

최근 들어 장애인 성폭력 피해 건수가 급격하게 늘어나고 있다. 2006년부터 2009년까지 범죄 건수가 3배나 늘었다. 특히 지적 장애인은 의사를 표현하는 데 많은 제약이 있는데도 이것을 고려하지 않아 오히려 피해자가 보호받지 못하는 일이 많다. 몇 년 전 고등학생 16명에게 성폭력을 당한 지적 장애인이 있었다. 지적 장애인이 반항하지 않았다는 이유로 고등학생 16명은 모두 풀려났다. 한 네티즌이 인터넷에 이런 글을 올렸다.

"반항하지 않은 것이 아니라 반항하지 못한 것이다."

장애인에 대한 이해 없이 판결이 이루어졌기 때문에 이런 결과가 나온 것이다. 장애인의 문제를 인권의 차원에서 접근해서 그들을 보호해주어야 한다. 장애인의 특성을 고려한 법과 제도적인 개선이 필요하다.

인권 지표를 높이는 핵심 원동력은 개개인의 마음자세 변화다

인권 문제를 해결하기 위해서는 여기저기 구멍 난 법과 제도의 개선이 중요하다. 가장 먼저, 법이라는 것은 변화하는 사회에 맞춰서 개정되어야 한다. 사회의 변화와 현재의 법이 괴리되는 경우가 있을 수 있다. 그렇기 때문에 법은 사회의 흐름에 맞춰 개선되고 나아가 사람들의 인식도 변화시킬 수 있는 토대를 만들어주어야 한다.

예컨대 회사마다 직장마다 일정부분 장애인을 고용하는 장애인 의무고용제도라는 것이 있다. 5년 전, 내가 초선의원이던 때 이 문제를 질의했을 당시는 정부부처도 그 고용비율을 지키지 않는 곳이 많았다. 이제는 정부부처에서는 이 제도가 대부분 잘 지켜지고 있지만 기업에서는 아직도 잘 지켜지지 않고 있다. 일부 기업에서는 장애인 의무고용을 지키지 않아서 내는 과태료가 차라리 장애인을 고용해서 저하되는 생산력보다 적다고 생각하기도 한다. 이런 경우에는 법을 개정해서 과태료를 올려야 한다.

당장은 불편할 수 있지만 장애인을 제도권 안에 끌어들이고 사회에 적응시킨다면, 고용 창출 효과가 기대되며 국가 경쟁력 역시 상승되리라 믿는다.

두 번째는 법치주의가 실현될 수 있도록 법을 현실화해야 한다. 앞에서 법은 사회 변화에 맞춰서 개정할 필요가 있다고 말했지만, 사실은 사회가 가야 할 방향과 법에는 아직도 상당한 괴리가 있다.

예컨대 장애인은 교육을 받을 권리가 있으므로 장애인의 교육을 거부하면 안 된다. 그런데도 처벌 규정이 없기 때문에 일선 교육기관에서 장애인들의 교육을 거부하고 있다. 이 경우에도 처벌 규정이 있어야 한다. 인식이 따라가지 못할 때는 법 규정부터 먼저 만들어줘야 한다. 인식이 70점이라면 법과 제도를 100점 수준으로 개선하고, 그 법이 실현될 수 있도록 하는 것이 중요하다.

마지막으로, 우리 모두의 마음의 변화이다. 아무리 좋은 법을 만들고 법치주의 실현을 위해 노력한다고 해도, 우리 국민 개개인의 마음의 변화 없이는 이룰 수 없다. 지금 우리 사회에 불고 있는 공정사회에 대한 열망, 이것을 화두 삼아 정부와 국가는 서민과 약자를 위한 정치를, 기업은 중소기업과 상생하는 방안을, 국민들은 서로 나누는 방법을 돌아보아야 한다. 약자와 함께 나눔을 실천하길 바란다. 인권 지표를 높여서 진정한 선진국으로 가는 핵심 원동력은 바로 이러한 우리의 노력들, 바로 여러분 개개인의 마음이고 개개인의 인식 변화라는 것을 잊지 말자.

신뢰가 없으면 아무것도 이룰 수 없다

나는 정치 활동을 하면서 《논어》에 나오는 '무신불립(無信不立)'이라는 글귀를 늘 되새긴다. 신뢰가 없으면 아무것도 이룰 수 없다는 뜻이다. 여야 정치인 간의 신뢰, 국민과 국민 사이의 신뢰가 중요하다. 우리가 서로 믿고 함께하지 않는다면 이룰 수 없다고 생각한다. 서로에 대한 이해와 신뢰가 있다면 더 좋은 대한민국을 함께 만들어갈 수 있을 것이다.

이와 더불어 늘 마음에 새기고 있는 또 한 가지는 "사랑이 머리에서 가슴으로 가는 데 70년이 걸렸다"라는 김수환 추기경의 말씀이다. 머리와 입이 아니라 마음으로 진정 이해하는 것은 그토록 어렵다는 뜻이다.

정치 또한 머리와 입으로 하지 말고 마음으로 하자고 늘 생각한다. 이성적으로만 이것이 옳은 것이다, 약자에 대한 배려가 필요하다, 나누어야 한다, 이렇게 생각만 하지 말고 마음으로 하길 바란다. 진정 마음에서 우러나와 신의에 따라 행동할 것을 나 자신과 여러분께 다시 한 번 부탁드린다.

4부

공존과 상생을 향해

주철환

중앙일보 방송제작본부장. 고려대학교 국어국문학과 졸업, 동 대학교 대학원 국어국문학 석·박사. MBC 프로듀서, 이화여자대학교 사회과학대학 언론홍보영상학부 교수, OBS 경인TV 사장을 역임했다. 저서로는 《30초 안에 터지지 않으면 채널은 돌아간다》 《PD는 마지막에 웃는다》 《사랑이 없으면 희망도 없다》 《PD마인드로 성공인생을 연출하라》 《주철환의 사자성어》 《청춘》 등이 있다. 한국방송대상 우수작품상, 백상예술대상 우수작품상, 방송위원회 선정 이달의 좋은 프로그램상, 경실련 선정 시청자가 뽑은 좋은 프로그램상, 방송위원회 프로그램기획부문 대상, 한국여성단체연합 평등방송 디딤돌상, 한국방송프로듀서연합회 공로상을 수상했다.

세종대왕의 창조적 PD마인드

광화문 근처로 이사 온 후 즐거움이 하나 늘었다. 출퇴근하면서 하루에 최소한 두 번 이상 세종대왕과 이순신 장군을 만나기 때문이다. 비록 동상이지만 볼 때마다 드는 느낌은 '도대체 저분들은 돌아가신 것 같지가 않다' 라는 것이다. 그분들은 늘 내 마음속에 살아 움직인다. 사람은 죽으면 관이나 무덤 속에 들어가지만 한편으로는 누군가의 기억 속에 스며든다고 생각된다. 세종대왕과 이순신 장군은 광화문 네거리뿐 아니라 여전히 우리 마음속에 살아 있다. 때문에 그들의 지혜와 성찰은 새로운 시작을 준비하는 우리에게 매일매일 희망과 용기를 선사한다.

나를 부르는 호칭이 몇 개 있지만 그중 PD라고 불릴 때가 더러 있다. PD는 어떤 일을 하는 사람일까? 간단히 말해 사람을 모으는 직업이다. 사실 사람이 모이는 경우는 다양하다. 가까운 곳에서 불이 났다고 가정해보자. 안타까운 마음에 사람들이 몰려들어 걱정하며 구경하게 되어 있다. 길을 걷는데 갑자기 누군가 벗은 채 질주한다고 해보자. 구경꾼들이 구름처럼 몰려들 가능성이 높다. 이런 일을 통해 시선을 모으는 일은 그다지 어렵지 않다. 그러나 PD로서 시청자의 마음까지 훔치는 건 간단한 작업이 아니다. PD들이 비난받는 이유 중 하나가 시청률을 의식한 선정성과 폭력성 추구이다. 이러한 요소 없이 사람을 모을 수 있다면 훌륭한 PD가 되는 것이다.

결국 PD는 프로그램을 만들기 위해 아이디어를 내고, 그것을 형상화하는 데 필요한 인재를 끌어 모으고, 그들이 즐겁게 기량을 발휘할 수 있도록 판을 만들어주는 사람이다. 그런데 세종대왕이 이뤄낸 여러 가지 일들을 보면 그가 상당히 PD적이었다는 생각이 든다.

우선 이분은 창조적 에너지가 넘친다. 그분이 관여한 놀라운 창조물은 한두 가지가 아니다. 하지만 발명가를 PD라고 부르지 않는다. 무엇보다 세종대왕은 시비지심(是非之心)보다는 측은지심(惻隱之心)이 더 컸던 분이다. 국민이 무엇을 원하는지, 그들이 무엇에 목말라하는지를 정확히 알고 있었다. 좋은 생각을 좋은 말로 옮기고, 다시 그 좋은 말을 좋은 행동으로 옮길 줄 아는 분이었다.

세종대왕이 특히 훌륭한 이유는 소통의 리더십, 창조의 리더십을 언행일치로 구현했기 때문이다. "백성들이 말하고 싶은 것이 있어도 자신의 뜻을 마음껏 펼치지 못한다. 이것을 내가 가엽게 여겨서 새로

28자를 창조한다. 사람마다 편안하게 써서 자신의 뜻을 펼쳐라." 한글 창제의 과정에는 세종대왕의 창의력과 추진력, 무엇보다 백성을 사랑하는 따뜻한 친화력이 고스란히 녹아 있다.

누군가에게 선망의 대상이 아닌 희망의 등불이어야 한다

요즘 입시생과 학부모들은 입학사정관제도에 대해 상당히 관심이 많다. 만약 천국에 입학사정관이 있다면 무엇을 기준으로 입학생을 선발할까? 주민등록등본, 집문서, 은행 잔고 같은 것은 필요 없을 것이다. 그 기준은 오로지 '살면서 얼마나 많은 사람들을 행복하게, 아니면 불행하게 해주었느냐' 가 아닐까 싶다.

이런 맥락에서 한자를 몰라 마음을 글로 표현하지 못해 답답했던 백성들에게 소통의 즐거움을 선사한 세종대왕이야말로 당당히 천국에 입학하지 않았을까 하는 생각이 든다.

세종대왕이 걸어간 길을 보면 리더십이란 '선망의 대상' 이 아닌 '희망의 등불' 이 되어야 함을 알 수 있다. 누군가에게 부러움의 대상이 되는 게 아니라 희망을 주는 게 리더십의 실체임을 세종대왕은 그의 일생을 통해 증명하고 있다.

세종대왕은 한글뿐 아니라 농민들에게 꼭 필요한 《농사직설》을 편찬했고, 비의 양을 잴 수 있는 '측우기' 를 발명하고 보급했다. 무엇보다 눈여겨볼 점은 유능한 젊은 학자들이 자신의 꿈과 능력을 펼칠 수 있도록 '집현전' 이라는 조직을 만들었다는 것이다.

세종대왕이 집현전에 유능한 학자들을 모았듯, PD 역시 사람들을 한자리에 모은다. 삐딱하게 보면 PD가 직접 하는 일은 아무것도 없다. 텔레비전 화면에 얼굴을 비치는 아나운서나 연기자, 개그맨도 아니고 글을 쓰는 작가도 아니다. 카메라맨도 아니고 조명기사도 아니다.

그저 PD는 글 잘 쓰는 사람, 연기 잘하는 사람, 촬영 잘하는 사람, 편집 잘하는 사람 등을 모아 그들에게 공동의 목표를 설명하고 그들이 목적에 부합하는지, 그렇지 못한지를 체크한다. 따라서 PD의 역량은 각 분야 인재들을 모아 하모니를 이루도록 하는 일, 그 하모니를 통해 시청자를 행복하게 해주는 데서 판가름이 난다.

짐작했겠지만 PD라는 직종을 원활하게 수행하는 데 필요한 요소는 크게 세 가지이다. 첫 번째는 새로운 것을 만들어낼 수 있는 '창의력'이다. 창의력이 좋으려면 사람들이 무엇을 듣고 싶어 하는지, 무엇을 보고 싶어 하는지를 알아야 한다. 의심보다는 호기심 많은 사람이 유리하다.

그러나 아무리 아이디어가 많아도 그것을 작품으로 만들지 못하면 아무 소용이 없다. 그래서 두 번째로 요구되는 게 '추진력'이다. PD가 직업상 가장 많이 쓰는 단어가 바로 액션(action)이다. '행동으로 옮기다'라는 뜻이다. 임진왜란을 드라마로 만든다고 상상해보자. 야외 촬영장에서 PD가 '액션'을 외치면 그때 비로소 거북선이 움직이고 왜적이 몰려올 것이다. 그전엔 모든 게 준비상태일 뿐이다. 액션이 없다는 것은 추진이 없다는 것이다.

액션이란 단어를 말하기 전에 반드시 PD가 외치는 말이 있는데 바로 '레디(ready)'이다. 마음의 준비를 단단히 하라는 뜻이다. 내일 비가 올 것이라고 예측을 하더라도 우산이나 비옷을 준비하지 않으면 소용이 없다. 십만양병설을 주장한 이이가 지금도 존경받는 것도 왜군이 쳐들어올 것을 예측하는 데 그치지 않고 대비를 했기 때문이다. 스탠바이(stand-by)도 같은 의미다. 어떤 상황에서도 사전에 준비가 잘 되어야만 목표가 제대로 이루어지는 것이다.

PD가 '액션' 다음에 하는 말은 무엇일까? OK거나 NG이다. OK보다는 NG를 더 많이 외치는데 'NG'란 노굿(No Good), 즉 안 좋다는 뜻이다. NG 이후 PD가 출연자나 스태프에게 보여주는 태도에 따라 그 작품은 명작이 되기도 하고 졸작이 되기도 한다. NG를 냈을 때 책망을 하거나 두려워한다면 결코 성장할 수가 없다. 야단을 치거나 화를 내기보다 격려해주고 보듬어주는 힘, 그것이 바로 세 번째 요소인 '친화력'이다. 쉽게 말해 "야 너 그것밖에 못해"라고 하면 졸작이 되는 것이고, "좋아 다시 한 번 해보자"라고 말할 수 있다면 명작이 될 가능성이 크다.

천하의 인재를 한자리에 모으는 '부자유친' 리더십

세종대왕이 권위주의자는 아니었지만 그렇다고 권위가 없었던 것도 아니다. 권위가 없는 사람이 자신의 권력을 행사하려 할 때 권위주의자가 된다. 권위 있는 사람에겐 대상을 향한 진정한 사랑과 함께 그들을 행복하게 해줄 만한 능력이 있는 법이다. 세종대왕에게는 그 두 가지가 다 있었다.

세종대왕은 글자를 모르는 백성들을 위해 한글을 만들어야겠다는 원대한 계획을 세웠고, 그것을 추진하는 데 필요한 인재들을 각처에서 모았다. 당대 최고의 인재들이 한자리에 모일 수 있었다는 것은 세종대왕의 안목과 배려가 그만큼 뛰어났다는 증거이다. 일례로 그 유명한 '황희 정승'은 조선 왕조 500년을 통틀어 가장 유능한 총리였다는 평가가 나온다.

황희 정승에 대한 유명한 에피소드가 있다. 황희 정승의 집에서 일하는 하인들이 매일 다퉜다. 하루는 A라는 하인이 와서 "B가 괴롭혀서 일을 못하겠다"고 하니 황희 정승이 "그래 B가 나쁘구나. 네가 참아라"해서 돌려보냈다. 다음 날은 B가 찾아와서 "A가 괴롭혀서 일을 못하겠다"고 하니 "그래 A가 나쁘구나. 네가 참아라" 해서 돌려보냈다. 이를 본 황희 정승의 부인이 "대체 누구 말이 맞냐"고 책망하니 "당신 말도 옳소!"라고 했단다.

황희 정승이 기회주의자라는 이야기가 아니다. 이분이야말로 평화의 리더십, 화해의 리더십을 몸소 보여준 사람이다. 이런 훌륭한 분이 바로 세종대왕 시절의 정승이었다.

"의심 가는 사람은 쓰지 말고 일단 썼으면 의심하지 마라(疑人不用用人不疑)"라는 말이 있는데 세종대왕이 바로 그 덕목을 실천한 사람이었다. 인재를 불러 모으는 데 주저함이 없었고 그들을 고르는 데 고정관념이나 편견이 없었다.

창조의 가장 큰 적은 편견이고 고정관념이다. 고정관념을 많이 가진 사람일수록 창조를 할 수 없다. 세종대왕이나 이순신 장군 같은 분들은 당대에는 엄청난 비판을 받았다. 세종대왕이 한글을 창제할 때만 해도 동방예의지국으로서 할 일이 아니라는 상소가 빗발쳤다. 그때 세종대왕이 비판에 부딪혀 한글을 창제하지 않았다면 지금 어땠을까? 우리는 여전히 중국의 변방에 머물러서 한자 때문에 소통의 어려움을 겪어야 했을 것이다.

또한 아무리 내용이 좋아도 태도가 불량하면 효과를 볼 수 없다. 세종대왕의 리더십은 '부자유친'으로 요약할 수 있는데, 이때 '부'는 부드럽다, '자'는 자상하다, '유'는 유연하다, '친'은 친절하다를 줄인 말이다. 세종대왕은 '부자유친' 리더십을 통해 천하의 인재들을 한자리에 모았다. 왕의 신분임에도 불구하고 절대로 전횡을 일삼은 기록이 없다.

세계사에 널리 이름이 알려진 철학자 '소크라테스'의 명언은 "너 자신을 알라"이다. 누구도 자기 자신을 확실하게 아는 사람은 없고, 죽을 때까지도 자신을 제대로 알지 못한 채 죽는 게 인간의 운명이다. 솔직히 자기 자신을 잘 모르는 사람은 '못난 사람'이다. 그런데 '못난 사람'보다 더 안 좋은 사람이 있으니, 그는 바로 자기 자신밖에 모르는 사람이다.

그는 '못난 사람'이라기보다 '못된 사람'이다. '못된 사람'보다는 '못난 사람'이 많은 세상이 더 낫다. 세종대왕은 그 '못난 사람들'을 '어린 백성'이라고 표현했다. 그리고 그들을 무시한 게 아니라 존중하는 마음으로 한글을 만들었다.

세상은 말을 잘하는 사람보다 좋은 말을 행동으로 옮기는 사람을 영웅으로 기억한다. 액션을 취하는 사람, NG를 두려워하지 않는 사람, 많은 사람들에게 기쁨을 주기 위해 솔선수범했던 사람이 바로 세종대왕이다.

한글 창제는 대단한 것이다. 한글처럼 과학적인 글은 전 세계 어디에도 없다. 세종대왕이 젊은 인재들과 함께 머리를 맞대고, 그들을 독려하고 격려하고 칭찬하고 손잡아주면서 한글을 만들었다는 사실이 너무도 중요하다.

PD 생활을 하면서 여러 프로그램을 만들었지만 특별히 기억에 남는 프로그램이 〈우정의 무대〉이다. 군인들이 우르르 몰려나와 "우리 어머니가 확실합니다"를 외치던 그 프로그램이다.

〈배달의 기수〉처럼 군인을 주인공으로 했던 프로그램은 그전에도 몇 있었다. 그런데 〈우정의 무대〉가 그토록 박수를 받았던 이유는 젊은 군인들이 무엇을 그리워하고, 무엇에 목말라하는지 잘 파악한 덕분이다. 〈배달의 기수〉에도 씩씩한 군인이 늘 나왔지만 그 프로는 젊은 병사의 속마음을 보여주지 못했다. 군대생활을 해본 사람들은 공감하겠지만 군대에서 가장 그리운 것이 가족, 그중에도 어머니이고 그다음으로는 여자 친구다. 그 순수한 욕망을 잘 공략했기에 〈우정의 무대〉는 대단한 성공을 거둘 수 있었다.

'PD마인드'라는 것은 결국 사람들이 무엇을 통해 행복해질 수 있는가를 철저히 파악하고 그들의 갈망을 충족시켜 주기 위해 노력하고 협력하려는 마음과 다짐이다. 그 기획의도를 달성하기 위해 나 혼자의 힘으로는 부족함을 인정하고 적재적소의 사람을 끌어모아 아름다운 결과물을 만들어내는 데 최선을 다하는 것이 바로 PD마인드이다.

만약 세종대왕이 좋은 의도를 가졌어도 강제로 사람들을 동원하여 억압적 분위기 속으로 학자들을 몰아넣었다면 과연 한글이라는 세계적인 창조물이 탄생할 수 있었을까. 반대하는 사람들의 상소문이 넘쳐도 끝까지 포기하지 않고 추진한 것은 가치 있는 일을 한다는 신념과 비전이 분명했기 때문이다. 백성들의 불행을 안타까이 여기는 선한 마음, 글자를 창안해야겠다는 원대한 도전의식, 재주 있는 사람들을 끌어모은 지혜로운 눈과 친화력이야말로 세종의 위대한 PD마인드가 아니었나 생각한다.

구수환

KBS다큐멘터리국 부장, 여성가족부 청소년보호위원회 위원. 한남대학교 졸업, 연세대학교 언론홍보대학원 저널리즘 석사. 〈추적60분〉 책임 프로듀서 겸 MC, KBS 〈일요스페셜〉 제작자, 영화 〈울지마 톤즈〉 감독을 역임했다. 한국방송대상 보도부문, 교육부장관 공로상, 남여평등상을 수상했다.

이태석 신부의 사랑이 만들어낸 톤즈의 기적

나는 지난 25년 동안 150여 편의 시사 프로그램을 제작했는데, 〈울지마 톤즈〉에는 그동안 많은 다큐멘터리 프로그램을 만들면서 꼭 하고 싶었던 이야기를 담았다. 〈울지마 톤즈〉는 머나먼 곳 아프리카 수단에서 헌신적인 선행을 펼치다 생을 마감한 고(故) 이태석 신부님의 생을 다룬 영화다.

수단은 아프리카에서 가장 큰 영토를 가진 나라이다. 가장 큰 영토를 가졌지만 가장 가난한 나라이기도 하다. 또한 남북으로 갈라져서 내전을 거듭하다 지난 2005년 종전을 했지만, 이곳에는 증오와 분노, 가난과 질병만 존재하는 곳이라고 할 수 있다.

이 슬픔의 땅에서 쫄리(수단에서 이태석 신부님은 '쫄리 John Lee' 로 통했다)라 불리는 이태석 신부님은 사랑의 씨앗을 심었다. 그리고 그는 2010년 1월 대장암 말기로 이 세상을 떠났다. 이태석 신부님의 그 숭고한 사랑 이야기를 우리는 TV 다큐멘터리로 제작했고, 〈울지마 톤즈〉라는 영화로도 제작을 했다.

왜 영화 제목이 '울지마 톤즈' 일까, 궁금해하는 사람들이 많다. 처음에는 '톤즈의 눈물' 을 생각했는데, 다큐멘터리가 슬프게 끝나는 건 신부님의 뜻이 아닐 것이란 생각이 들었다. 그래서 '나는 떠났지만 너희는 외롭지 않다' 라는 신부님의 마음을 담아 '울지마 톤즈' 로 정했다.

"톤즈가 사람 이름이냐"라고 묻는 이들도 있다. 톤즈는 아프리카 수단 남부 지역에 있는 한 마을로 이태석 신부님이 8년 동안 선교활동을 하던 곳이다. 담당 PD가 혹시 가톨릭 신자가 아닐까 궁금하신 분들께는 이런 답변을 드리고 싶다.

"신자는 아니지만 종교를 떠나 모든 분들이 공감하는 메시지가 있어 취재를 하게 되었습니다. 오히려 천주교 신자가 아니기 때문에 영화가 특정 종교에 치우치지 않고 객관성을 갖는 데 도움이 되었다고 생각합니다."

편집 과정에서도 종교적인 내용은 최대한 자제하고 가능하면 신부님의 인간적인 면에 조명을 맞추려고 노력했다. 바로 이 때문에 영화 평론가와 관객들이 좋은 평가를 해주었을 것이라고 생각한다.

그는 왜 의사라는 직업을 버리고
사제의 길을 선택했을까

"이태석 신부님을 어떻게 알게 됐나요?" 이 또한 영화를 본 많은 사람들이 묻는 말 중의 하나다.

내가 이태석 신부님을 알게 된 특별한 동기가 있었던 것은 아니다. PD들에게는 아이템을 선정할 때 '감(感)'이라는 것이 있다. 시청자들에게 어떤 메시지를 줄 것인가, 어떻게 시청자들의 관심을 끌 것인가를 항상 생각하지 않을 수 없기 때문에 감은 저절로 길러진다. 어느 날 인터넷에서 KBS 스페셜 아이템을 찾던 중 신부님의 선종에 대한 기사를 보게 되었다.

평생 부를 보장받는 의사라는 직업을 버리고 사제의 길을 택한 점, 아프리카에서도 가장 가난하고 위험한 전쟁터를 지원했다는 것, 48세의 젊은 나이에 세상을 떠났다는 점 등에서 충분히 관심을 가져볼 만한 소재라는 생각이 들었다.

그런데 주인공인 이태석 신부님이 이미 이 세상 사람이 아니었으므로 영화를 만들기 위해서는 가족과 지인을 만나는 것이 무엇보다 중요했다. 특히 어머니를 가장 먼저 만나 보고 싶었다. 어머니를 만나면 신부님이 어떤 사람인지를 제대로 알 수 있을 것이라 생각했기 때문이다. 그래서 신부님의 형에게 어머니를 만나 뵐 수 있도록 부탁을 했다. 당시는 아들을 떠나보낸 지 보름밖에 되지 않은 때라서 더없이 조심스러웠다.

하지만 아프리카에서 펼친 신부님의 사랑 이야기가 많은 사람들에게 알려져 그들의 삶에 도움이 될 수 있다면, 이 또한 아드님의 정신을 이어가는 것 아니겠냐고 간곡히 말씀드린 끝에 드디어 취재가 시작되었다.

그는 왜 수단으로 떠났을까? 이태석 신부님은 10남매 중 9번째로 태어났다. 아홉 살 때 아버지를 잃자, 어머니가 삯바느질을 해서 신부님을 키웠다. 가난이 어린 그를 따라 다녔지만 그는 열심히 공부했고 의과대학에 진학했다. 의대대학을 졸업한 그는 어머니의 꿈이었고 집안의 희망이었다. 하지만 그는 그 모든 것을 내려놓고 사제가 됐다. 그리고 세상에서 가장 가난한 곳으로 떠났다.

이태석 신부님은 신학생 시절 케냐를 거쳐 내전의 땅 수단을 찾아간 적이 있다. 1983년부터 시작된 내전은 수단을 남북으로 갈라놓았고, 그가 간 곳은 피해가 가장 컸던 남수단이었다. 살아남은 이들은 오랜 굶주림으로 병과 싸울 힘조차 없었던 곳이다. 그곳 사람들은 치료 한 번 받지 못하고 죽어갔다. 아이들은 오염된 강물을 그냥 마셨다.

그곳 사람들의 모습을 보면서 이태석 신부님은 생전에 이렇게 말했다.

"정말 내가 생각했던 세상에서 이곳이 가장 가난한 곳이라는 느낌이 들었다."

"부족한 것이 많은 나이지만 뭔가 할 수 있을 것 같은 느낌이 들었다. 그 순간, 여기로 와야겠다는 생각이 들었다."

그는 이렇게 해서 수단으로 갔다.

꿈속에서라도 신부님을
만나고 싶은 사람들

주인공이 없는데 어떻게 영화를 만들려고 하냐는 주변 사람들의 우려도 많았다. 솔직히 이 때문에 고민을 많이 했다. 그렇지만 다행스럽게도 톤즈 생활 초기부터 2010년 1월 선종하실 때까지 신부님을 촬영한 영상이 꽤 있었다. 이 영상을 찍은 분이나 이태석 신부님이나 어떤 목적을 가지고 찍은 게 아니라 화면은 거칠었지만, 화면 속에 나오는 신부님의 인간적인 모습들을 많이 엿볼 수 있었다.

이 정도면 프로그램이 충분히 되겠구나 싶었다. 다만 다큐멘터리는 정확한 사실을 전달하는 것이 매우 중요한데, 생전의 모습만 가지고 이야기를 한다는 것은 아무래도 역부족이라는 생각이 들었다. 그분의 아름답고 감동적인 사랑을 보여줄 방법이 없을지 수없이 고민하다, 무조건 수단 현지에 가보는 수밖에 없다는 결론에 이르렀다. 신부님과 함께 살아온 톤즈 주민들을 직접 만나 눈으로 확인하다 보면 신부님의 삶을 제대로 알 수 있겠다는 판단에서였다.

나는 다큐멘터리를 찍으면서 분쟁 지역을 7년이나 다녔다. 이라크, 팔레스타인, 체첸, 아프가니스탄 등 어지간한 지역은 두려움 없이 가는데, 이곳은 검색을 해보니까 쉽게 떠날 엄두가 나지 않았다. 말라리아가 죽음을 위협하고, 지금도 분쟁이 끊이질 않고 있다는 마음 무거운 소식만 잔뜩 있었다. 그래도 다큐멘터리 PD는 현장을 보지 않고는 안 되기에 과감하게 톤즈행을 결정했다.

톤즈로 가는 출발 당일 아침, 현지에서 길 안내를 해주기로 했던 이한테서 다급한 연락이 왔다. 톤즈로 가는 도로에서 전투가 벌어져 수

십 명이 죽었고, 도로도 통제되었는데 언제 풀릴지 모른다는 것이었다. 회사에서도 사고가 날 것을 우려해 사태가 진정될 때까지 출발하지 말라고 말렸다. 이틀이 지나도록 상황이 나아질 기미가 보이지 않았다. 나는 일단 케냐로 가서 현장 상황을 판단하는 것이 낫겠다는 생각이 들어 무작정 나이로비로 향했다. 다음날, 인근 도시로 우회하는 비행기를 타고 1박 2일 만에 톤즈에 도착했다.

톤즈로 가는 길에 촬영을 하다가 테이프를 빼앗기기도 했다. 우리가 갔을 당시는 총선을 하고 있었는데, 외국인이 촬영하는 것에 너무나 민감한 반응을 보였다. 그래도 찍어야겠다 싶어 사진을 찍다가 경찰에게, 그것도 사복 차림을 한 경찰에게 테이프를 빼앗기고 경찰서까지 끌려갔다. 마침 그 지역에 계신 한 신부님이 오셔서 그들을 설득해서 테이프를 받고 풀려나긴 했지만, 그런 우여곡절 끝에 우리는 힘들게 톤즈로 갔다.

톤즈는 아주 작은 마을이었다. 건물도 많지 않고 옛날 영화에나 보던 짚으로 만들어진 집들이 있었다. 내전 때 입은 총격전의 여파 때문인지 분위기가 매우 살벌했다. 특히 그곳 사람들은 마을을 촬영하는 것에 촉각을 곤두세우고 있었다.

우리는 신부님이 계셨던 곳, 공동체라고 해서 그 지역에서 가장 큰 건물들이 있는 곳으로 갔다. 우리가 가자 아이들이 나와서 우리를 마중해주었다. 처음에는 우리도 아이들도 서먹서먹했다. 신부님이 돌아왔다는 사람도 있었고, 뭘 찍어가려고 하나 경계심 어린 눈초리로 쳐다보는 사람도 있었다.

톤즈에서의 생활은 힘든 점이 많았는데 특히 무더위가 가장 고통스러웠다. 낮 기온은 섭씨 40도에서 50도를 오르내리고 밤에도 35도까지 올라갔다. 밤에 수도꼭지에서 나오는 물의 온도를 재보니 섭씨 36도가 넘었다. 이런 무더위는 참겠는데 가장 무서운 건 말라리아 모기였다. 조그마한 방에서 모기장을 치고, 밤에 동물들이 들어올까 봐 문을 꼭꼭 잠그고 잤다. 낮에 촬영하는 것보다 밤 12시에서 새벽 6시까지 견디는 것이 더 힘들었다.

이런 열악한 환경에서 신부님은 7년을 생활했다. 현지 상황을 체험하고 보니 신부님에 대한 궁금증이 더 들었다. 신부님이 데리고 있었던 아이들이 우리 뒤를 졸졸 따라다녔다. 신부님 이야기를 듣고 싶어서였다.

우리는 신부님이 현지 사람들한테 얼마나 사랑을 받았는지, 두 가지 맥락에서 알아보기로 했다. 하나는 신부님이 자주 방문했다는 한센인 마을을 가보는 것이고, 또 하나는 톤즈 아이들을 통해서 신부님의 사랑을 확인해보는 것이었다. 그 아이들을 보니 신부님의 사랑이 얼마나 극진했는지 단번에 알 수 있었다.

톤즈 공동체에서 차로 20분 정도 떨어진 거리에 신부님이 틈만 나면 들렀던 한센인 마을이 있다. 이곳 사람들은 앞이 보이지 않고 온몸은 상처투성이인 한센병 환자들이다. 그들은 신부님이 이곳을 찾기 전까지 자신의 병이 무엇인지도 모르고 죽어갔다. 이런 그들에게 신부님은 그들이 모여살 수 있는 마을을 만들어주고 병을 치료할 수 있는 약도 구해주었다.

한센인에 대한 사랑이 얼마나 지극했는지는 그들이 신고 다닌 신발을 보면 알 수 있다. 신부님이 고름을 짜고 붕대를 감아주었지만 그들의 발은 늘 상처투성이였다. 신부님은 고민 끝에 종이 위에 뭉그러진 그들의 발을 대고 그려 그들에게 꼭 맞는 신발을 만들어 신겼다. 상처가 나면 계속 발이 곪으니까 생각해낸 대안이었다. 나는 그 도면을 보면서 자식이 아프면 같이 아파하는 아버지 같은 사랑을 느꼈다.

신부님의 빈자리는 정말이지 너무나 커보였다. 그가 떠난 후 톤즈 사람들은 모두 맨발로 다녔고, 약품공급은 물론 아무도 찾아오지 않는다고 했다. 한센인들은 신부님을 무척 그리워했다. 한센인들에게 신부님의 사진을 보여주자 그 순간 박수가 터져나왔고 '쫄리'를 외치는 소리가 여기저기서 들렸다. 어떤 사람은 사진을 쓰다듬고 입맞춤도 하고 기도도 했다. 한센인들은 꿈속에서라도 신부님을 만나고 싶다고 했다.

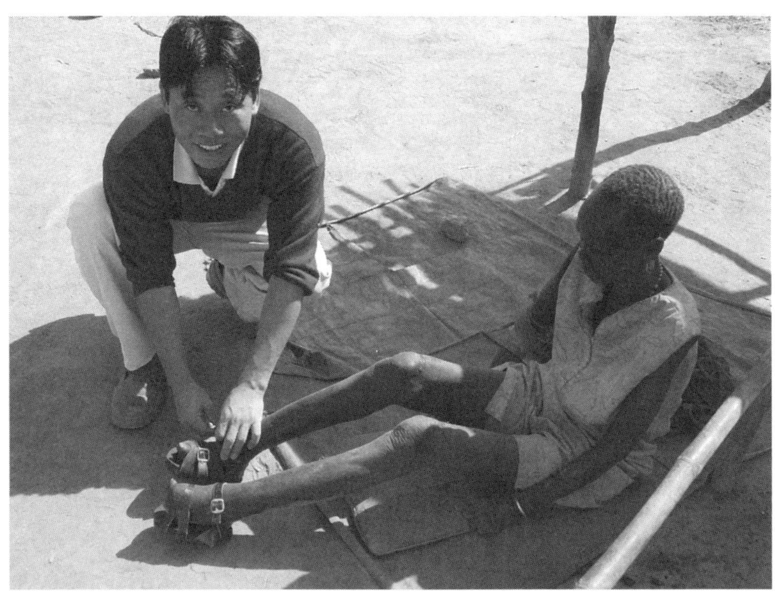

한센인에게 신발을 신겨주는 신부님의 모습.

전쟁 속의 아이들을
미래를 꿈꾸는 아이들로 바꾸다

신부님이 머물렀던 '톤즈 공동체'에도 신부님의 사랑을 보여주는 것이 있다. 공동체 운동장에 서 있는 톤즈의 유일한 농구골대이다. 자세히 들여다보니 내전 때 폭격으로 부서진 건물 기둥을 세워 폐철근으로 엮어 만든 것이었다. 장비도 없이 어떻게 저런 농구 골대를 만들 생각을 했는지 너무도 기발했다.

또 하나가 숙소 지붕에 설치되어 있는 태양열 집열판이다. 전기가 들어오지 않는 톤즈에 전기를 공급하기 위해 신부님이 직접 설치한 것이다. 이 시설은 분명한 목적이 있었다. 하나는 전염병이 많은 이곳에 필수적인 백신을 보관하는 냉장고를 돌리기 위한 것이고, 또 하나는 학생들이 밤늦게 공부할 수 있도록 하기 위한 것이었다.

신부님의 이런 뜻을 실천이라도 하듯 그곳 아이들의 배움에 대한 열기는 상상을 뛰어넘었다. 밤 10시쯤 그곳에 가보니 불이 켜져 있었고, 아이들은 밤 12시까지 공부를 한다고 했다. 나는 이런 모습을 보면서 대한민국의 교육 현실을 많이 생각했는데, 진심을 갖고 대하면 통한다는 확신을 갖게 되었다. 신부님의 그 진심어린 사랑의 결과물은 아이들이었다.

아프리카 내전국가들이 국제사회로부터 강력한 비난을 받고 있는 것이 바로 '소년병' 문제이다. 싸울 군인들이 부족하자 아이들을 데려다가 훈련을 시켜 전쟁터에 내보냈다. 신부님이 이러한 불행한 현실과 싸우기 위해 만든 것이 학교이다. 학교를 세워 아이들에게 새로운 세상과 만날 수 있도록 해주었다. 신부님은 주민들과 함께 폭격으로 엉망이 된 학교를 보수해, 톤즈에서 유일한 초·중·고등학교를 세웠다.

우리가 학교를 찾아간 날은 마침 개학날이었다. 수업 중인 교실에는 빈자리가 없을 정도로 꽉 찼는데, 두 명이 앉아야 하는 의자에 서너 명이 걸터앉아 공부를 하고 있었다.

학생들에게 "왜 이렇게 열심히 공부를 하느냐"고 묻자, 신부님처럼 의사가 돼서 불쌍한 사람들을 보살피고 싶다는 이야기를 했다. 집에서 아이한테 가장 닮고 싶은 사람이 누구냐고 물어보면 대개 아버지라고 말하듯, 그곳 아이들은 신부님을 아버지로 여기고 있었다.

신부님 자신도 이곳에서 직접 수학을 가르치기도 했고, 케냐에서 정식 자격증이 있는 교사들을 데려왔다. 신부님의 이런 노력 덕택에 신부님이 세운 학교는 그 일대에서 최고 수준의 학교 자리 잡았고, 입학 경쟁률도 가장 높았다. 전쟁으로 폐허가 된 마을에서 상상할 수도 없던 기적이 일어난 것이다. 아이들은 방학 때도 집에 안 가고 학교에 머물러 있었다.

신부님은 어린 시절 음악으로 가난과 외로움을 견뎌냈다고 한다. 그래서 자신이 그러했듯, 전쟁의 틈바구니에 있는 아이들의 외롭고 힘든 마음을 음악으로 바꾸어놓으려고 남부 수단 최고의 '35인조 브라스밴드'를 만들었다. 악기는 한국에 있는 지인에게 부탁해 마련했고, 악기 연주법을 혼자서 터득해 아이들에게 가르쳤는데 악보도 직접 만들었다. 총 대신 악기를 든 아이들의 모습은 남부 수단에 큰 파장을 불러일으켰다. 정부 행사에도 초청받을 정도로 35인조 브라스밴드는 단숨에 유명 인사가 됐다.

신부님의 사진을 들고 환하게 웃고 있는 브라스밴드 아이들.

그러자 아이들의 모습도 하루하루가 달라지기 시작했다. 가장 큰 변화는 아이들의 얼굴이 밝아졌다는 것이다. 아이들은 신부님 때문에 사랑이라는 것을 알게 되었고 감사하는 마음도 배웠다고 했다.

이태석 신부님이 톤즈를 떠난 지 1년 6개월. 톤즈 아이들은 신부님의 마지막 모습을 지켜보지 못했다. 과연 신부님의 죽음을 어떻게 받아들이고 있을까, 울기는 할까 너무나 궁금했다.

나는 한국에서 가져온 생전의 신부님 모습과 장례식 장면이 담긴 사진과 비디오를 꺼냈다. 그리고 브라스밴드 단원들을 비디오 시설이 되어 있는 곳으로 불러 신부님의 마지막 모습을 보여주었다. 아이들의 얼굴은 눈물로 뒤범벅이 됐고 통곡을 하는 아이도 있었다. 이 모습을 지켜보는 것 자체가 너무나 마음이 아팠다.

옆에 있던 이탈리아 수사님이 나에게 이런 말을 했다. "구 PD 정말 대단해요. 지난 5년 동안 아이들의 눈물을 한 번도 본 적이 없는데, 옆

집 사람이 죽어도 울지 않던 아이들인데 울잖아요.”

한참을 울던 아이들이 어둠이 깔린 바깥으로 나가며 신부님께 마지막 인사를 하겠다고 했다. 누군가가 피리를 나누어주더니 아이들은 “사랑해 당신을, 정말로 사랑해~” 노래를 연주했다. 내가 ‘사랑해’가 어떤 의미인지 아느냐고 묻자, 아이들은 “안다”고 했다. 가슴이 뭉클했다. 나는 더 이상 신부님의 사랑을 확인할 필요가 없다는 생각이 들었다. 아이들이 흘리는 그 눈물은 신부님의 사랑을 그대로 보여주는 것이었다. 신부님이 없는 시간을 견디는 것이 아이들에게는 가혹해 보였다.

아프리카 톤즈에서 신부님이 보여준 사랑은 특별한 사랑이 아니라 진심을 담은 아주 지극한 사랑, 그것이었다. 그 사랑이 전쟁 속의 아이들을 미래를 꿈꾸는 아이들로 바꿔놓았다.

진심이 담겨 있는
사랑만이 해결책이다

〈울지마 톤즈〉는 종교영화로 분류하고 있지만 나는 시사 다큐멘터리 영화라고 말하고 싶다. 요즘 가정, 학교, 사회문제에 대해 걱정하는 목소리가 너무나 많다. 그동안 수많은 대책이 발표됐지만, 상황이 나아지기는커녕 더욱 심각해지기만 할 뿐이다. 나는 신부님의 삶을 통해 앞으로 우리가 해야 할 일이 무엇인지 이야기하고 싶었다. 바로 진심이 담겨 있는 사랑만이 그 해결책이라는 것을 말이다.

신부님의 이야기를 처음부터 영화로 만들 생각은 없었다. 단지 신부님의 이야기를 더 많은 사람들에게 보여주기 위해 영화로 만든 것이다. 한 명이라도 이 영화를 보고 자신의 삶을 되돌아볼 수 있다면 그것으로 대단한 성공이라고 생각한다. 그동안 너무 큰 사랑을 주셔서 정말 감사드린다.

마지막으로 신부님이 쓰신 〈나눔〉이라는 시를 소개하며 이 글을 마칠까 한다. 이 시를 보며 나 자신에 대한 반성을 많이 했다. 여러분도 자신을 돌아볼 수 있는 좋은 계기가 되면 좋겠다.

〈나눔〉

나눔이 결코 물질적인 것이 아님을 다시 깨달아 봅니다.
내가 먼저 알고 있는 것을 가르쳐 주는 것
내가 할 줄 아는 것을 다른 이도 할 수 있게 도와주는 것
내가 먼저 얻은 것을 다른 이와 함께 나누어 갖는 것

(중략)

나는 나눌 것이 없는 것만 같았는데
그러고 보니 나눌 것이 넘치도록 많았습니다.
나누면서 제가 더 풍요로워짐을 느낍니다.
제 것을 나누어 주었는데도 아무것도 줄어들지 않고
자꾸만 자꾸만 나눌 것이 더 많이 생겨나는 것 같습니다.

이상묵

서울대학교 지구환경과학부 부교수, 서울대학교 자유전공학부 겸무교수 및 대학원 협동과정 계산과학전공 겸무교수, 서울대학교 차세대융합기술원 함께사는 세상을 위한 기술개발연구소 소장, 한국과학기술한림원 준회원, 대통령 직속 국가정보화전략위원회 위원, 한국과학기술한림원 융합과학기술위원회 위원. 서울대학교 해양학과 졸업, 미국 MIT/우즈홀 해양연구소 해양학 이학박사. 미국 우즈홀 해양연구소 객원연구원, 영국 더럼 대학교 박사 후 연구원, 한국해양연구원 책임연구원을 역임했다. 그리고 샌프란시스코 시의회 공로상과 행정안전부 바다의 날 근정포장을 수상했다.

장애 극복에는 희망보다 선진기술이 더 필요하다

지금으로부터 4년 3개월 전, 나는 서울대학교 학생 13명을 데리고 미국 캘리포니아에 지질조사를 하러 갔다. 그리고 탐사가 거의 끝나갈 무렵인 2006년 7월 2일, 미국 캘리포니아에서 소위 죽음의 계곡이라 불리는 데스 밸리(Death Valley)를 향해 가던 중에 사고를 당했다.

나는 사고 당일에 있었던 일들을 전혀 기억하지 못한다. 당시 다섯 대의 차가 연이어 비포장도로를 달리는 통에 먼지가 심했고, 그러던 와중에 시야가 흐려지면서 내가 몰던 차가 전복되었다고 한다. 차가 구르면서 차 천장이 내려앉아 나는 그만 장애를 입고 말았다.

그래서 나는 중도 장애인이 되었다. 선천적인 장애가 아니라 사고

데스 밸리에서 사고로 전복된 차량의 모습.

로 인한 장애를 '중도 장애'라고 한다. 내가 입은 장애는 척추 4번 완전손상에 의한 척추 장애로, 네 번째 척추 주변 신경이 완전 손상되어 그 아래로는 뇌와 몸이 교신을 할 수가 없다. 구체적으로 얘기하면, 어깨 아래로는 감각이 없고 전혀 움직일 수가 없다.

척추란 목에서부터 꼬리뼈까지 이어지는 약 26개의 뼈를 말하며, 그 가운데 머리에서 가장 가까운 7개 뼈를 경추라고 한다. 척추 뼈 안에는 신경다발이 지나다니는데, 이것은 뇌와 몸이 연결되는 일종의 네트워크라고 할 수 있다. 네 번째 척추 뼈를 다치면 말을 못하는 경우가 많다. 다행히 나는 간발의 차이로 횡격막을 움직이는 신경을 다치지 않아 비록 30~40퍼센트의 폐활량이지만 그래도 말은 할 수 있다.

사고 직후에는 의식이 있었지만, 얼마 지나지 않아 의식을 잃고 숨을 쉬지 않았다고 한다. 40도가 넘는 사막 한가운데서 다행히 미국 학생 중 한 명이 50분이 넘게 심폐소생술을 해준 덕분에 목숨을 지탱할 수 있었고, 이후 구급 헬리콥터가 와서 인근 병원 옥상으로 실어 날랐다. 당시에는 상태가 위독해서 수술을 받지 못하고 3일이 지나서야 의식이 돌아와 겨우 수술을 받을 수 있었다.

수술을 받고 처음으로 눈을 떴을 때 중환자실에 누워서 생각을 했다. '이렇게 다친 몸으로 내가 할 수 있는 일이 무엇일까?' 그때 딱 하나가 떠올랐고, 마침 내가 그것을 하고 있었다. '대학교수', 아닌 말로 대학생은 학위를 받으려면 교수 사인을 받지 않으면 안 되니까 그 하나만으로도 학생들을 충분히 통제할 수 있지 않겠는가. 물론 지푸라기라도 잡는 심정으로 내가 이 세상을 살아가야 할 명분으로 억지로 만들어낸 것이긴 하지만. 이후 나는 미국에서 3개월간의 치료를 받고 한국으로 돌아왔다.

그로부터 어느덧 4년이 훌쩍 지났다. 지금 내가 중증 장애인이라고 사람들에게 '희망을 가져라, 용기를 가져라'는 이야기를 하기는 죄송스럽다. 나보다 훨씬 어려운 사람들이 많기 때문이다. 그야말로 나는 서울대학교 교수라는 이유만으로 스포트라이트를 받는 아주 운이 좋은 사람이기도 하다.

미국에서 주로 중환자실에서 치료를 받다가 마지막에 재활병원에서 치료를 받았는데 거기서 컴퓨터 등을 사용하는 방법을 배웠다. 그 덕분에 사고 후 정확히 6개월 뒤인 2007년 1월 2일 학교에 복귀할 수 있었다. 단순한 복귀가 아니라 예전처럼 연구와 교육에 몰두할 수 있게 된 것이다.

그래서 나는 여러분께 희망보다는 기술을 통해서 웬만한 신체적 장애는 극복할 수 있다는 것에 대해 말하고 싶다. 우리나라도 이제 고령화 사회로 진입함에 따라 장애가 결코 남의 문제일 수만은 없다.

여기에 대해 어떻게 대비할지, 선진사회가 단순히 경제적으로 번영하고 잘사는 것을 말하는지, 다시 한 번 곰곰이 생각할 필요가 있다.

컴퓨터는 신이
장애인에게 내린 선물이다

나는 해양학, 그중에서도 해양지질학을 전공했고 지금도 계속 연구를 하고 있다. 잠시 해양지질학에 대해 이야기해보겠다.

지진에 관한 뉴스가 나오면 판구조라는 단어가 자주 등장한다. 지구 표면은 여러 개의 판으로 되어 있는데, 이 판들은 비록 우리 눈에는 잘 안 보이지만 끊임없이 움직인다. 그렇다면 왜 움직일까? 그것은 판 아래 맨틀이 대류하고 순환하기 때문이다.

감자나 고구마를 오븐에 넣고 구울 때를 생각해보자. 잠시 밖에 꺼내놓았다가 식은 줄 알고 먹었는데, '앗 뜨거!' 했던 경험이 있을 것이다. 지구도 마찬가지이다. 예전에는 겉과 속이 모두 뜨거웠는데, 표면이 먼저 식기 시작하면서 지구 안과 밖의 온도 차이가 생겼다. 대류는 온도차를 극복하기 위해서 일어나는 것이다.

지구의 나이는 대략 46억 살이다. 그 가운데 바다를 잘 알면 최근 2억 년의 지구 역사를 알 수 있다. 대륙과 달리 바다를 이루는 암석은 계속 순환하기 때문에 2억 년을 넘는 것이 없다.

나는 배를 타고 바다에 나가 바다에서 일어나는 일들을 잘 관찰해 지난 2억 년 전 지구에서 일어난 일들을 사건을 파악한다. 그런 다음,

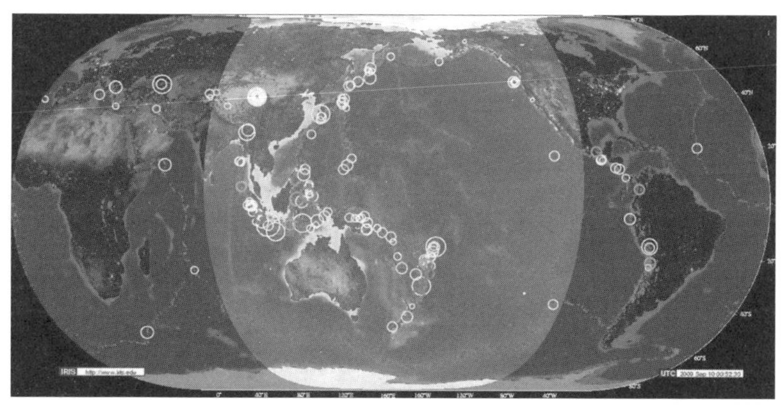

우리나라는 비교적 지진이나 화산으로부터 안전하다.

나머지 44억 년 동안 지구에 무슨 일이 일어났을까를 유추하고, 나아가 지구뿐만 아니라 지구와 비슷한 행성들이 어떻게 만들어졌는가를 연구하는 일을 한다. 지금 당장 우리 인류에게 도움이 되는 일을 하는 게 아니라는 의미에서 해양지질학은 한마디로 참 쓸모없는 학문일 수도 있다.

지진은 아무데서나 일어나는 것이 아니라 판과 판이 만나는 곳에서 발생한다. 과거 수억 년 전에는 우리나라도 지금의 대만과 일본처럼 지진이 많이 일어나는 곳이었지만, 지금은 그 전선이 우리나라를 벗어났기 때문에 우리나라는 지진으로부터 상대적으로 안전하다. 단군이 참 자리를 잘 잡은 것 같다.

그렇지만 지구 표면의 판은 항상 움직이기 때문에 결코 지진에서 완벽하게 안전하다고 할 수 있는 곳은 지구상에 없다. 어느 곳이나 오래 기다리면 지진은 반드시 일어나니까.

우리가 지진의 피해를 막기 위해서 할 수 있는 일은 불행히도 아무것도 없다. 아직 지진을 예측하기란 불가능하다. 만약 할 수 있는 게 있다면, 지진이 안 나는 지역에 살거나 건물을 튼튼히 짓는 일이다. 왜냐하면 지진으로 인한 인명피해는 모두 자기가 살고 있는 건물이 무너지면서 일어나니까.

나는 중증 장애를 가졌지만, 지금도 이 연구들을 계속하며 장애를 입기 전 못지않게 활동하고 있다. 입으로 모든 것을 움직이는 특수 마우스와 음성 인식 프로그램이 그것을 가능하게 해주었다.

이러한 기기 덕분에 나는 컴퓨터를 자유롭게 조작한다. 책도 스캔을 해서 컴퓨터에 띄워놓고 책장을 넘기며 본다. 컴퓨터로 이메일을 주고받고, 가족들과 문자와 전화도 주고받고, 텔레비전도 컴퓨터로 본다. 시험도 학생들이 A4용지에 답을 쓰면 조교가 스캔을 해서 나에게 가져다준다.

심지어 어떤 분은 나에게 컴퓨터는 "신이 내린 선물"이라는 말까지 했다. 사이버 공간에서는 장애인과 비장애인의 차이가 크게 줄어든다. 예를 들어 문자를 주고받는다고 해도 상대는 내가 중증 장애인인 줄 모른다.

또 음성 인식 프로그램은 내가 말을 하면 컴퓨터가 알아서 문장을 받아 적는다. 단 영어에 한해서 말이다. 아직 한글을 알아듣는 프로그램이 없기 때문이다. 나는 다행히 미국에서 공부를 한 덕택에 영어 음성 인식 프로그램을 쓸 수 있어 불편 없이 글을 쓰고 소통도 할 수 있지만, 영어를 모르는 일반인들은 불편하기 짝이 없을 것이다.

하루 빨리 한글 음성 인식 프로그램이 개발되어야 한다. 한때 음성 인식 프로그램 개발이 큰돈이 된다고 해서 정부와 민간에서 엄청난

음성 인식 프로그램으로 일하는 모습.

투자를 했다. 하지만 수익가치가 없다는 것이 판명되면서 대부분의 사업자들이 이 사업을 접고 방향 전환을 했다.

한글로 된 음성 인식 프로그램이 나오면 정말 많은 장애인들에게 도움이 될 텐데, 단순히 돈이 안 된다는 이유로 현재 중단된 상태이다. 그래서 나는 정부에 한글 음성 인식 프로그램을 개발해야 한다고 꾸준히 건의해왔다. 그 프로젝트의 이름은 '세종대왕 프로젝트'여야 한다는 것도 함께. 왜냐하면 나같이 외국에서 영어를 공부한 학자들은 영어 음성 인식 프로그램을 쓸 수 있지만, 어린 백성들은 나랏말싸미 미국과 달라 사용할 수 없으므로 하루가 급하기 때문이다.

다시 말해 한국어 음성 인식 프로그램 개발은 세종대왕의 한글 창제 정신과 맥을 같이한다고 할 수 있다. 지금은 지식경제부가 나의 건의를 받아들여 개발 중에 있다.

기술 개발 이외에 교육도 장애인에게 매우 중요하다. 내가 알아본 바로는 현재 서울대학교에도 장애인 대학생들이 약 60명이 있는데 그

중 80퍼센트가 문과라고 한다. 장애인들이 문과를 택하는 것이 결코 잘못 되었다는 것을 이야기하는 게 아니다. 우리는 우리나라가 늘 IT 강국이며 이공계를 발전시켜야 국가가 번영한다고 말한다.

그런데 왜 장애인들 대부분이 문과를 택했을까? 그것은 보이지 않는 벽이 있기 때문이다. 많은 장애인들이 이공계를 택하느니 고시 등을 봐서 안정된 직업으로 진출하기를 희망한다. 나는 장애인도 과학자가 되고 기술자가 될 수 있다는 것을 보여주고자 정부에 장애인 이공계 교육 방안을 제안했고 지금 시행 중에 있다.

주변 사람들의 도움으로
다시 들어선 강단과 연구의 길

오늘날 내가 이렇게 일어설 수 있었던 것은 주변 분들의 많은 도움이 있었기 때문이다. 사고 당시 내 차에는 나 외에도 6명의 학생이 타고 있었는데 한 학생이 현장에서 죽었다. 당시 미국 담당의가 내가 충격을 받을까 봐 그 사실을 나에게 알리지 말라고 했다고 한다. 그래서 나는 어느 정도 회복이 된 4개월 후에야 그 사실을 알게 되었다.

그 사실을 몰랐던 만큼 나만 회복되면 모든 것이 원점으로 돌아갈 수 있을 것이라고 생각했다. 그랬는데 그 학생의 죽음 소식을 듣고 눈앞이 깜깜했다. 나는 지금까지 살면서 한 번도 '이렇게 사느니 죽고 싶다'는 생각을 한 적이 없었다. 그때는 정말 참담했다. 하늘이 원망스러웠다.

그런데 며칠 후 학교에서 전화가 왔다. 서울대학교 기계항공공학과의 이건우 교수가 우수한 연구로 제2회 경암학술상을 수상했는데, 상금 1억 원을 나한테 기부하겠다는 것이었다. 처음에는 잘못 걸려온 전화라고 생각했다. 만나본 적도 없고 이름도 들어본 적 없는 사람이 내게 돈을 내놓겠다는 것이었으니까. 그것은 1억 원 이상의 가치가 있었다.

당시로서는 학생이 죽었기 때문에 자칫 잘못하면 학교가 욕을 먹을 처지라 나를 적극적으로 돕지 못하는 상황이었다. 그런데 이것이 계기가 되어 내 주변의 자연대 교수들이 나를 물심양면으로 도와주었고, 내가 순조롭게 강단으로 돌아갈 수 있는 길을 닦아주었다.

나는 그때까지도 죽은 학생이 마음에 걸려 이 사실을 언론에 알리지 않았다. 그렇지만 선행을 한 이건우 교수에게 내내 미안한 마음이 들었다. 그래서 20개월 후 〈대학신문〉이 인터뷰 요청을 해왔을 때 이같은 사실을 알리게 되었다.

이 소식은 전국에 알려지게 되었고, 이 소식을 들은 경암학술재단의 송금조 회장님이 또 1억 원을 지원해주었다. 이건우 교수와 상의해서 그 돈을 씨앗으로 서울대학교의 융합기술원에 'CARE'라고 장애인을 위한 보조공학기기를 개발하는 작은 센터를 만들었다.

그런데 몇 개월 후 모 일간지에서 시각장애인으로 사법고시에 합격한 최영 씨에 대한 글을 써달라는 제의를 받았다. 칼럼이 나간 지 3주후, 지식경제부에 근무하는 한 과장님한테서 메일 한 통이 왔다. 장애인을 위한 보조공학기기 개발 사업을 맡아달라는 제안이었다. 나는 기기 개발도 중요하지만 교육의 중요성을 강조했고, 그렇게 해서 연간 100억 원대의 국책 사업을 시작하게 되었다.

과학은 세상을 올바르게 사는 데 중요한 기초가 된다

앞에서도 말했듯이, 지금 내가 하고 있는 지구과학연구는 우리 사회에 실질적으로 큰 도움이 안 되는데, 그것이 나는 늘 마음에 걸렸다. 하지만 내가 앞으로 하게 될 장애 관련 일은 과학을 널리 알리고, 어려운 사람들도 도울 수 있어 참 다행이라고 생각한다.

과학이란 무엇일까? 내가 장애를 극복하고 이렇게 설 수 있는 데도 과학자였기에 많은 도움이 됐다. 우리는 과학을 어떻게 이해해야 할까?

이 질문에 대한 답으로 나는 늘 영국의 프란시스 베이컨을 언급하곤 한다. 초기 과학은 철학과 맥락을 같이했다. 베이컨이 주장한 것은 인간이 자연의 진리를 파악하기 위해서는 귀납법적인 방법으로 접근해야 한다는 것이다. 귀납법을 연역법과 비교해보겠다. 연역법은 한마디로 삼단논법이다. 'A=B, B=C, 그러므로 A=C' 라고 할 수 있다.

베이컨은 연역법을 이용했을 때 우리가 범할 수 있는 오류를 지적했다. "인간은 이성적이다. 나폴레옹은 인간이다. 따라서 나폴레옹은 이성적이다." 이렇게 이야기했을 때, 우리는 이 말이 절대적으로 옳다고 할 수 없다는 것을 알 수 있다. 삼단논법이 중요한 분야는 수학이다. 하지만 복잡한 자연현상을 이해하는 데는 경험과 실험, 관측에 바탕을 둔 귀납법적 접근법이 필요하다.

우리 인간이 어떠한 것에 대해 안다고 한다면 그것은 아마도 과학 덕분일 것이다. 지구상에 60억 인구가 종교도 다르고 생각하는 것도 제각각 다를 수 있지만 과학적인 사실에 대해서는 모두가 수긍하지 않는가?

이런 의미에서 과학은 절대적이지만 분명히 한계가 있다. 진짜 우리가 알고 싶어 하는 문제들, 예를 들어 우리의 삶은 이미 정해져 있는지, 세상에는 선과 악이 있는지 등등에 대해서는 과학은 전혀 답을 주지 못한다. 그래서 많은 사람들이 과학에 실망하고 각자 나름대로 답을 지어내지만, 그래도 나는 과학이 세상을 올바르게 사는 데 중요한 기초가 된다고 생각한다.

여기서 잠깐 퀴즈 하나를 내보겠다. 과학자와 변호사는 어떻게 다를까?

어떤 사람들은 소득에서 차이가 난다고 한다. 이것은 내가 원하는 답이 아니다. 둘 다 공부를 많이 하고 합리적인 논리를 사용해 남을 설득시킨다는 점에서는 같다. 다만 과학자의 경우는 결론을 정하지 않고 논리를 펴는 반면, 변호사는 결론을 정해놓는다는 점에서 차이가 있다. 변호사는 자기 의뢰인이 유죄다 무죄다 미리 답을 정해놓고 논리를 펼치는 반면, 과학자는 답을 떠나서 개연성이 있고 합리적인 것을 찾아간다. 그러다 보니 어떤 경우에는 예상치 못한 결론에 도달하기도 하는 것이다.

문화 발전에 기여하고 새로운 가치 창출로 보존을 인정받는 나라

잠시 소크라테스 이야기를 하겠다. 소크라테스는 여러분도 잘 아시다시피 기원전 5세기에 태어난 그리스의 철학자이다. 그의 사상은 오늘날 서양철학의 기본이 되고 있고 기독교에도 큰 영향을 미치고 있다. 그러나 실제 소크라테스는 아무런 저서를 남기지 않았다. 우리가 그에 대해 아는 것은 그가 제자들한테 한 이야기를 제자들이 글로 남긴 것을 통해서이다.

소크라테스가 한 일은 하루 종일 젊은 사람들과 이야기하는 것이었다고 한다. 만약 소크라테스가 서울대학교 철학과 교수로 왔다면 논문을 쓰지 않아서 아마도 잘렸을 것이다.

소크라테스가 주장한 것은 크게 세 가지이다.

첫째, 과연 '우리 인간이 어떻게 해야 세상 진리에 이를 수 있는가' 하는 것이다. 소크라테스는 다른 사람들이 이루어놓은 지식에 새로운 지식을 더하기보다, 알고 있는 것도 처음부터 생각해보고 잘 따져볼 때 우리는 진리에 도달할 수 있다고 했다. 한마디로 성을 높게 쌓는 것보다 기초를 탄탄하게 쌓을 수 있도록 끊임없이 노력해야 된다는 이야기이다.

둘째, 인간은 교육과 환경에 의해 변할 수 있다고 믿었다. 일종의 성선설인데 소크라테스는 이를 믿고 실천했다.

셋째, 당시 아테네 사람들은 어떤 삶이 가장 인간다운 삶일까에 대해 많은 고민을 했다고 한다. 또 많은 철학자들이 나름대로의 방법을 제시하기도 했다. 여기에 대해 소크라테스는 가장 인간다운 삶은 물질적으로 풍요롭고 어려움을 피해가는 것이 아니라, 인생의 굴곡을 겪으며 때로는 고생하고 실패하고 좌절하는 어려움을 통해 배워가는 삶이야말로 가장 의미 있는 삶이라고 했다. 어려움을 겪고 그것을 극복해 나가는 삶이 가장 가치 있는 삶이라는 것이다. 여기서 아마도 배부른

돼지보다 배고픈 철학자가 낫다는 말이 유래된 것이 아닌가 한다.

올해가 미국 장애인차별금지법 'ADA'가 제정된 지 20주년이 되는 해이다. 처음에 나는 이 법안이 미국 정부의 전폭적인 재정지원을 통해서 만들어졌을 것이라고 생각했다. 그런데 알고 보니 정부의 예산 지원 없이 만들어진 법안으로 정부가 기업과 사회에 일방적으로 강요해서 만들어졌다고 한다.

이유야 어찌되었든 ADA는 지난 20년간 미국 사회를 놀랍게 바꾸어 놓았다. 그들의 준법정신과 높은 시민의식이 있어 가능했을 것이다. 그런데 왜 우리나라에는 사례를 찾아볼 수 없을까? 왜 사회나 기업 모두 장애인을 위한 시설은 국가가 직접 돈을 내서 만들어야 한다고 생각하는 것일까?

우리나라 사람들이 미국 사람들보다 따뜻한 마음을 덜 가졌다고는 생각하지 않는다. 어쩌면 우리가 너무 빨리 성장했기 때문에 그러한 사회의식을 갖출 기회가 없었는지도 모른다. 잘 아시다시피 우리는 한 세대 만에 농본 사회에서 산업화 정보문화 사회로 발전했다. 물질과 환경은 금방 바뀔 수 있지만 사람의 의식은 몇 세대를 걸쳐야 변화한다.

우리의 경제적인 여건은 선진국에 비할 만큼 크게 좋아졌지만, 시민의식이 아직 이를 따라가지 못한다고 생각된다. 다시 말해 우리는 한 세대 만에 놀라운 발전을 기록했지만 의식은 아직 제자리걸음 수준이라는 것이다. 최근 녹색성장, 스마트 코리아 등이 세간에 화두가 되고 있는데, 이러한 운동이 단순히 온실가스를 줄이는 차원에 그쳐서는 안 된다고 생각한다. 녹색의 이면에는 따뜻함, 가족 외 다른 이들을 도울 수 있는 정신적인 가치 창출, 시민의식이 저변에 깔려 있어야 한다. 그래야만 우리나라는 G20 정상회의가 막 끝난 지금과 이후에도 변화하고 성장할 것이다.

미국의 소립자를 연구하는 페르미 연구소 사례는 우리에게 많은 생각거리를 던져준다. 페르미 연구소는 원래 국방위 소속이었다고 한다. 평가위원들이 연구소를 찾아와서 우리가 이렇게 많은 예산을 지원하고 있는데, 미국의 국방과 안보에 어떤 도움을 주는지 설명을 해보라고 했다. 그러자 연구소 소장은 다음과 같은 현답을 했다고 한다.

"장군님, 저희가 여기서 하고 있는 연구는 왜 당신들이 이 나라를 적으로부터 방어해야 하는지에 대한 명분을 제기하고 있습니다."

한마디로 미국은 혼자서 잘사는 나라가 아니라 미국이 가지고 있는 거대한 과학의 힘으로 인류 전체에 기여하기 때문에 적으로부터 지켜져야 한다는 점을 강조했던 것이다. 우리나라도 단순히 자국민만 잘살게 하는 나라가 아니라 인류 전체의 문화발전에 기여하고 새로운 가치를 창출하기 때문에 전 세계에서 반드시 보존되어야 한다고 인정받는 나라가 되기를 기대한다.

무슨 일이든 가능한가 가능하지 않은가가 중요하지, 얼마나 어렵게 그것을 했는지는 중요하지 않다. 지금 우리 사회에 필요한 것은 장애인을 위한 하드웨어나 소프트웨어보다 휴먼웨어이다. 장애인들은 경제적인 어려움, 사회 적응과 차별에 대한 어려움, 가족들과의 갈등 삼중고를 겪고 있다. 외국에서 유명한 사람이 장애인이 되거나 장애인이 유명해져 그 사회가 지대한 관심을 갖는 경우가 있었다. 내가 언론이나 방송 활동을 많이 하는 것도 이 때문이다. 내가 모든 장애인의 문제를 해결할 수는 없지만, 나를 통해 장애 문제에 조금이라도 더 관심을 가져주는 사람들이 많았으면 하는 바람이다. 나 또한 내가 할 수 있는 교육으로 과학으로 그들에게 도움이 될 수 있는 길을 계속 찾아나갈 것이다.

이자스민

다문화 네트워크 '물방울 나눔회' 사무국장, UPSKor(United Pilipino Spouses in Korea) 운영위원, 3040여
성전문가포럼 회원, KBS 러브人아시아 고정 패널, EBS 외국인을 위한 실용 한국어(초급) MC. 필리핀 아떼
네오데다바오 대학교 의대예과 생물학과 3학년 중퇴. EBS 외국인을 위한 한국어(초급) MC, 이주여성극단
샐러드 단원, 사이노슈어인터내셔널 대표, ㈜에버스인터내셔널 해외무역부 과장, 상아학원/진한학원 영어
회화강사를 역임했다.

목욕탕에서 터득한 다문화 사회 해법

내가 처음 한국에 왔을 때는 '국제결혼'이라는 말만 있었지 '다문화'라는 말이 없었다. 그래서 '다문화'라는 말이 처음 등장했을 때 무척이나 반가웠다. 이제 드디어 한국 사회가 우리의 존재를 인식하는구나, 우리가 이 사회의 일원이 된 것을 인정하는구나 하는 생각을 했다.

그런데 언제부턴가 다문화라는 말이 우리의 꼬리표가 된 것 같은 느낌이다. 미디어에서 이민자들이 한국에 와서 일으키는 문제점만 부각하니 한국 사람들은 걱정부터 앞섰다. 그러다 보니 다문화에 대한 부정적인 이미지가 심어졌고, 이제는 다문화 가정마저 다문화라는 말을 쓰고 싶어 하지 않는다.

언젠가 한 모임에서 "다문화라는 말을 어떻게 부르면 좋을까요?"라는 질문을 한 적이 있다. 그 자리에 있던 한 분이 "'다문화'라는 말 자체가 문제가 아니라 근본적인 생각이 문제다"라는 말을 했다. 다문화라는 말을 했을 때 받아들이는 사람이 어떤 의미, 어떤 마음가짐, 어떤 생각을 가지고 있느냐에 따라 다문화라는 말이 좋게 다가갈 수도 안 좋게 다가갈 수도 있다는 얘기였다. 생각해보니 맞는 말이었다.

여러분은 다문화 하면 어떤 생각을 하는가? 결혼 못한 농촌 총각이 동남아 여성과 결혼하는 것을 생각하는가? 백인과 결혼하는 것을 떠올리는가? 아니면 피부색이 다른 사람을 떠올리는가? 이것을 한 번 생각해보면, 다문화에 대해 자신이 가지고 있는 편견이 어떤 것인지 알게 될 것이다.

이런 재미있는 이야기를 한 분도 있다. "다문화가 별거냐. 전라도 사람과 경상도 사람이 결혼하면 그것도 다문화다." 음식 문화도 다르고, 경상도 사람들과 전라도 사람들은 말투도 다르다. 경상도 남자들은 퇴근해서 돌아오면 '아는? 밥 묵자! 자자' 세 마디면 끝난다는 우스갯소리도 있다. 그 말을 들었을 때 나는 '아, 그럴 수도고 있겠구나'라고 생각했다.

나는 이 말에 무척 공감이 갔다. 그래서 다른 자리에서 "경상도 사람과 전라도 사람이 결혼하면 다문화라던데요?" 했더니 한 분이 버럭 화를 냈다. "지역감정 일으키고 싶어? 어떻게 경상도와 전라도가 다문화냐? 다문화를 어디다 갖다 붙이는 거야?" 대체 이분은 다문화에 대해 어떤 생각을 가지고 있기에, 얼마나 좋지 않은 생각을 가지고 있기에, 다문화라는 말이 나오니까 이렇게 화를 내는 것일까 싶었다.

나처럼 이주해온 여성이나 남성이 한국인과 결혼을 하면 다문화 1세대가 된다. 그 사이에서 난 자식들은 다문화 2세대이다. 한 번은 아이를 데리고 한국으로 시집온 러시아 여성과 아이를 만났는데, 그 아이가 내게 물었다. "우리 엄마는 1세대고, 동생은 2세대인데 나는 뭔가요?" 내가 "너는 당연히 2세대지"라고 했더니, 아이가 다시 이러는 것이다. "한국 사람과 피 한 방울 안 섞였는데 어떻게 2세대가 돼요?"

그 아이는 혼란에 빠진 듯했다. 그러면서 자기가 "나는 다문화 1.5세대다"라고 하는 것이다. 지금은 이 말이 흔히 쓰이고 있는데, 이 아이들은 자신이 태어난 나라에서도 이 사회에서도 뿌리를 찾고 있지 못하다. 한국 사회가 이 아이들도 따뜻하게 안아주었으면 한다.

기준에 따라 답이 달라지고 알면 알수록 생각이 변한다

나는 강연을 할 때 가끔씩 사람들에게 세 그룹으로 나누어보라고 한다. 특별한 기준은 없다. 그냥 마음 가는 대로 나눠보라고 한다. 그러면 다들 처음에는 상당히 어려워한다. 항상 남자 여자, 좌우, 위아래, 엄마 아빠 두 그룹으로 나누는 것에 익숙하기 때문이다.

이 세 그룹을 나누는 기준은 대상자에 따라 너무 다르다. 선생님들이나 공무원들은 자신의 경력이나 기혼, 미혼, 이혼으로 나누기도 한다. 대학생들한테 물었더니 요즘 트렌드를 반영하는 아주 인상적인 대답이 나왔는데, 성형을 기준으로 자연산, 수술, 시술로 나누었다.

그런가 하면 고등학생들은 잘생긴 사람, 못생긴 사람, 볼 만한 사람으로 나누기도 한다. 생각보다 외모를 기준으로 그룹을 나누는 사람들이 많았다. 어쩌면 이것은 당연하다. 그 사람이 학교를 어디까지 다녔는지, 어떤 생각을 가지고 있는지 전혀 모르는 상태이므로 내 눈에 보이는 것을 기준으로 생각하게 된다.

다음은 'the odd one out', 다시 말해서 다른 것 하나 찾기이다. 주로 아이큐 테스트할 때 나오는 문제다. 아래 그림에서 다른 것 하나를 찾아보자.

정답으로 동그라미라고 말하는 사람도 있고 그린이라고 말하는 사람도 있다. 색깔을 기준으로 한다면 그린이고, 크기를 기준으로 한다면 마지막에 있는 작은 네모가 될 것이다. 자신의 기준이 무엇인가에 따라서 답이 달라지므로 정확한 답도 없다.

다음은 다른 문제이다. 아래에서 다른 것 하나는 어떤 것일까?

COW   PIG   HEN   SHEEP

넷 중 세 가지는 다리가 네 개인데, HEN은 다리가 두 개이므로 HEN이 정답이라고 말하는 사람도 있다. 하지만 다른 세 가지는 새끼를 낳는데, 암탉은 유일하게 알을 낳기 때문에 HEN은 다르다고 할 수도 있다. 다른 것은 모두 세 글자인데, SHEEP은 다섯 글자라서 다르다는 사람도 있다.

똑같은 질문을 이슬람인이나 유대인에게 물어본다면 그들은 'PIG'라고 답할 것이다. 나머지 세 가지는 먹을 수 있지만, 돼지는 청결하지 못한 음식이라서 먹지 않기 때문이다.

이처럼 사람들은 저마다 기준을 가지고 있다. 그 기준이 무엇이냐에 따라 답이 달라지고, 알면 알수록 내 답도 달라진다. 세 그룹 나누기에서 '잘생긴 사람, 못생긴 사람, 볼 만한 사람'으로 나눈 고등학생한테, 볼 만한 사람의 기준이 뭐냐고 하니까 자기라고 했다. 자신보다 잘생겼으면 잘생긴 것이고, 못생겼으면 못생겼다는 것이다. 이것도 그 학생만의 기준이다.

우리가 사람을 처음 만나면 흔히 하는 말이 있다. "생각보다 깐깐하네" "보기보다 착하네", 어른들은 "어휴 잘생겼네" 하기도 한다. 모두 외모로 판단하는 것이다. 외모뿐만 아니라 다른 사람들한테 들은 이야기를 통해 판단하기도 하는데 그 또한 자기 기준이다. 그런데 막상 그 사람을 자세히 알고 보면 내 기준이나 판단이 달라질 수 있다. 그래서 '아는 것이 힘'이라고 하지 않는가. 내가 알면 알수록 내 생각도 변한다.

내가 처음 한국에 왔을 때 무서웠던 것이 네 가지가 있다. 첫째는 '음식'이었다. 음식이 매워 입맛에 안 맞았다. 한국의 반찬들은 모두

빨갰다. 한국의 붉은 악마들도 그래서 빨간색 티셔츠를 입는 게 아닌가 싶다. 매운 맛은 정말 무섭다.

처음 한국에서 식사를 할 때 반찬이 너무 많은 것을 보고 무척 놀랐다. 필리핀에서는 반찬을 하나만 놓고 먹는다. 그래서 나는 우리 시부모님이 무척 부자라고 생각했다. 그런데 일주일 동안 똑같은 반찬이 나오는 것을 보고 바로 생각이 바뀌었다. 얼마나 어렵게 살면 일주일 동안 똑같은 반찬이 냉장고에 들어갔다 나왔다 할까. 필리핀은 끼니마다 다른 반찬을 먹는데 참 안됐다는 생각이 들었다. 더 시간이 지나면서는 부의 상징인 반찬이 공포의 상징이 되어버렸다. 그 많은 반찬을 내가 직접 만들어야 했으니.

둘째는 '한글'이었다. 한국말은 참 어렵다. 나는 한국에서 16년이나 살았는데 지금도 내 마음대로 안 될 때가 있다. 내가 처음 한글을 배울 때는 꼭 이중언어를 배우는 것 같았다. 책에서는 '양파'라고 하는데 우리 어머니는 "다마네기 가지고 와라" 하는 것이다. 또 책에서는 '달걀'이라고 씌어 있는데, 나중에 심부름 시킬 때는 "계란 사와라"고 하는 것이다. 발음도 어려운 데다가 뜻은 같은데 다른 단어도 너무 많았다.

셋째는 '시어머니'였다. 나는 한국말을 시어머니한테 많이 배웠다. 어쩌면 한국말이 무서운 이유도 시어머니 때문인지 모르겠다. 어르신들은 잘못 생각하고 계시는 게 있다. 내가 말을 못 알아들으면 당신의 목소리가 작아서라고 생각하시는지, 말씀을 한 번씩 더 할 때마다 목소리도 한 톤씩 높아진다. 그래서 한국말만 들으면 겁이 났다. 나와 마찬가지로 다른 외국인들도 그래서 한국말을 배우는 데 지레 겁을 먹을 수도 있다.

사람들에게 내가 큰며느리에 시부모님이랑 같이 산다고 하면, 다들 '쯧쯧쯧' 혀를 차며 얼굴에 안됐다는 표정을 짓는다. 그럴 때면 나는 자랑하듯 시할머니도 같이 산다고 말한다. 그럼 이번에는 어김없이 "쯧쯧쯧, 아이고 고생 많다"라는 말을 한다. 그때는 한국 사회에서 큰며느리라는 자리가 얼마나 막중한 책임을 져야 하는 자리인지 몰랐으니 이해가 잘 되지 않았다. 그러다 보니 '한국에서는 시어머니와 같이 사는 것이 아주 무서운 일이구나' 하는 생각이 들었다. 물론 나중에 한국 문화를 알고 난 뒤에는 이 말을 이해하게 되었지만 말이다.

요즘 우리 시어머니가 자주 하는 말씀이 있다. "너희가 우리를 모시냐, 우리가 너희를 모시지." 지금 한국 사회의 풍토로 보아서는 이 말은 비단 우리 집에만 해당되는 말은 아닌 것 같다. 한국 사회도 많이 변했다.

넷째는 '목욕탕'이다. 열대지방에는 목욕탕 문화가 없다. 특히 남들 앞에서 옷을 벗는 것에 얼마나 경악했는지 모른다. 한국에 온 지 일주일밖에 안 되었는데 시어머니가 바구니를 들고 무작정 나가자고 했다. 나는 바구니에 샴푸와 린스가 담겨 있어 좀 이상하다 싶었지만, 시장에 가는 줄 알고 따라나섰는데 목욕탕이었다. 목욕탕에 들어가니 오십 대가량 되어 보이는 아주머니가 옷도 입지 않고 청소를 하고 있었다. '옷을 벗고 있다니!' 너무나 놀랐다. 나는 미쳤다고 생각했다. 그런데 탕 안에 들어가니 다들 벗고 있는 사람들뿐이었다. 그때만 해도 내가 한국에 온 지 일주일밖에 되지 않은 터라 한국말을 전혀 몰랐다. 시어머니한테 "안 들어가겠다"는 한국말을 못해 일단 따라 들어갔다. 그날 나는 목욕탕에서 사람들이 때를 미는 모습을 보고선, 한국 사람들은 때를 미니까 하얗구나 하고 생각했다. 요즘 한류가 인기를 끌어 필리핀에 있는 내 친구들도 한국 드라마를 많이 보는데, 그 친구들도 드라마에 나오는 한국 사람들처럼 목욕탕에 가서 때를 벗기면 피부가 하얘지는 줄 알고 있다. 나는 친구들한테 말한다. "편견을 버려! 나는 16년간 아무리 벗겨도 안 하얘지더라."

한국의 목욕탕은 나에게 문화 쇼크였다. 나는 그날 이후 몇 년 동안 목욕탕에 가지 못했다. 그런데 어느 겨울엔가 나도 왠지 가야겠다는 생각이 들어 나 혼자 목욕탕을 한번 가봤다. 목욕을 하고 있는데 옆에 있던 아주머니가 말을 걸었다.

"뒤돌아봐, 등 밀어줄게."

아주머니는 내 등을 다 밀어주고 나서 나한테도 자신의 등을 밀어 달라고 했다. 아주머니 등이 내 등의 두 배나 되었다. 불공평하다는 생각이 들었지만, '이왕 이렇게 된 거 팔뚝 살이나 빼보자' 하는 생각으로 운동하듯 즐겁게 등을 밀어주었다. 목욕을 마친 뒤 아주머니는 내게 집에서 가지고 온 매실차를 건네며 말했다.

"등 밀어주느라 수고했다."

우리는 매실차를 마시며 똑같은 눈높이로 이야기를 나누었고, 그 동안 목욕탕에 대해 갖고 있던 나의 선입견도 어느새 사라져갔다.

사람마다 선입견과 기준이 없을 수야 없겠지만 좀 더 이해하려고 노력하면 그 기준이 바뀔 수 있다. 마치 내가 목욕탕에서 그 아주머니 와 서로 등을 밀면서 목욕탕에 대한 선입견을 바꾼 것처럼.

목욕탕이 대한민국이고 나는 이주민, 등이 넓은 아주머니는 한국인이라고 생각해보면 어떨까? 같은 대한민국 안에서 더불어 살아가는 모습이 연상될 것이다.

한국의 다문화 사회는 불가피한 현실이다

나는 이주민이므로 한국에서 핸디캡을 가지고 살 수밖에 없다고 생각했다. 한국말도 모르고 문화도 모르고 아는 사람도 없었기 때문이다. 어떤 곳이든 남들보다 두세 배 더 노력하지 않으면 보통 사람과 똑같이 살 수 없다. 이주민 여성 중에는 그러한 어려움에 굴복당하는 사람도 있고 이겨내는 사람도 있다.

그런데 아쉽게도 미디어에서는 주로 어려움에 굴복당하는 사람들의 모습을 보여준다. 어려움을 겪는 사람들이 많기 때문일 것이다. 앞으로는 어려움을 이겨낸 사람들을 많이 보여주었으면 좋겠다. 어려움을 이겨낸 사람들은 자신감을 갖게 되고, 그 자신감은 아이들한테도 그대로 전달된다.

하인즈 워드의 어머니도 미국에서 이주민 여성의 서러움을 겪으며 하루에도 몇 가지 일을 하며 갖은 고생을 했다고 들었다. 외국에 나가 있는 한국 사람들 역시 많은 고생을 하고 있듯, 한국에 있는 이주민 또한 마찬가지라는 생각을 가졌으면 한다.

하지만 다문화 2세대와 3세대는 분명 다를 것이다. 외국에서는 다문화 출신 사람들이 정치, 문화, 스포츠계 할 것 없이 많은 활약을 하고 있다. 자신이 우상으로 여기는 사람이 다문화 가정 출신일 수도 있다.

한국의 다문화 사회는 아직까지 걸음마 단계지만, 한국에서 다문화 사회는 불가피하다는 견해들이 많다. "No man is an island." 즉 누구도 혼자 살 수 없다.

갈등을 넘어 통합으로, 사회가 하나 되어 행복하게 어울려 사는 모습이 누구나 바라는 사회상일 것이다. "다문화가 한국의 힘이다." 이렇게 말하면 아직은 이 말을 불편하게 여기는 사람들이 많을 것이다. 하지만 그 생각은 자신이 생각하는 다문화가 어떤 것이냐에 따라 얼마든지 달라질 수 있다.

지난 7월, G20 정상회의 봉사자들을 대상으로 전화 인터뷰를 했다. 그때 "왜 G20 정상회의 봉사자로 신청을 했는가" 하고 물었더니, 80~90퍼센트의 사람들이 여러 문화권의 사람들과 만나고 싶고 대화하고 싶다는 대답을 했다. 이때 '여러 문화권'이란 말은 '다문화'란 말과는 다른 의미로 쓰였을 것이다.

외국인이라 생각하지 말고 진주라고 여기자

아름답게 빛나는 진주를 떠올려보자. 굴에 이물질이 들어가면 어느새 영롱한 진주로 변한다. 여기에는 아픔이 따른다.

외국인들(foreigner) 역시 굴 속의 이물질(foreign substance)이라고 생각해주면 좋을 것 같다. 굴은 자신의 몸속에 생판 모르는 이물질이 들어옴으로써, 자신이 익숙하던 환경을 바꾸어야 하니까 힘이 든다.

그러나 그 아픔을 겪어내면 진주가 탄생한다. 대한민국이 아름다

굴은 자신의 몸속에 들어온 이물질을 진주로 탄생시킨다.

운 진주가 되려면 다수자와 소수자 모두의 노력이 필요하다. 이민자를 이해하려는 노력, 받아들이려는 노력, 배려하려는 노력이 필요하다. 이민자 역시 한국 사회, 한국 역사, 한국 문화를 이해하려는 노력을 해야 한다.

스포츠를 볼 때 누가 뭐라 할 것 없이 다같이 한마음이 되어 응원을 하지 않는가. 다문화에 대해서도 그런 마음이 필요하다. 다문화 사회는 늘 진행 중이다. 사회 구성원들이 협력하지 않으면 진행 속도는 느려질 수밖에 없다.

대한민국은 '빨리 빨리'를 외치는 스피디한 나라인 만큼, 이 문제에서도 속도를 낼 수 있으리라 생각한다. 진정한 다문화 사회는 모든 사회 구성원의 노력으로 만들어진다는 것을 꼭 기억해주었으면 한다. 그것이 한국 사회의 힘이 될 것이다. 진주처럼 아름다운 대한민국, 아름다운 다문화 사회를 위해 우리 함께 '아자!'를 외쳐보자.

물론 인식과 현실의 차이는 크다. 머리로는 이해가 가는데 가슴으로 와 닿지 않을 수 있다. 가슴을 열지 않고 머리로 이해하려고 하니까 어렵다. 머리를 여는 김에 마음까지 열면 훨씬 쉽지 않을까 생각한다.

김학준

동아일보사 고문 겸 한국과학기술원(KAIST) 초빙특훈 교수. 미국 피츠버그 대학교 정치학 박사. 인천대학교 총장, 한국디지털대학교 이사장, 동아일보사 사장 및 회장을 역임했다. 저서로는 《러시아혁명사》《한국정치론》《한국전쟁》《소련정치론》《러시아사》 등이 있다.

공존과 상생의 지도를 찾아라

싸움과 갈등은 왜 벌어지는 것일까

세계 곳곳에서 싸움이 벌어지고 있다. 평화는 찾아보기 어렵고 전투, 전쟁, 납치, 테러 등 심각한 갈등과 대립이 지구 곳곳에서 목격된다.

대표적인 예가 아프가니스탄에서 벌어지는 탈레반과 미국 사이의 전투이다. 이라크에서도 여전히 끔찍한 살육과 테러가 벌어지고 있다. 홍해에서는 해적선들이 출몰하면서 민간 선박들을 납치하고 있다. 아프리카의 어떤 나라들에서는 내란이 계속되면서 인종 말살이 획책되고 있다. 최근 일본과 중국은 두 나라 사이에 있는 작은 섬을 두고 격렬한 외교전쟁을 벌였다.

한반도 역시 크게 다르지 않다. 천안함 침몰과 연평도 포격사건처럼 아직도 군사적 대결이 고조되고 있다. 자칫 전쟁이 발생할지 모른다는 불안감이 가슴 한쪽에 자리 잡고 있다.

이런 시점에서 우리는 전쟁과 갈등을 피하면서 공존과 상생의 길이 무엇인지 찾지 않으면 안 된다. 나는 지난 50년 동안 '정치학'이라는 학문 하나를 붙들고 공부해왔다. 현실정치에도 참여해보았고, 많은 나라들을 다녀보았고, 분쟁의 현장에도 가보았다. 그때마다 '왜 이러한 갈등, 전쟁이 발생할까'에 대한 고민을 놓을 수가 없었다.

고민 끝에 내린 결론이 바로 공존과 상생의 철학과 그 실천이다. 사람과 사람 사이에, 국가와 국가 사이에 공존과 상생이 지켜지지 않기 때문에 비극이 이어지고 있는 게 아닐까. 강자가 약자를 일방적으로 지배하고 수탈하려는 일이 반복되다 보니 피비린내 나는 살육이 계속되는 것이다.

최근 아프리카를 방문했는데, 같은 나라 안에서 서로 다른 적대적인 부족들 사이에 서로를 죽이는 끔찍한 애기들을 자주 들었다. 한 부족이 정권을 잡으면 의도적으로 다른 부족을 몰살한다. 다른 부족을 없애야 자신들이 장기 집권을 할 수 있고, 상대가 보복을 할 수 없다고 생각하기 때문이다. 현장을 목격했던 사람들은 다들 그 살육의 현장은 처참하기 짝이 없다며 입을 모았다.

수많은 민족들이 여러 작은 나라들을 세워 사는 발칸반도를 보자. 이 가운데 가장 힘이 센 세르비아 사람들은 20년 전 발칸반도 전체를 지배해야겠다는 그릇된 욕심을 가졌다. 그래서 이웃 나라들을 침공하고 자신들이 점령한 지역의 약소민족들을 학살하기 시작했다. 심지어 군인들에게 정복한 나라의 여성들을 성폭행하도록 만들었다. 성폭행으로 태어난 아이들은 세르비아 국민이 될 것이라 여겼기 때문이다.

이 모든 것이 문명시대에 벌어지고 있는 야만적 비극이다. 권력을 장악한 자신들이 기득권 유지와 확대를 위해, 다른 편은 무조건 말살시켜야 한다는 망상을 갖고 있기 때문에 벌어지는 일이다.

한편, 3대 세습이 버젓이 이뤄지고 있는 북한의 상황 역시 야만적 비극이다. 3대 세습을 통해 북한 주민이 배부르고 자유롭게 살 수 있다면 누구도 그들을 탓하지 않을 것이다. 그러나 북한 주민들의 생활상은 처참하기 짝이 없다. 특히 북한에서 살기가 어려워 중국으로 탈출한 북한 여성들의 삶은 비극 그 자체이다. 그들은 잡히지 않기 위해 중국인 집에 숨어들고, 중국인들은 그들의 약점을 악용해 말로 표현하기 어려울 정도로 잔인하게 착취한다.

이번엔 우리 사회의 내부를 들여다보자. 대한민국은 민주화와 산업화를 성취했고, 오늘날 경제대국이 되었다. 그러나 아직도 어렵게 사는 사람들이 많다.

특히나 우리의 가슴을 아프게 하는 사례들 가운데 하나는 '조손가정'이다. 조손가정이란 부모가 집을 나가는 바람에 할아버지, 할머니가 아이들을 키우는 가정을 말하는데, 대개 가정형편이 어려워 정부의 극빈자 지원금으로 겨우겨우 살아가고 있다. 이런 모습도 대한민국의 한 단면이다.

동남아시아의 빈곤 가정에서 한국으로 시집을 온 여성들 가운데 시가에서 박해를 받는 이들의 눈물겨운 이야기도 우리 사회의 또 다른 단면이다. 이들을 현대판 노예제의 희생자들이라고 하면 지나친 평가일까?

어느 한쪽이 다른 한쪽을 착취해 원한을 남겨서는 안 된다

이런 모습이 존재하는 이상, 대한민국을 공존과 상생의 사회라 말하기 어렵다. 그렇다면 공존과 상생을 위해 우리는 어떤 길을 걸어야 할까?

길을 찾으려 할 때 가장 필요한 것이 '지도'다. 지도란 어떤 방향을 찾아가기 위한 지표이다. 공존과 상생을 위한 길을 걸어가려면 거기에 맞는 지도가 필요하다. 그 지도에는 다음과 같은 내용이 담겨 있어야 한다.

먼저 자신의 이기적 욕심을 채우기 위해 남을 헐벗게 하고, 수탈하고 착취하는 태도부터 버려야 한다. 수탈과 착취 하면 가장 먼저 떠오르는 단어는 노예일 것이다. 노예 하면 대개 아프리카 사람들을 떠올린다.

과거 서구 제국주의 시절에 수많은 아프리카 사람들이 유럽과 미국에 노예로 팔려갔다. 그런데 놀랍게도 현대화된 20세기에도 아프리카 사람들이 서양 국가들에 짐승처럼 노예로 팔려간 일이 비일비재했다는 점이다. 자신의 욕심을 채우기 위해 같은 인간을 짐승처럼 다룬 것이다.

그 상처는 오늘날까지도 씻기지 않는 채 아프리카 사람들에게 남아 있다. 그래서 지금도 프랑스, 영국, 벨기에, 네덜란드 등 서양 국가들의 이름만 들어도 이를 갈고 화를 내고 그들을 원수로 여기는 사람들이 많다고 한다. 이런 상황에서 유럽과 아프리카 국가들이 서로 상생하고 공존하기는 어렵다.

우리나라도 한때 일본에게 착취를 당했기 때문에 우리나라 사람들의 가슴속에는 일본에 대한 원한이 남아 있다. 이로 말미암아 한일 간에 작은 문제가 발생해도 쉽게 해결되지 않는 경우들을 보게 된다.

나라와 나라, 개인과 개인 사이에 어느 한쪽이 다른 한쪽을 착취해 원한을 남기는 일을 해서는 안 된다. 그런 상태에서는 공생과 공영이 불가능해진다.

여당과 야당이 서로를 존중하고, 집권 세력이 비집권 세력에게 관용을 베풀고, 대기업이 중소기업을 위할 줄 아는 협력과 공존의 정책이 이루어져야 한다. 지역에서도 마찬가지다. 지역 실세가 자신의 힘을 믿고 약자들을 함부로 대하면 평화가 유지되기 어렵다. 늘 서로를 존중할 줄 알아야 한다. 어려운 일이 생기면 대화로 문제를 해결해야지 무력으로 풀려 해서는 안 된다. 이것이 공존과 상생의 첫 길이다.

그런데 이때 주의해야 할 점이 하나 있다. 약자라고 해서 무조건 떼를 써서는 안 된다는 점이다. 다시 말해서 어떤 일이 있을 때 옳고 그름을 떠나 약자라고 무조건 떼를 쓰면서 무엇을 얻어내려는 잘못된 풍토는 개선되어야 한다.

떼쓰기는 공존과 상생을 지향하는 길이 아니다. 강자와 약자 사이에, 집권자와 비집권자 사이에, 여당과 야당 사이에 늘 상호존중이 필요하다.

공존과 상생의 지도에 담겨야 할 두 번째 내용은 '법치주의'이다. 서로 간의 상호존중 속에서 법이 지켜져야 한다. 한때는 법치주의가 강자의 목소리로 인식되기도 했다. 약자를 보호하는 장치가 법에 잘 마련되어 있지 않았던 탓이다.

그러나 오늘날 우리 사회는 민주화를 이루었고, 그 과정에서 법도 많이 개정되었다. 야당이 여당이 되고, 여당이 야당이 되는 역사도 경험했다. 정권 교체가 이뤄지면서 법 제정에서도 약자의 목소리를 많이 반영하게 되었다. 법은 이제 과거처럼 강자의 목소리만 대변하지는 않는다. 따라서 법은 갈등 해소의 수단으로 인식되어야 한다. 그런 점에서 법치주의를 확립하는 것이 공존과 상생으로 가는 데 매우 중요하다.

그런데 법치주의 확립에 앞서 강조해야 할 것이 있다. 대화와 협상이 습관화되어야 한다는 사실이다. 이것이 공존과 상생의 지도에 담겨야 할 세 번째 내용이다.

대화는 최소 두 사람 사이에 주고받는 말이다. 나는 이것을 요구하는데 상대는 무엇을 요구하는지, 서로의 조건을 고려했을 때 무엇이 가장 적합한지 여기에 대해서 우리 사회는 서로 끊임없이 대화하고 협상해야 한다. 공존과 상생을 위해서는 대화와 협상에 익숙한 문화를 형성해나가야 한다.

지난날 여당이 일방적으로 법률이나 예산을 통과시키는 일이 많았다. 그러나 오늘날에는 이런 행태가 많이 줄어들었다. 그만큼 우리나

라의 정치가 진보했음을 뜻한다. 하지만 여전히 미흡하다. 비단 정치
뿐만이 아니다. 우리 사회의 모든 부분에서 대화하고 협상하는 문화
가 자연스레 몸에 배야 한다.

영어로는 국회를 'parliament'라고 한다. 이는 '말하는 곳'이라는
의미다. 결국 말을 하고 거기서 합의점을 만들어내는 것이 정치라는
뜻이다. 국회에서만 합의점이 필요한 게 아니다. 사회의 모든 부분에
서 대화와 협상으로 갈등을 해결하는 것이 습관화될 때, 우리나라의
정치는 더욱 발전할 수 있다.

이와 관련해 앞으로 우리나라에서도 '다당제'가 필요하다고 생각
한다. '양당제'는 국민 의견 중 두 갈래밖에 반영하지 못한다. 하지만
정당이 셋, 넷, 다섯 개까지 생기면 국민의 의견이 다양하게 표출될 수
있다. 5,000만 명이 넘는 국민 의견은 다양할 수밖에 없다. 이것을 양
당제라는 두 정당으로 흡수하다 보면 국민의 의견은 제한적으로 반영
될 수밖에 없다.

이러한 나의 생각에 반대하는 사람들도 있다. 그들은 작은 나라에
서 다당제를 하면, 정치가 불안해지고 혼란에 빠지게 된다는 걱정을
한다. 그러나 오늘날 우리 인류가 직면한 문제는 참으로 많다. 이 문제
들을 비교적 고르게 해결해줄 수 있는 다양한 정당들이 나오는 것이
오히려 혼란을 막을 수 있을 것이다.

여러 정당 사이에 다양한 의견이 나오고, 대화와 협상을 통해 합의
점을 찾아간다면 정치는 더욱 안정되고 발전할 것이다. 사실 양당제
는 승자독식으로 흘러가게 되어 있다. 한 당에서 대통령이 나오면 그
당이 장관, 차관을 모두 차지한다.

그런데 정당이 여러 개면 연립정부가 구성될 수밖에 없다. 다양한 정당이 연립정부를 구성하고, 협상을 통해 합의점을 만들어내는 것이 더 바람직하다고 본다.

오스트리아는 제2차 세계대전이 일어나기 전까지 내부 세력들 사이에 싸움이 심했다. 일부 세력은 사설 군대를 갖고 있기도 했다. 때로는 세력과 세력 사이에, 정당과 정당 사이에 총격전이 벌어지기도 했다. 그렇게 싸우다가 그들은 나치 독일에게 합병을 당하고 만다. 그리고 나치에 끌려 제2차 세계대전의 공범이 되었고, 전쟁에 패한 후에는 연합국에 나라가 공동 점령되는 수모를 겪었다.

이후 오스트리아는 정신이 번쩍 들었다. 너무 나뉘어 싸우다 그 지경까지 갔다는 뼈저린 반성을 한 것이다. 이 문제를 해결하기 위해 연립정부를 만들었다. 그리고 언제나 내각 안에서 의견을 조정하고 합의점을 찾았다. 분열과 갈등의 상징이었던 오스트리아가 다양한 사람들의 의견을 다당제란 틀로써 조화시키는 대표적인 국가가 된 것이다.

이렇듯 공존과 상생을 위해서 가장 중요한 것이 서로에 대한 인정이다. 이러한 상호 인정을 바탕으로 할 때 비로소 대화와 협상도 가능해진다.

좀 더 미래를 내다본다면 선거제도, 국회 구성 제도, 정부 형태 등에 대해서도 국민의 여러 가지 의견이 자연스럽게 표현되고 대화와 협상을 통해 합의점을 찾아내는 쪽으로 개선되어야 한다.

기본은 약육강식이 아닌
상부상조에 있다

찰스 다윈의 '진화론'은 오늘날까지도 위대한 이론으로 꼽히고 있다. 1859년, 다윈이 《종의 기원》이란 책을 출간하면서 진화론은 세상 사람들에게 알려졌다. 진화론의 핵심은 '약육강식'이다. 즉 약한 것의 고기를 강한 것이 먹는다는 뜻이다. 진화론에 따르면 약육강식을 통해 살아남는 쪽이 종을 진화시켜 왔는데, 이것이 바로 적자생존이고 진화론의 요체다.

동물의 세계에서는 늘 강자가 약자를 잡아먹는다. 들판을 질주하는 얼룩말을 잡아먹는 사자, 풀밭에서 분주히 움직이는 작은 짐승을 낚아채는 독수리, 때론 거대한 코끼리를 사자 서너 마리가 공격해 잡아먹기도 한다. 이게 약육강식이다.

어떻게 보면 자본주의는 이 같은 약육강식을 기본으로 하고 있다. 그런데 약육강식이 계속되면 전투와 전쟁이 끊이지 않을 것이다. 강자는 계속 약자를 공격하고, 약자들도 살기 위한 방편으로 단합을 선택해 강자에게 대항할 수밖에 없기 때문이다.

제정 러시아의 생물학자이면서 지리학자인 표트르 크로폿킨은 다윈의 적자생존의 원칙에 반기를 든 '상호부조론'을 제시했다. 크로폿킨은 시베리아 일대에서 살아가는 수많은 동식물들을 13년 동안 연구해, 진화의 요인에는 생존경쟁과 더불어 상호부조의 원칙이 있다는 것을 실증해냈다. 시베리아의 많은 동식물들은 서로 도와가며 살아가고 있으며, 그 과정이 진화에 중요한 역할을 한다는 게 크로폿킨의 결론이다.

크로폿킨의 상호부조론을 나는 '상부상조' 라고 표현하고 싶다. 예컨대 악어가 동물을 잡아먹고 나면 악어새가 이빨 사이를 청소해준다. 그래서 악어는 이가 썩지 않고 건강하게 살 수 있다. 나무에서 낙엽이 떨어지면 그 낙엽이 썩어 거름이 되고, 이를 통해 또 다른 나무가 자란다.

이 모든 현상이 상부상조의 단면이다. 약육강식의 세상이 되어서는 안 된다. 상부상조의 길을 택해야 한다. 이것이 공존과 상생의 지도에 담겨야 할 네 번째 내용이다.

상부상조가 이뤄지지 않으면 결국 폭력 집단이 발생하게 되어 있다. 탈레반을 소탕하기 위해 아프가니스탄에 수많은 미군이 파견되었으나 완전히 소탕하지 못했다. 탈레반 역시 생존을 위해 끊임없이 투쟁하기 때문이다.

인류가 탈레반과 같은 테러집단을 막으려면 상부상조의 정신이 필요하다. 돈, 권력 등을 가진 쪽에서는 그렇지 못한 쪽을 배려하고 그리하여 함께 살아갈 수 있는 길을 찾아야 인류 사회의 갈등은 완화될 수 있다.

대한민국은 세계가 존경하는 큰 나라로 성장하고 있다. 우리 국민들의 노력이 컸다. 그런데 더 좋은 나라로 가기 위해서는 갈등을 완화해야 하고 이를 위해 상부상조의 마음이 필요하다. '정직이 최선의 정책이다' 라는 영어 속담이 있다. 이젠 돈을 벌어도 정직하고 떳떳하게 벌어야 한다. 그렇지 않으면 사회적인 지탄을 받는다. 총탄보다 무서운 게 사회적인 지탄이다. 성공을 하더라도 지탄을 받으면서까지 성공해서는 안 된다. 우리 모두 정직이 최선의 정책이라는 것을 가슴 깊이 새기고, 자녀들에게도 그렇게 가르쳐야 할 것이다.

또한 나와 다른 사람들의 생각이 다르더라도 모든 문제와 의견을 대화로 푸는 게 중요하다는 것도 기억하자. 모두가 힘을 모아 상대를 인정하는 가운데 대화와 타협을 통해 공존과 상생의 길을 찾는 선진국이 되기를 소망해본다.

5부

세계와 소통하는 문화강국 코리아

금난새

유라시안 필하모닉 오케스트라 음악감독 겸 지휘자, 경희대학교 음악대학 기악과 교수. 서울대학교 작곡과 학사, 베를린 국립음악대학 지휘과, 계명대학교 철학 명예박사. KBS 교향악단 전임지휘자, 시립교향단 상임지휘자를 역임했으며, KBS교향악단과 국내 최초 오케스트라 녹음 출반, 수원 '해설이 있는 청소년음악회' 기획·진행, 유라시안필하모닉오케스트라창단, CJ그룹과 오케스트라 후원 계약 체결, 한국기업메세나협의회 홍보대사, 중구문화재단과 협력계약 체결 등의 활동을 했다. 저서로는 《나는 작은새 금난새》 《금난새와 떠나는 클래식 여행》 《마에스트로 금난새 열정과 도전》 《금난새의 내가 사랑한 교향곡》 등이 있다. 옥관문화훈장, 제15회 평론가협회 음악대상, 한국최고경영자회의 문화경영 문화인 부문 대상을 수상했다.

행복을 퍼뜨리는 하모니 리더십

**다른 사람들에게
행복을 주는 것만큼 행복한 건 없다**

사람은 누구나 원하는 것이 있다. 그러나 그것이 나만을 위한 것이면 이루기가 힘들다. 내가 원하는 것을 추구하기보다 상대가 바라는 것을 먼저 베풀 때, 행복감을 안겨줄 수 있을 때 그 소망은 보다 빨리 이루어질 수 있을 것이다. 내가 가진 능력으로 다른 사람들에게 행복을 주는 것만큼 더 행복한 게 어디 있겠는가. 음악은 우리의 일상을 더욱 행복하게 해준다. 그리고 나는 그 행복을 나눠주는 지휘자이고 싶다.

나는 둘째로 태어났다. 보통 첫째들은 과묵하고 책임이 강한 데 비해 둘째들은 다소 반항적인 기질이 있는 것 같다. 나 역시 다분히 돈키

호테 같은 아이였는데, 어머니는 그런 나를 보면서 걱정스러우셨는지 항상 좋은 친구를 사귀라는 말씀을 했다. 하지만 나는 어머니의 그 말씀에조차 의문을 가졌고, ‘내가 좋은 친구를 사귀기보다 나 스스로가 좋은 친구가 되어야 하지 않을까’ 라고 생각했다.

내가 중학교에 다닐 무렵, 미국의 존 F. 케네디 대통령이 유명한 연설을 했다. “국가가 우리에게 무엇을 해줄까를 묻지 말고, 우리가 국가를 위해 무엇을 할 것인지 고민해야 될 것이다.” 스스로 남을 위해 행동해야 한다는 이 말에 많은 사람들이 깊은 인상을 받았다. 어린 나도 적잖이 인상적이었는지 수첩에 적어 가지고 다니며 수시로 꺼내보곤 했다.

이 말은 오늘날에도 유효하다. 내가 상대에게, 조직에, 국가에 무엇을 바랄 것이 아니라 나 스스로가 먼저 우리 가족과 이웃, 회사 나아가 사회에 도움이 되는 리더가 되어야 할 것이다. 그래야 내가 일하는 작은 회사가 나로 인해 더 좋은 회사가 될 수 있고, 내가 태어난 작은 국가가 나로 인해 더 강한 국가로 발전할 수 있다. 우리 사회의 한 사람 한 사람이 모두 이렇게 주체적으로 생각할 때 우리 사회는 더 좋은 방향으로 나아갈 것이다.

이는 내가 지난 30여 년 동안 음악 활동을 하면서 절실히 깨달은 것이기도 하다. 우리 모두를 하나 되게 하고 우리 시대의 모두가 갖추어야 할 ‘하모니 리더십’. 나의 오늘이 있게 해준 내 지난 경험담, 내가 보고 듣고 느낀 것들을 함께 나누며 우리 사회가 하모니 리더십을 갖춘 사회로 나아가는 데 작은 보탬이 되었으면 한다.

누구든 꿈을 가질 수 있고,
그 꿈을 실현할 수 있는 기회를 주는 사회

내가 음악을 하면서 처음부터 지휘자를 꿈꾼 건 아니었다. 처음에는 작곡과를 선택했다. 그런데 대학 시절 TV에서 우연히, 미국 최고의 지휘자 레너드 번스타인의 청소년을 위한 음악회를 보았다. 그는 곡들을 자세히 설명하면서 연주를 하고 있었다. 그때 내 머릿속에는 섬광처럼 "나도 저런 사람이 되어야겠다"라는 생각이 번뜩였다.

그때가 1962년 무렵이었는데, 당시 한국에는 지휘자가 거의 없던 시절로 당연히 지휘학과도 없었고 어디서도 지휘를 배울 수가 없었다. 그래서 부득이하게 나는 홀로 지휘 공부를 했다. 내 머릿속에는 온통 "나의 스승은 어디에 있을까?" 하는 생각뿐이었다. 꿈이 있는데 그것을 도와줄 사람이 없을 때는 긍정적이고 진취적인 생각으로 스스로 길을 찾는 수밖에 없다. 나는 사막에서 물을 구해야 한다는 심정으로 친구들 20여 명가량을 설득해서 '서울 영 앙상블' 오케스트라를 만들었다. 드디어 악단이 탄생한 것이다.

하지만 연습실이 없었다. 연습실을 찾아 헤매다가 세종로에 있는 미국공보원(지금의 미국문화원)을 발견했다. 현재 광화문 교보빌딩이 위치한 곳인데 당시 건물 1층은 도서관이었고, 2층은 비어 있었다. 나는 이곳을 연습실로 사용하면 좋겠다는 생각을 하고, 곧바로 7층에 있는 원장실로 찾아가 면담을 요청했다. 처음에는 원장의 차가운 반응에 어찌할 바를 몰랐다.

당시 미국 공보원은 자국 홍보를 위해 영어 교육에 힘쓰고 있었는데 나는 이것을 기회로 삼았다.

"우리 앙상블이 미국 작곡가의 작품을 소개할 것입니다. 연습실로 대여해주십시오."

그러자 원장은 영어 교육보다 미국 문화 홍보에 더욱 효과적인 자국 음악 연주라는 제안에 매료되었는지 곧바로 답했다. "That's good idea." 그렇게 우리 앙상블은 연습실을 마련할 수 있었다. 그리고 넉 달 후 원장은 나에게 놀라운 요청을 해왔다. 서울뿐만 아니라 광주, 대구, 부산 문화원에서도 연주회를 해달라는 것이었다. 이에 나 역시 "That's good idea"로 화답했다. 어찌 보면 무모한 도전이었지만, 그 도전이 있었기에 나의 첫 오케스트라는 전국 각지에서 연주를 할 수 있게 되었다.

이후에도 지휘를 정식으로 배우고 싶다는 나의 욕망은 끊이질 않았다. 그 꿈을 이루기 위해 드디어 20대 후반에 독일 유학 길에 올랐다. 이 역시 '나의 스승을 가지고 싶다'는 간절한 열망에서 비롯된 열정이 가져다준 결과였다. 1970년대였던 당시에는 외국 방문이 쉽지 않았지만 행운이 따라 '세계 청소년 음악연맹'에 참가하는 기회를 얻었다. 명목상 목적은 대회 참가였지만, 지휘자로 나를 키워줄 스승을 찾는 게 목적이었다.

대회가 끝나자마자 나는 베를린으로 향했고 베를린에 도착한 다음 날 베를린 음악대학을 무작정 찾아갔다. 그리고 지휘과 교수님인 알렌도르프 교수님과 라벤슈타인 교수님의 연락처를 어렵사리 구했다. 이름에서 주는 어감 때문인지 알렌도르프 교수님은 장군처럼 근엄할 것 같아 쉽게 찾아갈 용기가 나지 않았다. 그런데 라벤슈타인 교수님은 왠지 작곡가 이름 같으면서 친근함이 느껴져 전화를 했더니, 다음

날 2시까지 자택으로 오라고 했다.

다음 날 나는 교수님을 찾아가 한국에서 어떻게 지휘 공부를 했는지 자세히 말씀드렸다. 그러자 교수님은 "너는 지휘 공부를 하기엔 이미 늦었다"라고 말했다. 그러고는 한국으로 가서 정식 유학 수속을 밟고 오면 1~2년은 더 걸릴 테니, 아예 지금부터 독일에 남아 지휘 공부를 하라는 것이었다. 교수님이 독일 생활의 모든 것을 책임지겠다며. 그 길로 나는 한국에 있는 가족들에게 "못 돌아간다"는 일방적인 통보를 하고 독일 유학 생활을 시작했다.

라벤슈타인 교수님이 생면부지의 나에게 공부할 기회를 주었듯, 훌륭한 사회란 누구든지 꿈을 가질 수 있고 그 꿈을 실현할 수 있도록 기회를 주는 사회라고 생각한다.

나 역시 재능 있는 다른 이들에게 많은 기회를 제공하려고 노력했다. 한 예로 내가 수원시향에 있을 때, 이제는 거장의 반열에 올라선 장한나가 나를 찾아왔다. 어린 소녀의 연주는 나를 감동시켰다. 나는 장한나에게 수원시향과 협연할 수 있는 기회를 주었고, 이후 장한나는 세계적인 음악가가 되었다. 원석 안에 숨어 있는 보석, 음악계에는 비근한 예가 수없이 많다.

자신이 꼭 이루고 싶은 무언가가 있다면 현재의 상황이나 여건이 아무리 나빠도 그 꿈을 가로막는 장애가 되지는 못한다. 자신이 간절히 원하고 긍정적이고 진취적인 마인드로 도전하다 보면 주변 누군가의 도움으로 기회를 잡을 수도 있다. 누군가의 도움으로 자신의 꿈을 이룰 기회를 얻고 또 내가 누군가의 꿈을 이룰 기회를 제공한다면, 그 자체가 한 개인을 넘어 우리 모두의 힘이 될 것이다.

천막에서 연주할지라도
사람들이 행복하다면 그것으로 충분하다

세상에 숨겨진 보석을 발견하고, 그들에게 기회를 제공할 수 있는 혜안을 가진 리더는 어떠 해야 할까?

1999년 나는 또 다른 도전을 했다. 우리나라의 예술 단체 대부분은 정부나 지자체의 예산을 받아서 운영된다. 보통 지원이 있어야 연주 활동이 가능하다고 생각하는데, 당시 나는 '시와 정부의 지원 없이도 오케스트라를 운영할 수 있지 않을까?' 하는 생각을 했다. 그래서 우리나라 최초의 민간 오케스트라인 '유라시안 필하모닉'을 만들었다. 단원들의 월급, 연습실, 사무실 등을 모두 자체적으로 해결해야 했는데 도무지 연습실을 구할 수 없었다.

그러다 포스코의 홍보 담당 상무에게 전화를 걸어 연습실을 빌려 달라는 요청을 했다. 포스코의 관계자는 대관 스케줄상 그럴 수 없다고 했다. 그때 건물의 로비가 눈에 띄었다. '이곳에서 연주를 하면 어떨까?' 포스코의 관계자에게 다시 로비를 사용하고 싶다고 말하자 그는 아리송한 표정을 지었다. 나는 "20미터 높이의 로비가 유리로 된 성당처럼 보인다"라고 말하며 끝까지 내 의견을 밀어붙였다.

결국 그의 허락을 얻어내는 데 성공했고 1999년 12월 31일 밤 10시, 첫 연주회를 가졌다. 새천년이 되기 꼭 2시간 전이었다. 그날의 연주곡은 〈베토벤 교향곡 9번〉이었다. 새천년 제야에 안성맞춤일 거라 생각했다. 연주가 끝난 후 관중들은 기립 박수를 보내왔다. 로비에서 음악을 들었다는 새로움, 새천년을 맞이한 벅찬 감동 그리고 연주에 대한 흡족함이 교차했을 것이다. 이 세 가지 감정이 한데 어우러져 연신 브라보가 터져나왔고 나 또한 몹시 행복했다.

브라보만큼 연주자들이 좋아하는 말은 "다음 연주는 언제 할까요?" 하는 것이다. 사랑하는 사람을 만나면 "다음에 언제 만날까요?"라는 말을 듣고 싶듯이, 연주자도 다음 연주를 기대하는 팬을 좋아한다. 그런데 포스코 측에서는 이런 우리의 바람을 눈치 채지 못하고 다음 연주회에 대한 언급이 없었다.

이럴 때면 우리 쪽에서 슬쩍 제안하는 것도 음악인의 지혜다. 나는 포스코 측에 베토벤의 교향곡 9개를 모두 연주해보는 것은 어떻겠냐고 문의했다. 포스코는 철을 만드는 회사인 만큼 강한 이미지를 띠는데, 이것이 베토벤의 곡과 잘 부합한다는 의견도 덧붙였다. 그리하여 우리는 베토벤 교향곡 전곡을 연주하기에 이르렀다.

세종문화회관, 예술의전당에서 연주하는 것만이 최고가 아니다. 우리는 건물 로비에서도 음악이 연주될 수 있다는 것을 보여주었다. 그러자 〈베토벤 교향곡 6번〉을 연주할 즈음 이번에는 포스코 측에서 먼저 이야기를 꺼냈다.

"다음 연주는 어떻게 할까요?"

나는 104개나 되는 하이든의 교향곡 연주를 제안하고 싶었지만 차이코프스키의 교향곡을 연주하기로 했다. 우리는 그 후 5년 동안 차이코프스키의 6개 교향곡을 모두 연주했고 브람스, 드보르작의 작품 등도 로비에서 연주했다.

한 인터뷰에서 나는 이렇게 말했다.

"카네기 홀처럼 유명한 곳에서 연주를 했는가는 중요치 않습니다.

천막에서 연주할지라도 사람들이 행복하다면 저는 만족합니다. 저는 그저 사람들을 행복하게 해주는 지휘자로 기억되고 싶습니다.”

연주회장이라고 아무도 상상하지 못했던 포스코 건물의 로비는 지금은 사람들이 드나드는 단순한 공간이 아니라 클래식, 합창, 재즈, 가요 등 다양한 장르의 음악들이 연주되는 문화의 장으로 자리 잡았다. 사람들은 그곳에서 진정한 행복을 느낀다.

유라시안 필하모닉은 정부에서 돈을 받지 않는다. 그럼에도 첫해에는 40회, 다음 해에 60회, 셋째 해에는 89회, 넷째 해에는 100회 연주를 가졌다. 많은 예술 단체들이 정부의 지원을 받고 있지만 그들도 매년 100회씩 연주하지는 못한다.

리더가 지닌 기발한 발상, 예전에 시도하지 않았던 것에 과감히 도전할 수 있는 용기, 기존의 틀에서 살짝 벗어날 수 있는 융통성은 그만큼 중요하다. 이런 생각을 할 때면 떠오르는 한 분이 있다.

3년 전, 계룡대(계룡시에 있는 육군 · 해군 · 공군 3군 통합기지)에서 강연을 한 적이 있다. 당시 공군 참모총장이 그 자리에 참석했는데, 강연이 끝나자 그분이 물었다.

“지금까지 많은 곳에서 연주를 하셨지요? 아직 못 가본 곳 중에서 꼭 연주를 해보고 싶은 곳이 있습니까?”

나는 그 질문을 받자마자 곧바로 울릉도에서 지휘하고 싶다고 했다. 울릉도 아이들은 오케스트라 연주를 들을 기회가 한 번도 없었을 것이라는 생각 때문이었다. 울릉도까지는 배를 타고 가야 하는데 단원들이 배 멀미를 할 위험이 커서 선뜻 실행을 못하고 있었다. 이런 상황을 얘기하자 공군 참모총장은 헬리콥터를 지원해 돕겠다고 말했다. 그리하여 30인용 헬리콥터 3대가 단원과 악기들을 싣고 울릉도로 향하기로 했다. 출발 당일 날씨가 좋지 않아 결국 헬리콥터가 뜨지 못하고 우리는 배를 타고 울릉도로 향해야만 했지만.

군대는 국가를 지키는 일이 우선인데도, 열린 마음으로 오지의 아이들에게 음악을 들려주기 위해 노력하는 모습이 정말 훌륭해 보였다. 이런 융통성 있는 리더의 모습이 우리 사회가 원하는 진정한 인간상이 아닌가 한다.

보이지 않는 사람들을 배려하는 하모니 리더십을 가진 리더

그렇다면 우리가 꿈꾸는 사회는 어떤 곳일까?

5년 전쯤 우연히 영국의 한 유명 연극배우에 관한 신문기사를 읽었다. 연극에서 주연배우라면 관객을 끌어모으고 연극을 주도하는 리더라 할 수 있다. 많은 사람들이 그에게 많은 질문들을 던졌다. "어떻게 이토록 유명해질 수 있었는가" "자신의 장점은 무엇인가" 이 배우는 어떤 질문에도 "별로 좋은 질문이 아닌 것 같다"라고 답했다. 그러면서 자신은 연극이 끝나고 돌아갈 때 꼭 조명기사와 무대감독에게 고맙다는 인사를 할 뿐이라고 말했다. 자신은 늘 스포트라이트를 받지만 조명기사나 무대감독은 주목받지 못하기 때문에 자신이 관객들을 대신해 인사를 한다고 했다. 이 배우는 자신을 위해 힘쓰는 보이지 않는 사람들을 배려했던 것이다.

나는 이 배우가 자신이 받은 영광을 많은 사람들에게 나누어주고 싶어서 그러한 행동을 했을 것이라 생각한다. 이후 나는 단원들에게 말했다. 연주가 끝나면 나는 청중들과 악수를 할 테니 단원들은 서로 악수를 하며 나가달라고. 그러자 단원들이 다 나갈 때까지 객석에서 박수가 끊이질 않았다. 그리고 단원들이 다 나간 다음 나는 맨 마지막으로 무대를 나갔다. 세계 어디에도 지휘자가 마지막에 나가는 경우는 없다. 하지만 이렇게 해서 단원들에게 애정을 나누어줄 수 있다면 나는 계속 그렇게 할 것이다. 그 후 나는 언제나 마지막에 퇴장하는 지휘자가 되었다.

작은 배려로 한 소년의 미래를 바꾸어놓은 미국 필라델피아 오케스트라 단원인 한 바이올리니스트의 이야기다. 그가 공연을 하던 어느 날 연주장 밖에서 서성이던 꼬마아이를 발견했다. 여기서 무얼 하고 있냐고 물어봤더니, 아이는 공연을 보고 싶은데 표가 없다고 말했다. 그는 아이를 연주자가 출입하는 곳으로 데리고 가서 공연을 보여주었다. 음악회가 끝난 후에는 아이에게 지휘자도 소개해주었다.

10년 후 이 아이는 변호사로 성장했고 오케스트라를 위해 후원금을 내고 있다. 공연을 보기조차 힘들었던 아이에게 베푼 자그마한 배려가 한 소년에게 꿈과 희망의 미래를 안겨다준 것이다. 이처럼 보이지 않는 사람들을 배려하는 리더가 있을 때, 우리가 비로소 소망하는 사회를 이룰 수 있을 것이다.

30년 전 영국 런던에서 만난 한 아랍인 사업가의 이야기를 전하며 이 이야기를 마칠까 한다. 이 사업가는 박람회 주최를 위해 영국을 찾았는데, 처음에는 코닥에 스폰서 제의를 했다. 그러나 코닥에서 거절

의사를 밝혔다. 그러자 이번에는 코니카를 찾았다. 코니카는 그의 제의를 받아들였다.

박람회장 입구에서 코니카 필름을 무료로 나눠주는 행사를 열자 사람들이 좋은 반응을 보였다. 이 소식을 들은 코닥도 뒤늦게 스폰서가 되겠다고 나섰다. 그래서 박람회장 동쪽에서는 코니카, 서쪽에서는 코닥이 각각 필름을 증정하는 행사를 가졌다.

그는 일을 진행할 때 'No'를 생각하면 안 되고 'Yes'를 외쳐야 한다는 것을 몸소 보여준 리더이다. 이 시대가 필요로 하는 진정한 리더는, 남들이 안 된다고 생각할 때 나는 할 수 있다는 자신감을 가지고 앞으로 나아갈 수 있어야 한다.

또한 리더라고 해서 자신을 지지해주는 많은 사람들을 잊고 함부로 행동해서는 안 된다. 앞서 말했듯 리더의 진정성은 배려를 통해 나타난다. 많은 사람들이 리더의 따뜻한 마음을 읽으면 리더를 자연스레 따르게 마련이다. 그러한 리더는 자신만의 관점을 가지고 세상을 읽어내 새로운 비전을 제시할 줄 안다. 이 시대가 원하는 리더는 바로 이러한 덕목을 갖춘 이들이라는 것을 잊지 말고, 우리 모두 하모니 리더십을 갖춘 진정한 리더가 되어야 할 것이다.

김경훈

서울 예술대학 광고창작과 졸업, 서울과학종합대학원 4T CEO 지속경영과정 수료. (주)예감 대표이사, (주)세븐센스 총괄 프로듀서, 한국공연프로듀서협회 이사, 한국문화산업포럼 정회원, 한국무역협회 정회원. (주)예감을 창립했으며, 마샬아츠 퍼포먼스 JUMP 프로듀서를 역임했다. 아름다운 재단 공로패, 프로듀서상, 대한민국 국회 대상(연극, 뮤지컬 부문), 혁신공연기획 대상, 자랑스러운 연극인상, 제1회 한류대상 특별공로상, The Best Korea Awards 미래산업 핵심기업 대상, 2007 한국엔터테인먼트산업학회 특별공로상, 'JUMP' 100만 달러 수출탑상, 올해의 연극인상, (사)한국국제경영학회 감사패, 한국관광공사 감사패, 한국벤처기업협회 국무총리상, 대한민국 문화콘텐츠 해외진출 유공자 문화체육관광부표창, 동아일보 대한민국 대표 브랜드 대상, 2010서울국제관광대상을 수상했다.

꿈꾸는 사람들의 힘, 세계를 우리 품 안에

젊은 패기 하나로 세계적인 작품을 만들다

한국의 자랑스러운 문화상품들이 세계로 뻗어나갈 때, 더욱 세계적인 것으로 만들기 위해 우리는 어떠한 마음과 자세를 가져야 할까? 그들에게 우리가 진정으로 알리고 싶은 것을 어떻게 알리고, 어떻게 소통해나가야 할까? 가장 중요한 것은 '열린 마음'이 아닌가 싶다.

20대 후반의 젊은 청년들이 열정과 패기 하나로 뭉쳐서 만든 넌버벌 퍼포먼스(non-verbal performance, 대사 없이 몸짓과 소리로만 구성된 비언어 퍼포먼스) 공연 〈점프〉가 어떻게 세계로 진출해나갔는지를 통해 그 과정을 한번 살펴보자.

나의 학창시절 꿈은 시인이 되는 것이었다. 글을 잘 쓰지는 못했지만 글 쓰는 것을 무척이나 좋아했다. 고등학교 때 친구들과 시 창작 활동을 했는데, 그때 우리는 나중에 어른이 돼서 돈을 벌면 우리 월급을 모아 우리가 만들고 싶은 영화나 연극을 꼭 만들자는 약속을 했다. 그 작품을 국내뿐만 아니라 브로드웨이에 꼭 올리자는 이야기도 함께.

이후 우리는 학교를 졸업하고 군대도 갔다 오고 사회활동을 시작했다. 스물여덟 살쯤 대학로에서 친구들을 만났는데, 그때 이런저런 이야기를 하다가 한 친구가 고등학교 때 했던 그 약속에 대한 이야기를 끄집어냈다.

"우리 태권도로 공연 한 번 만들어보지 않을래?"

그 말을 듣는 순간, 태권도라는 단어가 저 우주 끝에서 날아와 내 머리를 '탕' 치고 다시 저 우주 끝으로 날아가는 느낌이었다. 태권도로 작품을 만든다면 이것이야말로 한국적이면서 세계적인 것이 되지 않을까 생각했다. 우리는 그 자리에서 작품을 만들어보자며 의기투합했다. 그리고 정말 모두가 멀쩡하게 잘 다니던 직장을 그만두고 나와, 안국동에 조그만 사무실을 얻어서 작품 제작에 돌입했다.

한 친구는 글을 잘 썼고, 한 친구는 연극 연출을 했다. 나는 기획만 하고 있던 터라 우리가 공연 작품을 직접 만든 경험이 없었다. 이 작품이 친구들과 함께 만든 첫 작품이었다.

당시 우리가 만들려고 했던 작품은 우리나라 태권도와 태견을 바탕으로 한 무술가족의 이야기였다. 이를 테면 딸아이가 아침에 일어나서 "엄마, 학교 갔다 올게요" 하면, 엄마가 "애야 학교 가기 전에 빨래를 널고 가거라" 한다. 그러면 딸이 뒤로 덤블링을 세 번쯤 하면서 빨래를 빙글빙글 돌려 빨래줄에 넌다. 다음에는 저쪽 문에서 아버지가 나와 빨래를 빨래바구니에 담아 발로 탁 차면 옷장 속으로 쏙 들어가는 이런 구성이었다. 정말 영화 속에 나오는 무술 장면을 무대 위에서 생생하게 보여주어야 하는 작품이었다.

그래서 실제로 태권도, 합기도 사범들을 초빙해서 연습에 들어갔다. 그런데 한 3개월 정도 지났을 때 우리가 아주 중요한 오류에 빠져 있다는 사실을 깨달았다. 우리 콘텐츠가 공연 작품인 만큼 연기자들이 관객들과 소통이 되어야 하는데 그들에게 연기를 요구하는 것은 무리였다.

이번에는 거꾸로 연기가 되는 배우들을 캐스팅했다. 그랬더니 이 친구들은 또 연기는 되는데 무술이 안 됐다. 최선책으로 배우들에게 무술을 배우게 했다. 1년가량 연습하면 우리가 생각하는 공연을 할 수 있을 것이라 생각했다. 2000년도 당시에는 아무리 큰 작품이라고 해도 3개월만 연습하면 무대에 올리던 시절이었다. 그랬으니 1년가량이나 되는 연습 스케줄은 정말 굉장한 것이었다.

그런데 1년이 지났는데도 도무지 실력이 늘지 않았다. 무술을 제일 잘한다는 배우가 뒤로 덤블링을 세 번 구르는 정도였다. 도저히 우리가 원하는 공연을 할 만한 수준이 못되었다. 1년이 지나고 우리는 배우들을 불러모아 이대로 계속할지, 그만둘지 이야기를 나누었다. 그때의 우리는 젊었고, 젊은 패기로 "여기까지 왔는데 조금만 더 해보자"는 결의를 다졌다. 이후에도 무려 3년 동안 아침에는 태권도장에서 태권도를 배우고, 점심에는 체조 국가대표 코치에게 부탁해서 애크러배틱(acrobatic, 곡예와 같은 동작) 연습을 하고, 저녁에는 드라마 대본 연습을 하는 생활을 계속했다.

　　그러자 실제 무술 흉내를 낼 수 있을 정도로 배우들의 기량이 점점
향상되었다. 2003년 7월, 드디어 우리의 작품 이름을 내걸고 첫 공연
을 올리게 됐다. 우리 작품이 처음부터 인기를 끌었던 것은 아니다. 하
지만 태권도를 소재로 한 '무예예술 코믹극' 이라는 특이한 장르성 때
문에 마니아들이 생겨나기 시작했고, 그들의 힘으로 공연을 지속할
수 있었다.

　　2005년에는 전 세계에서 가장 크고 유명한 공연 페스티벌인 '영국
에딘버러 프린지 페스티벌' 에 참가하게 됐다. 그런데 1,800여 개의
작품 중에서 박스오피스 1등을 차지했지 뭔가. 아시아에서 온 검은 머
리 친구들이, 생전 처음 보는 장르의 공연으로 에딘버러 페스티벌 역
사상 유례없는 일들을 계속 만들어내니까, 영국을 중심으로 유럽 시

영국 왕실 로열버라이어티 쇼에서 아시아 최초로 공연을 하다.

장에서 선풍적인 인기를 끌었다. 그 페스티벌에서 상이란 상은 모조리 휩쓸었다. 아시아 최초로 '영국 왕실 로열버라이어티 쇼' 초청까지 받았을 정도였다.

이후 서울은 물론 브로드웨이에도 〈점프〉 전용 극장이 생겼다. 브로드웨이의 첫 공연 때는 안젤리나 졸리와 브래드 피트도 첫 공연을 축하해주러 왔다. 〈점프〉가 국내를 넘어 세계적인 공연으로 성장하는 순간이었다.

그때의 우리는 지극히 평범한 20대 후반의 청년들이었다. 또래의 다른 청년들과 똑같이 고등학교 졸업하고, 번뇌에 찬 대학시절을 보내고 군대도 갔다 왔다. 그렇다고 집에 돈이 특별히 많은 것도 아니었다. 그런 평범한 청년들이 '우리가 만든 공연 작품으로 전 세계를 한

브로드웨이에는 〈점프〉 전용 극장이 있다.

번 휩쓸어볼 거야' 하는 열망 하나로 모여, 〈점프〉를 통해 후방에서 리더로, 한국에서 전 세계로 나아갔다. 젊음의 패기 하나로 우리의 꿈 을 현실화시킨 것이다.

우리 것을 현대적인 부분으로 재창조하고 소통할 수 있는 패키지를 만들어라

흔히들 가장 한국적인 것이 가장 세계적인 것이라고 한다. 우리는 작품의 세계화를 생각하면서 심각한 고민에 빠졌다. "태권도가 가장 한국적인 소재인 것은 분명한데, 그렇다면 태권도로 이 작품을 잘 만 들기만 하면 세계화가 되는 것일까?" 이는 우리의 정체성과도 관련된 것이었다. 우리가 만들려는 작품의 정체성이 무엇인지 정확히 답할 수 있어야 우리가 만드는 과정도 제대로 찾을 수 있을 것이라고 생각 했기 때문이다.

그러던 차에 전 세계적인 공연 매니지먼트사인 IMG의 마크 마르 소 부사장이 나를 찾아왔다. 2006년 스페인에서 공연할 때의 일이다. "너희 작품을 런던에서 봤는데, 우리랑 손잡고 이 공연을 세계적인 공 연으로 만들어보지 않을래?" 하는 제안을 해왔다. 나는 생각도 해보 지 않고 곧바로 이렇게 말했다. "여기까지 와줘서 너무 고맙다. 하지 만 난 지금 너무 바쁘다. 일주일 후에 한국으로 돌아가니 한국에서 자 세한 이야기를 나누자."

나는 한국으로 돌아가는 내내 내가 섣불리 기회를 놓치는 것은 아 닐까 후회도 되었다. 하지만 그 사람들에게 우리가 만든 작품이 끌려

다니는 것을 원치 않았다. 반대로 그 사람은 어이가 없었을 것이다. 어떤 공연사든 자기네가 매니지먼트를 맡는다면 분명 감사할 일인데, '이 친구들이 아직 초짜라 세계 시장을 잘 모르나?' 하는 어리둥절한 표정이었다.

그런데 일주일도 지나지 않아 마크 부사장이 다른 두 사람과 함께 나를 보러 한국에 왔다. 우리는 광화문 근처의 한정식집에서 이야기를 나누었다. 그들은 한국 창작 공연 작품으로서는 정말 거부하기 힘든 개런티와 좋은 시스템 패키지를 제안했다. 말하자면 우리나라에 세계적인 공연 작품인 〈캐츠〉 〈맘마미아〉 〈오페라의 유령〉 같은 작품을 들여올 때, 그들이 제안하는 조건을 거꾸로 우리가 제안을 받은 것이다. 하지만 우리는 그 조건을 받아들이지 않았다.

디즈니에서 연락이 왔다고 해보자. "김 대표님, 2012년 라스베이거스에서 작품을 올리기로 했으니 올 가을쯤에는 파리 호텔에서 한 번 만나야 하지 않을까요?" 그러면 나는 그때부터 고민이 시작될 것이다. 내가 영어도 잘 못하는데 그곳을 어떻게 찾아갈 것이며, 디즈니 사장한테는 무슨 선물을 줘야 우리를 잘 봐줄까. 그 사람은 아무 생각 없이 자기 일 잘하고 있을 텐데, 나 혼자서 그런 생각으로 속을 끓일 것이다. 그러는 동안 나 스스로 '을'이 되어 배려와 겸손이 아니라 저 아래로 내려가기 시작할 것이다. 그러면 대등한 관계에서 원활한 대화와 소통이 되지 않을 텐데 과연 정상적인 진출을 할 수 있을지 의문이 들었다.

만약 당시 계약을 했더라면 더 잘됐을지도 모르겠다. 하지만 그 이후로 우리는 해외에 진출할 때 에이전트를 거치지 않겠다고 내부적으로 선포했다. 에이전트는 정보를 주고 파는 사람들이다. 우리가 서울에서 부산이나 대전을 오가듯 런던이나 도쿄, 뉴욕을 자유롭게 오가려면 실시간으로 그들의 정보를 꿰고 있어야 한다. 그래야 그들과 원활한 소통을 할 수 있다. 그런데 에이전트가 중간에 있다면 그들이 정보를 주지 않으면 우리는 그 정보를 모를 수밖에 없다.

이렇게 에이전트가 있어 중간에 한 단계 더 가로막힐 수 있다는 점을 간과할 수 없기 때문이었다. 물론 처음에는 힘들었지만, 어느 시기에 이르러 우리의 해외 네트워킹에서 들어오는 공연시장에 대한 고급 정보가 훨씬 많아졌다. 이것을 목표로 한 것은 아니지만 가장 한국적인 것이 세계적인 것이라고 했을 때, 그 첫 단추는 마음을 열고 그들과 수평적인 시선을 맞추는 점이라는 것을 잊지 말자. 마치 요즘 아이들이 우리 세대와 달리 외국인들을 친숙하게 대하는 것처럼 말이다.

소통이란 마음을 열고 수평한 관계 속에서 이루어지는 것이다. 한 국가를 옆 마을쯤으로 생각할 수 있어야 한다. 한 국가를 마을이라고 보면, 옆 마을에서 잘하는 것을 아무리 우리가 흉내내봐야 소용없다. 명절 때 외국인들이 판소리를 한다고 생각해보라.

공연시장에서도 이와 마찬가지다. 유럽시장이 흥행한다고 해서 그들의 트렌드에 맞는 것만 좋은 것은 아닐까? 그래봤자 그들이 보기에는 옆 마을에서 왔는데 우리보다 못하지만 그래도 잘하네 하는 느낌일 것이다. 정말로 그들이 보고 싶어 하는 것은 옆 마을에서 잘하는 것, 하지만 그들은 못하는 것들이다. 그들은 자기들은 잘 모르고 처음 보는 것이지만 한국에서 제일 잘하는 것을 보고 싶어 한다.

다만, 우리 것을 현대적인 부분으로 재창조하고 소통할 수 있는 패키지를 만들어야 한다. 그런 노력들을 통해서 우리 것들을 평범하면서도 세계적인 작품으로 만들 수 있다. 이런 소통을 해낼 수 있어야 한다. 이러한 것이야말로 가장 한국적인 것이 세계적이라는 의미이다.

서열은 매길 수 없지만 관심에 대한 차별은 있다

세계적인 아티스트가 예술의전당이나 세종문화회관 분장실에 와서 이런 요구를 한다고 해보자.

"나는 이런 산만한 곳에서 휴식을 취할 수 없으므로, 빨간색 커튼을 쳐주시고 에비앙 물을 갖다 주세요. 그리고 공연 1시간 전에는 잠깐 잠을 자야 하니까 공연장에 빨간색 퀸 사이즈 침대도 넣어주세요."

그러면 한국 측에서는 당연히 그 요구를 들어줄 수밖에 없을 것이다. 세계적인 아티스트의 세계적인 예술을 즐겨야 하니까. 우리도 해외에 나갈 때면 간혹 이런 요구를 하곤 한다.

"우리 배우들이 5킬로미터 이상 이동할 때는 재규어 이상의 승용차를 대기해주세요. 물은 꼭 삼다수를 갖다주세요."

이런 요구를 하는 것이 우리 문화가 우월해서가 아니다. 문화는 서열을 매길 수 있는 것이 아니다. 물론 어떤 문화는 관심이 더 가고 어떤 문화는 관심이 덜 갈 수도 있다. 다시 말해서 관심에는 차별이 있을 수 있다. 처음에 우리가 해외에 나갔을 때는 누가 우리 작품을 보면서 "이 작품은 한국 작품이야" 하는 이야기를 해주길 바랐다. 당시는 "너희 나라도 작품을 만드니?"라고 물어보는 사람도 있었을 정도였으니 이게 얼마나 절실했겠나. 하지만 이제는 그 차원을 넘어 이렇게 말하는 사람들이 많다. "〈점프〉는 내가 가장 사랑하는 작품이다."

그 작품이 영국 작품이든, 한국 작품이든 어느 나라에서 만든 작품이라는 게 중요한 것이 아니다. "내가 가장 사랑하는 작품이다" 하고 말한다면, 그 사람은 이미 한국에 대해 다 알고 있다. 한국의 음식, 언어, 문화에 대해 잘 알고 있다. 그래서 '아시아에 가면 한국을 꼭 가봐야지' 하는 생각을 갖게 된다. 부모가 자식을 사랑하는 마음처럼, 한국 문화를 사랑하는 마음을 간직하고 있는 것이다. 이것이 바로 문화의 힘이다. 그 첫 단추가 우리 안에 있는 것들, 광화문 광장, 김치, 비빔밥, 태권도 등이 되었으면 한다. 가장 한국적인 것이 세계적인 것의 시작은 바로 이러한 것들일 것이다.

〈점프〉가 성공을 거두자 우리는 우리 내부, 우리 스스로를 다시 바라보는 작업을 해야겠다는 생각을 했다. 그래서 공연 쪽에서는 처음으로 '크리에이티브팀'이라는 연구개발팀을 만들었다. 연극에 무슨 연구개발팀인가 싶겠지만, 보통 작품을 만들 때는 열심히 하는데 다 만들어놓고 나면 아무도 관리를 하지 않는다. 모든 콘텐츠는 살아 있는 생명체라고 할 수 있다. 아이가 한 살이 되고 네 살이 되고 열 살이 되면 달라지듯이 콘텐츠도 마찬가지이다. 살아 있는 콘텐츠는 부모의 끊임없는 관심이 필요하다. 학비도 필요하고 연구개발비도 필요하다. 해외공연팀도 부러워하는 트레이닝센터 운영에 우리가 힘을 쏟는 이유가 여기에 있다.

해외에 나가기 전에 우리 작품을 담금질하기 위해 〈점프〉를 업그레이드할 수 있는 여러 방안을 시도했다. 외국 관객들을 초대해 모니터를 해보았다. 그랬더니 외국 관객들은 우리가 미처 생각도 못한 것들을 지적해주었다. 이를 테면 코믹하게 설정한 캐릭터를 보고 "저 남자는 게이인 것 같다"라든가, 한국 관객들은 화장실 가는 장면에서 재미있어 했는데 그들은 "한국의 가옥은 저렇게 생겼나?"라는 반응을 보였다.

우리 작품이 언어가 없다 보니 오히려 다양하게 생각할 수 있는 여지가 많았기 때문이었던 것 같다. 왜 그런 반응을 보일까? 우리는 당황하지 않을 수 없었다. 같은 작품을 가지고 점수로 따지자면 한국에서는 90점, 런던에서는 50점, 뉴욕에서는 100점 이래서는 안 된다. 전 세계 어디든 같거나 비슷한 점수를 받을 수 있어야 한다.

그래서 다른 나라 사람들도 재미있게 즐길 수 있는, 그들의 문화 코드를 우리 작품 속에 넣기로 했다. 그러기 위해서는 그 나라 사람들이 직접 우리 작품을 재구성하는 게 좋다고 생각했고, 2004년부터는 세계적인 연출가들을 불러서 작품을 연구하기 시작했다. 그리고 그것이 한국 코드에도 맞는지를 늘 질문했다. 사실 우리가 만들어놓고 다른 사람 불러서 다시 만들어보라고 하는 것은 쉬운 일이 아니었다. 그런 과정 끝에 〈점프〉는 우리뿐만 아니라 전 세계 어느 나라에서나 누구라도 재미있고 즐겁게 놀 수 있는 작품으로 재탄생한 것이다.

어르신들이 이런 말씀들을 종종 하신다. "가장 좋은 일과 가장 힘든 일은 동시에 온다." 2005년도 〈점프〉는 영국 에딘버러 페스티벌에 참가하고 나서 소위 뜬 작품이 됐다. 그런데 이 페스티벌을 가기 한 달 전만 해도 우리는 비행기 값도 없어서 힘들었다. 설상가상으로 그 6개월 전에 우리가 한 투자처에서 3억 원가량의 투자를 받았는데, 상환하지 못할 경우 작품의 저작권을 넘기겠다는 계약을 했다. 그런데 그만 시간이 훌쩍 지나 상환 하루 전날이 되었다. 내 젊은 청춘을 불태웠던 콘텐츠가 하루 아침에 사라지게 될 위기가 온 것이다.

돈을 마련하지 못해서 고민을 거듭하다가 공연을 보러 왔던 한 지인이 생각나서 무작정 그분을 찾아갔다. 그리고 대뜸 "내일까지 3억 원이 필요한데 빌려주시면 안 되겠냐"라고 부탁을 했다. 그분은 나를 물끄러미 보더니 선뜻 3억 원이나 되는 큰돈을 빌려주었다. 정말 영화 같은 일이었다. 그 후 우리는 에딘버러에 갔고, 에딘버러 이후에 작품이 뜨면서 그 수익금으로 돈을 갚을 수 있었다.

훗날 그분에게 당시 나에게 어떻게 그 큰돈을 빌려줄 수 있었나 여쭈었더니, 그때 내 눈빛이 사슴 눈빛 같아서 빌려주었다고 했다. 나 스스로 해석해보기를 사냥꾼한테 쫓기는 사슴의 눈빛이란, '목숨에 대한 공포'가 담긴 눈빛이었을 것이다. 당시 나에게 〈점프〉가 그랬다. 바로 내 목숨이었다. 아마 그런 나의 에너지가 그분에게 그대로 전달되지 않았나 생각한다.

세상을 향한 열린 마음과 순수한 열정으로 끊임없이 나아가라

나는 마케팅 전문가는 아니다. 그렇지만 적어도 내가 어느 방향으로 가야 하는지는 고민한다. 그 방향이 우리 모두가 원하는 것인지 끊임없이 이야기하고 소통하기 위해 노력한다. 이런 나의 노력과 자세가 있었기에 나는 비록 마케팅 전문가는 아니지만 우리 안에 있는 마케팅 전문가가 나를 마케팅 전문가로 만들어주고, 또 재무 전문가로 만들어주었던 것 같다. 우리 작품을 더욱 새롭게 태어나게 해주고, 한국을 넘어 세계 시장에서도 좋은 성과를 내며 뛰어다닐 수 있게 해준 힘의 저변 또한 조직적인 우리의 팀워크와 잘맞는 호흡이었을 것이다. 그러므로 처음에 가졌던 마음, 순수함, 열정 이런 코드들을 잘 간직해야 한다.

지금까지 여러 가지 화두를 이야기했지만, 무슨 일을 하든 다음 세 가지를 항상 생각하기 바란다.

첫째는 아이덴티티, '나는 누구인가'에 대한 내 정체성을 파악하는 것이다. 내가 무슨 일을 하든 내가 누구인지 알고 있어야 한다. 예를 들어 내가 포털사이트에 가입이 되어 있는데, 로그인을 하려면 "너는 누구니?"하고 묻는다. 이에 나는 "아, 나는 아트라는 아이디를 가진 사람이야"하고 아이디를 입력한다. 그러면 포털사이트가 한 번 더 물어본다. "네가 아트라는 것을 어떻게 증명해보일래?" 내가 패스워드를 누르면 "아, 네가 그 사람 맞구나" 하고 로그인이 된다. 그 포털사이트가 생각하는 나의 정체성이다.

간단히 이야기했지만, 실제 정체성이라는 것은 단순하지만은 않다. 우리가 사람이든 어떤 프로젝트든 시작하려고 하는 그 순간, 이 일을 하려는 이유가 무엇인지, 정체성에 대한 생각을 가지고 출발해야 한다.

둘째는 '포지셔닝', 내가 어디에 서 있는지에 대해 알아야 한다. 우리 집은 정릉이다. 나는 우리 집에서는 광화문이든 강남이든 어디든 찾아갈 수 있다. 우리 집이 어느 쪽에 있는지 알고 있으니까 가능한 일이다. 만일 지금 내가 사막에 있는데 별자리도 볼 줄 모른다면, 내가 어디 있는지 모르니까 어디로 가야 할지도 모른다. 단순한 이야기인 것 같지만 우리는 늘 살면서 잊어버리고 있다.

셋째는 '방향성', 어디로 가면 달려갈 수 있겠나, 어디로 가야 할지에 대한 것이다. 혼자 가는 길이 아니라 두 명, 세 명, 백 명, 사천만 명, 일억 명 모두가 함께 가는 방향에 대해 생각해봐야 한다.

이 세 가지에 대해서 많은 고민이 있어야 한다. 단계별로 본다면 아이덴티티에 대한 검증부터 하고, 내가 어디에 서 있는지, 어디로 가야 할지를 끊임없이 고민해야 할 것이다.

개인적으로 나는 가톨릭 신자인데, 어느날 인사동을 갔다가 조계사에 들어갔다. 그곳의 대웅전 벽에 부처님의 일대기가 쭉 적혀 있었다. 그때 나와 함께 간 지인이 이런 고민을 한다는 것이다. "만약 부처님이 나라면?" "부처님이 CEO라면?" 그 말을 들은 나는 '부처님은 하나님은 예수님은 어떤 종교의 어떤 분이 되었든 그분들은 실행을 먼저 하셨구나!' 하는 생각을 했다.

우리는 무슨 일을 할 때마다 항상 기획하고 실행하고 평가한다. 하지만 그분들은 먼저 실행하고 평가한 다음 기획을 한 것 같다. 예를 들어 "차트 A. 중생을 구하러 가야지"라는 식으로 기획하지는 않았다는 것이다. 이미 마음이 동해서 뛰어간 것이다. 처음에는 기획, 실행, 평가 순으로 진행되겠지만, 나중에는 몸으로 먼저 뛰어드는 것이 더 빠르다는 이야기이다. 열린 마음이란 고정관념을 깨는 것이고, 고정관념을 깨는 가장 첫걸음은 그냥 해보는 것이다. 사실 내가 하려고 하는 모든 일은, 생각이 가로막는 것이지 현실이 가로막는 것은 아니다.

나는 브로드웨이가 꿈이었다. 그 꿈을 이룬 지금은 다른 길, 새로운 길을 만들고 싶다. 여러분도 세상을 향한 열린 마음을 가지고, 순수한 열정으로 끊임없이 앞으로 나아가기 바란다. 그 길에는 실패도 있고 시련도 있겠지만, 고정관념을 깨고 열린 마음으로 나아갈 때 점프할 수 있을 것이다. 그리고 고정관념을 깨는 가장 좋은 것은 '그냥 해보는 것'이라는 이 중요한 사실을 꼭 기억하기 바란다.

김용택

시인. 순창농림고등학교 졸업. 전북 임실 덕치초등학교 교사, 전북환경운동 공동의장, 제4대 전북작가회 회장을 역임했다. 제6회 김수영문학상, 제12회 소월시문학상, 제11회 소충사선문화상을 수상했다. 저서로는 《김택용의 교단일기》《얘들아 금강산 가자》《시가 내게로 왔다》《아이들이 뛰노는 땅에 엎드려 입 맞추다》《섬진강》《사람들은 왜 모를까》 등이 있다.

문학과 예술로 세상을 그리다

　나는 서울에서 차를 타고 5시간 정도 가야 나오는 전북 임실군 덕치면 장산리라는 작은 마을에서 태어났다. 마을에서 학교로 가다 보면 강 주변에 길이 있는데 사람들이 한 사람 두 사람 오고 가다 보니 자연스레 굽이굽이 예쁜 오솔길이 만들어졌다. 그 길을 따라가다가 징검다리를 건너면 신작로가 나오고 또 조금만 걸어가면 작은 학교가 나온다. 그곳이 바로 덕치초등학교다. 나는 그 덕치초등학교를 거쳐 순창중학교, 순창농림고등학교를 졸업했다. 농림고등학교에서는 농사짓는 법을 공부하는 곳이다 보니, 공부보다는 농사일을 많이 해서 우리가 '순창 똥고' 라고 했던 기억이 떠올라 절로 웃음이 난다.

그리고 나는 모교인 덕치초등학교에서 1970년 5월부터 학생을 가르치기 시작했다. 당시 전교생 수가 700명이었다. 재작년 내가 학교를 그만둘 때는 학생 수가 엄청 줄어 38명 정도였다. 한 학교에서 하도 오래 아이들을 가르치다 보니, 부모도 가르치고 그들의 아들딸도 가르쳤다. 오랜 세월 교편을 잡았지만 26년씩이나 유독 2학년 아이들을 가르쳤다. 그중에서 아이들 3명을 가르쳤던 때가 지금도 기억에 남는다. 왜냐하면 공부를 못해도 1등, 2등, 3등이니 꼴등이라는 게 없었다. 그래서 그 아이들을 가르쳤던 추억이 유난히 소중하게 여겨진다.

당연히 사람들은 세대별, 개인별, 나이별로 다른데 2학년 아이들 역시 나름대로 아주 독특한 점이 있다. 먼저 잘 잊어버린다는 점이 이 아이들의 특징이다. 선생님과 친하게 지내다가도 3일만 안 보면 잊어버린다. 2학년 아이들은 존재의 개념이라는 것을 잘 모른다. 즉 논리가 약하다. 그림을 그리는 걸 보면 사람 혹은 사물의 형상을 제대로 그리지 못한다. 또 2학년 아이들은 한순간도 가만히 있지 않고 끊임없이 움직인다.

그렇지만 2학년 교실은 정직과 진실이 통하는 세상이다. 정직과 진실이 통하는 세상에는 희망이 있다. 정직과 진실이 통하지 않는 직장, 정직과 진실이 통하지 않는 사회에는 희망이 없다. 여기에서 말하는 희망이란 개개인의 소망이 아니고 그 사회가 지향해야 하는 공동체적인 희망을 말한다.

2학년 아이들은 자신의 마음을 알아주면 나의 마음까지 알아준다. 아이들의 마음까지 얻을 수 있었던 것이다. 마음은 오직 마음으로 사야 한다. 또 아이들은 진정성을 가지고 있기 때문에 진지하다. 점심을 먹고 잠시 졸고 있으면, 아이들이 와서 끊임없이 고자질을 한다.

"선생님, 언니가 때려요."

"선생님, 쟤가 유리창을 깨뜨렸어요."

별의별 이야기를 다 이른다. 나는 아이들의 말보다는 표정에 관심을 가진다. 어른이 보기에는 아무것도 아닌 일에 어쩌면 저렇게 온 마음과 온몸을 다해 진지하게 말할 수 있을까? 놀랍다. 웃음이 절로 나온다. 아이들은 솔직하기 때문에 진지한 것이다.

2학년 아이들의 세상은 늘 새롭다. 자기 눈에 들어오는 것, 자기가 느끼는 것들이 늘 새롭다. 그래서 세상이 신비하다. 반면 사람들은 나이가 들면서 신비함을 잃어버리고 대신 신기함을 얻는다.

"우리 남편은 어쩜 저렇게 자정까지 술을 마실까?"

지금 남편과 아내에게서 신비로움을 느낄 수 있는가? 지금 사귀고 있는 남자 친구에게 신비함을 발견할 수 있는가? 아이들은 세상을 항상 새롭게 보게끔 하는 신비함을 가지고 있다.

살아갈 새로운 세상을 창조하게 하는 것이 교육이다

자, 이제 2학년 아이들이 쓴 글들을 직접 읽어보자. 아이들이 어떻게 자기 주변을 자세히 보고 글로 표현했는지 보다 보면 어느새 내 마음까지 이 아이들의 마음으로 물들곤 한다.

〈여름〉

이제
눈이 안 온다.
여름이니까

놀랍지 않은가? 이 놀라운 시를 보고도 무표정한 어른들을 보고 있으면 나는 기가 막힌다. 다음 시도 참 잘 쓴 시다.

〈쥐〉

쥐는 나쁜 놈이다.
먹을 것들을
살짝살짝 다 가져간다.
그러다
쥐약 먹고 죽는다.

나는 아이들에게 자신의 나무를 한 그루씩 정해 살펴보도록 한다. 1년 동안 그 나무를 지켜보게 한다. 사계절 동안 한 그루 나무에게 일어나는 일은 무척이나 많다. 어느 날 나는 경수라는 아이에게 물었다.
"경수야, 네 나무 봤어?"
"네, 제 나무는요, 마을 앞에 있는 커다란 느티나무인데요. 오늘 아침에 보니까요. 그 느티나무 아래서요. 할아버지들이 놀고 있었고요.

그 앞에는 시냇물이 흐르고 있었어요. 그리고요. 그 시냇물 건너에는 들판이 있는데요. 들판에서는요, 사람들이 모내기를 하고 있었어요.”

“그래? 그럼 네가 이야기한 것을 써봐라.”

그러니까 경수는 한 그루의 나무를 통해서 시냇물도 보고, 할아버지들도 보고, 들판에서 일하는 사람도 본 것이다. 느티나무 한 그루를 중심으로 새로운 세상을 종합적으로 창조해낸 것이다.

또 다른 시를 보자.

〈참새 집〉

참새 집을 보았다.

학교가 끝나고

참새 집을 보았다.

참새 집을 보았을 때

나뭇잎이 떨어졌다.

나뭇잎이 떨어졌을 때

바람이 불어

오른쪽으로 날아갔다.

재미있었다.

집에 갈 때 주위에 있는 나무도 보고 사람도 보면서 가라고 했더니, 아이가 본 풍경을 이렇게 시로 써냈다. 그런데 여기서 잘못된 점이 하나 있다. 바로 참새 집이다. 참새는 집을 나무 위에 짓지 않고 처마 밑이나 기와 틈에 짓는다. 아이들은 늘 보는 것이 참새이기 때문에, 모든 새둥지를 다 참새 집이라 생각했던 것이다. 그런데 이때 잘못이라고 지적하면 아이는 더 이상 글을 쓸 수 없게 된다.

우리에게 무언가를 알려주는 시도 있다.

〈소똥〉

소는 똥이 진짜
크다.
소똥의 냄새는
너무해서 지독해서
우리는 쓰러지네.

옛날에는 소똥 냄새가 고소했다. 그런데 요즘엔 소가 화학성분이 들어 있는 사료를 먹고 자라기 때문에 소똥의 냄새가 지독해졌다. 정말 쓰러질 정도로 냄새가 지독하다. 우리가 그런 똥을 싸는 소를 먹고 살게 된 현실을 아이의 시를 통해 알게 된다.

이번에는 아이의 고운 시를 감상해보자.

〈벚나무〉

벚나무는 아름다운 꽃이 핍니다.
나는 아름다운 꽃을 보면

마음이 조용해집니다.

나는 그게 아주 좋습니다.

이 아이는 벚꽃을 아주 자세히 본 학생이다. 마음이 조용해질 때까지 벚꽃을 바라본 것이다. 우리는 언제 이 아이처럼 한 그루의 나무를, 비오는 모습을, 눈이 내리는 모습을, 내 아이를, 내 남편과 나 자신을 자세히 바라본 적이 있었던가?

같은 시간에 이런 시를 쓴 학생도 있었다.

뭘 써요?

뭘 쓰라고? 시 써라.

뭘 써요?

씨 쓰라고.

뭘 써요?

시 써서 내라고.

네.

그런데 제목은 뭘 써요?

니 맘대로 해야지.

아, 뭘 쓰라고요?

한 번만 더하면 죽는다.

정말 리얼리티가 빛나는 시가 아닐 수 없다. 아이들은 자기 주위에 있는 사물 하나하나를 자세히 봄으로써 그것을 자신의 것으로 만들고 그 생각을 논리적으로 정리해나간다. 이것이 바로 철학이다. 철학적인 삶과 태도를 길러주는 것이 교육이다.

삶을 정돈하게 하는 것, 이것이 바로 글이다. 철학적인 삶의 태도를 갖고 있는 사람은 신념도 갖게 된다. 신념이란 우리가 살아왔던 세상, 살고 있는 세상, 살아갈 세상을 믿는 것이다. 아이들에게 세상을 믿는 신념을 갖게 하고 그들이 살아갈 새로운 세상을 창조하게 하는 것이 바로 교육이다.

세상을 자세히 보면 많은 생각이 일어난다

나는 아이들에게 자기 주위에 있는 사물을 자세히 보는 눈을 갖도록 해주려 했다. 자세히 보아야 사물이, 주변의 존재가 진정 무엇인지 알게 된다. 또한 무엇인지 알아야 이해할 수 있다. 그렇게 이해가 되면 내 것이 되고, 그것이 쌓여 인격을 이룬다.

지금의 교육은 정답을 열심히 가르치고 정답을 열심히 외우도록 해 아이들이 정답을 맞히도록 한다. 거기서 끝이다. 정답을 많이 맞힌 아이가 공부를 잘하는 아이다. 우리 아이들의 시험 방식 중에 사지선다형이라는 것이 있다. 답을 고르면 된다. 어쩌다 모르는 문제가 나와서 찍었는데 맞힐 수도 있다. 모르는데도 맞힌다. 놀라운 일이다.

지식이, 공부가, 아는 것이 모여 인격이 되어야 하는데 모르는데도 점수가 나온다. 높은 점수만 얻으면 된다는 것이다. 공부와 인격이 합치되지 않는 교육이 지금의 현실이다.

내가 사는 덕치면에는 보리가 없다. 그래서 학교 화단에 보리를 심어놓았다. 어느 날 아이들에게 보리를 가리키며 저것이 뭐냐고 물어보았다. 한 아이가 "파요" 하자 다른 아이가 "아니요, 마늘이에요" 이러는 거다. 그러자 옆에 있던 아이는 "고구마요" 한다. 파와 마늘은 비슷한데 고구마는 좀 아니라 생각됐다. 나는 되물었다. "뭐?" 아이는 "그러면 감자요" 하고 대답을 바꾼다. 운동장 가에 있는 화단이기 때문에 늘 보기는 했지만 자세히 보지 않았기 때문에 무엇인지 몰랐던 것이다.

자세히 본다는 것이 바로 진정한 공부의 시작이다. 보고 듣고 표현하는 과정에서 인격이 완성되어 가면 관계가 맺어지고, 관계가 맺어지면 사고가 일어난다. 이러한 생각의 과정이 인생의 가장 중요한 핵심이다.

나는 수업이 끝나도 아이들을 집으로 보내지 않았다. 집에 가봐야 마을에 함께 놀 아이들이 없기 때문이다. 나는 아직 개념이 형성되지 않았지만 진정성을 가지고서 늘 새로운 눈으로 세상을 바라보는 아이들에게 글쓰기를 가르쳤다. 글 쓰는 방법과 기술을 가르치는 것이 아니라 세상을 보는 눈을 더욱 넓혀주기 위해서였다.

보통 글쓰기를 가르친다고 하면 시인이나 소설가를 만들려는 것으로 생각하지만 결코 아니다. 모든 공부는 실은 세상을 자세히 들여다보는 눈을 갖게 하는 것이다. 날아가는 새를 보고, 흘러가는 강물을 보고, 어머니들이 밭에서 일하는 모습을 보고, 벚꽃이 핀 걸 본다. 교육을 위해서는 아이들에게 우리 주변의 사물들을 바로 보게 해야 한다. 아이들에게는 글을 쓰는 방법이나 기술이 통하지 않기 때문에 보는 법을 가르치는 것이다.

공부를 잘하고 인생을 잘 살아가는 사람들에게는 한 가지 특징이 있다. 그들은 남의 이야기를 잘 듣고, 그 이야기가 옳으면 내 생각과 행동을 바꿔가는 사람들이다. 이런 사람은 정신적으로 성숙한 사람이다. 그렇게 공부해야 잘살고 바로 살 수 있다.

우리는 하루하루 살아가며 보고 듣고 표현한다. 이 과정에서 성장하고 성숙하고 발전하고 발달한다. 교육이란 실은 남의 이야기를 듣고 나를 고치고 우리가 사는 세상을 다시 자세히 들여다보는 일이다. 세상을 들여다보고 무엇이 중요한가, 무엇을 해야 하는가, 어떻게 살아야 하는가를 끊임없이 고민하는 것이다.

아이들은 한 그루 나무를 바라보며 그 나무를 통해서, 우리가 살고 있는 이 세상을 자세히 보는 눈을 갖게 된다. 나는 아이들에게 세상을 자세히 보게 했다. 세상을 자세히 보면 많은 생각이 일어나는데 그 생각을 나는 예술적으로 표현하게 하려 했다. 글을 쓰거나 그림을 그리거나 하는 일은 예술적 감성을 키우는 바탕이기 때문이다.

보고 듣고 생각하는 것들을 ‘동시’라는 형식으로 표현하게 하는 것은 예술적 감성으로 세상을 표현하는 능력을 키워주는 일이다. 그렇게 자기가 보고 들은 일, 체험한 일을 자세히 생각하며, 그 생각을 정리하다 보면 자기가 하는 일을 신중히 사색하게 된다. 생각이 넓어지고 세계를 바라보는 눈을 갖게 된다. 그리하여 자기가 확보한 시각을 통해 세상을 논리적으로 조직하고 그것을 예술적으로 표현해 생명력 있는 사고력을 갖춘다.

학교에서는 높은 점수 받는 법을 가르친다. 부모나 학생이나 모두

일류대학에 진학하길 바란다. 하지만 모두가 다 일류대학에 갈 수는 없다. 우리가 살아왔던 세상, 살고 있는 세상을 바라보면서 그 속에서 내가 가장 좋아하는 것을 찾게 해주는 일이 교육이다. 좋아하는 일을 하면 열심히 할 수 있고 열심히 하면 잘할 수 있다. 그러다 보면 사회에 나가 내가 할 몫이 생긴다.

함께 힘을 모아 흙을 밀어내고 세상으로 올라오게 만들어라

우리는 끝도 없이 물질과 문명을 발전시켜왔다. 하지만 궁극적으로 그 안에도 자연이 있다. 모든 삶의 양식, 형식 그리고 예술과 철학은 자연에서 발생했다. 그래서 우리는 자연을 함부로 여기면 안 된다.

서울은 참 아름다운 도시다. 그러나 사람들은 주말이면 산을 보러 강을 보러 서울을 빠져나간다. 왜 그럴까? 자연을 보고 상처받은 마음, 힘들고 어려운 현실을 잊고 평화를 찾기 위해서일 것이다. 자연을 보며 삶을 정돈하고 마음을 가라앉힌다.

그러나 놀랍게도 우리는 내가 자연의 일부라는 것을 잊고 산다. 사람이 곧 자연이다. 내 앞에 있는 아내가 남편이 자연이다. 저기 공부하고 있는 내 딸과 아들이 자연이며 여기 있는 모든 사람들이 자연이다. 내 앞의 자연을 바라보지 않고 인왕산만 바라보면 무슨 소용이 있겠는가? 내 앞의 어머니를 자세히 보고, 밥을 짓고 있는 내 아내를 자세히 보고, 신문을 읽고 있는 내 남편을 자세히 바라보는 눈을 갖길 바란다.

나는 참 복 많은 사람이다. 무엇보다 세상을 신비하게 바라보는 아이들과 평생을 살았고 농사짓는 사람들과 항상 더불어 살았다. 그들은 자연의 생태와 순환의 이치를 놀랍도록 꿰뚫고 있다. 깨를 심을 때 한 구덩이에 씨 수십 개를 넣는데 왜 그런가 물어봤더니, 깨의 싹은 너무 연약해서 서너 개를 심으면 흙을 못 밀고 올라온단다. 여러 개를 심어놓으면 이들이 힘을 모아 흙을 밀어내고 세상으로 올라온다는 것이다.

내가 복이 많은 또 한 가지는 문학과 예술을 사랑하며 살아왔다는 것이다. 평생을 초등학교 선생으로 살아오다 2008년 8월 31일, 학교를 그만두고 9월 2일에 외국으로 나갈 일이 생겼다. 한 서류의 직업란에 '시인'이라고 썼더니 여권과 직원이 시인은 직업이 아니라고 했다. 그러면 어떻게 하냐고 했더니 '무직'이라고 쓰라 했다. 그래서 나는 현재 무직이다. 그렇지만 나는 한평생 시를 쓰며 살아왔다.

시인은 오늘 날씨가 맑다고 말하는 사람이다. 지금 우리가 살고 있는 세상이 잘못됐다고 말하는 사람이 시인이다. 소외받은 것, 아픈 것, 버려진 것, 죽어가는 것들을 살려내는 사람이 바로 시인이다. 윤동주 시인은 말했다. "죽어가는 것들을 사랑해야지"라고.

학교를 다닐 때 정말로 행복했다. 풀잎같이 깨끗한 영혼을 가진 아이들을 바라보는 것만으로도 행복했다. 그런데 요즘은 아이들을 보지 못하지만 그래도 좋다. 나는 늘 현재를 좋아하는 사람이라는 사실을 깨닫게 되었다. 평생 내가 하는 일을, 내 삶을 귀하고 소중하게 여기고 산다.

자신이 하는 일을 좋아하지 않는 사람이 너무나 많다. 자기 일을 좋아하지 않으면 창조적인 아이디어가 나올 수 없다. 자신의 일터를 삶의 장으로 귀하고 소중하게 가꾸지 않는데 새로운 생각이 솟아날 리 없다. 참으로 불행한 일이다. 인생을 낭비하고 것이다.

사람들은 모두 수없이 많은 복을 가지고 태어났다. 어떤 사람은 그 복을 차면서 살고, 어떤 사람은 자기에게 주어진 고난을 자기 삶으로 안고 귀하게 가꾸며 산다. 주어진 복을 귀하고 소중하게 가꾸어 마음 속에 일상을 담고 가꾸어가길 바란다.

유홍준

명지대학교 미술사학과 교수. 서울대학교 미학과 졸업. 홍익대학교 대학원 미술사학과 석사, 성균관대 대학원 동양철학과 박사. 제주세계델픽대회조직위원회 원장, 제3대 문화재청장, 명지대학교 문화예술대학원 원장, 영남대학교 교수, 동 대학교 박물관 관장을 역임하였다. 저서로는 《유홍준의 한국미술사 강의》 《나의 북한 문화유산답사기》 《나의 문화유산답사기》 등이 있다. 간행물윤리위 출판저작상과 제17회 만해 문학상을 받았다.

한국 미술사 속에 담긴 우리 문화의 정체성을 찾아서

전곡리 주먹도끼, 구석기시대 역사를 바꾸다

한국 미술사는 대한민국 국민으로서 꼭 알아야 할 필수 교양이자 상식, 나아가서 의무이기도 하다. 그런데도 우리 미술사를 접할 기회가 적었기 때문에, 우리 미술사와 문화사에 익숙하지 않은 사람들이 많다.

나는 우리 건축이 얼마나 아름다운지, 그 속에 어떤 의미가 숨겨져 있는지를 꼭 알아야 한다고 생각한다. 우리 문화의 자부심도 거기서 나올 것이기 때문이다. 이것이 내가 신앙으로 여기는 한국 미술사를 대중들에게 알리고자 하는 이유이다. 지금부터 그 속으로 들어가 보자.

하늘에서 내려다본 전곡리 유적지.

어느 나라 역사든 문화사나 미술사는 인간의 역사와 함께 시작됐다. 인간의 역사는 500만 년 전부터 시작되었다고 하지만, 확실하게는 450만 년 전에 유인원의 유골이 나왔으니 이때부터 구석기시대의 시작이라 하겠다. 이후 1만 년 전 신석기시대가 될 때까지 장구한 세월 속에서 인간의 이성이 발달하고 문화가 축척되었다.

우리나라 구석기시대의 대표적인 유물은 경기도 연천군 전곡리 한탄강가에서 발견된 주먹도끼다. 주먹도끼는 가운데가 뭉툭하고 양쪽에 날이 있는 석기인데 대표적인 뗀석기이다. 한쪽 면을 떼어서 날을 세운 석기는 찍개라고 한다. 따라서 주먹도끼가 찍개보다 발달된 뗀석기다. 주먹도끼는 프랑스 생 아슐 지역에서 처음 나와서 '아슐리안 주먹도끼'라고도 한다. 주먹도끼는 아프리카와 유럽, 서아시아 지역에서 발달했고 동아시아에서는 찍개가 발달했다는 학설이 정설로 받

전곡리에서 발견된 주먹도끼. 왼쪽 길이 17.5cm, 서울대학교박물관 소장.

아들여지고 있었는데, 연천군 전곡리에서 주먹도끼가 발견됨으로써 이 학설이 완전히 바뀌게 되었다.

1971년 내가 대학 4학년 무렵의 일이다. 동두천 미군부대에 복무하던 '보웬'이라는 하사가 있었는데, 그 하사 덕분에 새로운 학설이 등장했다. 그는 미국 인디애나 대학교 고고학과에 다니는 학생이었는데 학비를 벌기 위해 한국에 자원입대했고, 동두천 PX에서 노래를 부르는 한국인 가수와 연애를 했다. 그러던 1월 어느 날 한탄강변에 놀러 갔다가 주먹도끼를 발견하게 되었다. 사실 이것을 육안으로 구분하기는 쉽지 않다.

보웬은 주먹도끼와 주먹도끼가 발견된 곳의 지도를 인디애나 대학교 고고학과 교수에게 보냈다. 그 교수는 그것들을 다시 고고학 국제대회에서 만난 적이 있는 서울대학교 김원룡 교수에게 전하라고 말했고, 김원룡 교수는 연구 끝에 주먹도끼의 경로를 발견했다. 그리하여 아슐리안 주먹도끼는 아프리카에서 시작해 유럽, 인도에서 끝난다고 한 기존 학설을 뒤집고 경기도 연천군 전곡리까지 이어지게 되었다.

나는 문화재청장으로 일하던 당시 연천군수에게 보웬 하사를 초청하자고 건의를 했다. 보웬 하사는 그 한국인 가수와 결혼하고 한국을 떠난 지 30년 만에 다시 연천군을 방문해 감격의 눈물을 흘리고 돌아갔다. 감사의 마음을 표현한 것이다.

한반도에서의 주먹도끼 발견은, 학창 시절 역사 시간에 배웠던 하이델베르크 원인, 북경 원인, 자바 원인이 살았던 바로 그 시대에 우리 한반에도 사람이 살았던 흔적이라는 점을 뜻한다. 하지만 그 사람들이 우리의 직접적인 조상은 아니다.

지구상에 마지막 빙하가 물러간 것은 1만 5,000년 전이다. 그전에 지금의 황해는 큰 강이었는데 빙하가 녹으면서 물이 차올라 바다가 되었다. 제주도와 일본열도가 한반도와 떨어져나가게 된 것도 그때다. 이제 우리의 직접 조상이라고 할 수 있는 신석기인들의 삶 속으로 들어가보자.

신석기시대 토기와 함께 한반도의 주인이 등장하다

서울 암사동에 유적지가 있다. 1925년 서울에 대홍수가 일어났다. 물살이 휩쓸고 간 뒤, 암사동 유적지가 세상에 모습을 드러냈다. 그리고 이곳에서 신석기 문화의 상징인 빗살무늬토기가 나왔다.

빗살무늬토기를 사용한 사람이 우리의 직접 조상 같지만, 사실 빗살무늬 토기 이전에 덧무늬토기를 사용하던 사람들이 있었다. 덧무늬

신석기시대 양양 오산리에서 발견된 덧띠무늬토기.
높이 16.0cm, 국립춘천박물관 소장.

토기는 함경도 청진에서 양양을 거쳐 동해안을 타고 부산, 통영, 제주
도 고산리까지 이어진다.

토기는 인간이 흙을 빚어 그릇을 만들어내는 창조물이다. 그 옛날
에도 인간은 촌수가 먼 사람들이랑 결혼을 했는데, 여자들이 시집갈
적에 자기 집안에 있던 그릇을 가지고 갔다. 즉 문화를 가져간 것이다.
그래서 토기 사용의 흔적을 보면 그 민족의 이동을 알 수 있다.

이 덧무늬토기를 사용하던 사람들이 8,000년 전부터 6,000년 전까
지, 2,000년 동안 이 땅의 주인공이었다. 그런데 덧무늬토기를 만들던
사람들의 문화는 빗살무늬토기를 사용하던 사람들의 문화에 점령당
해 사라져버린다.

덧무늬토기의 특징은 그릇 테두리의 '띠'다. 띠를 두른 그 조형성
이 마치 현대 도예 같은 아름다움이 있다. 여기에 신석기인들의 삶의
정서가 들어가면서 원시 예술로 훨씬 더 큰 감동을 준다.

서울 암사동에서 발견된 빗살무늬토기.
높이 50.2cm. 국립중앙박물관 소장.

그런데 당시 사람들은 어떤 이유로 토기에 무늬를 새겼을까? 기능적으로는 빗살무늬가 있어야 손에서 미끄러지지 않아 들기에 좋고, 반지하인 움집 생활을 하면서 모래사장에 묻기도 좋다. 그렇다고 해도 왜 하필이면 빗살무늬일까?

신석기시대 사람들은 모든 것에 영혼이 있다는 애니미즘을 신봉했다. 그러므로 애니미즘에 입각한 상징성으로 무늬를 새겼다고 볼 수 있다. 이 그릇은 잉여 물고기를 저장하는 데 쓰였다. 때문에 생선뼈를 상징하는 것으로 빗살무늬를 새기지 않았나 추측한다.

신석기시대 사람들이 정복을 이야기하는 방법에는 여러 가지가 있다. 예를 들어 동물의 가죽을 벗겨놓는 것은 동물을 잡았다는 뜻이고, 생선뼈가 있다는 것은 생선을 잡아서 다 먹었다는 뜻이다. 손바닥을 그려놓는 경우는 영혼과의 접신을 말하기도 하지만 이 또한 정복을 뜻하는 그들만의 사인이다. 6,000년 전부터 3,000년 전까지 무려 3,000년 동안이나 이런 그릇을 사용하는 사람들이 한반도의 주인으로 살아왔다.

3,000년이란 참 길고 지루한 세월이다. 문화는 새로운 계기가 일어나지 않는 한 변하지 않는다. 자체적으로 충격이 일어나든 외부적으로 충격을 받든 문화적 충격을 받아야 새로운 문화로 도약할 수 있다. 그렇지 않으면 깊은 매너리즘에 빠져서 그 문화는 생명력을 잃어간다. 마치 아메리카 원주민들이 유럽의 공격에 힘없이 무너져버린 것처럼 말이다.

그런데 BC 1,000년 무렵, 빗살무늬토기를 사용하던 사람들 앞에 민무늬토기를 사용하는 사람들이 등장한다. 우리가 고조선이라고 말하던 시대다. 아직 남쪽에는 삼한이 형성되기 전의 이야기다. 민무늬토기는 복주머니 같은 단지에 손잡이가 있는 가장 전형적인 고조선

좌 : 고조선시대 미송리형 토기. 높이 37.2cm. 평안북도 의주 미송리에서 발견되었다.
우 : 청동기시대 송국리형 토기. 높이 45.7cm. 부여 송국리에서 발견되었다. 국립중앙박물관 소장.

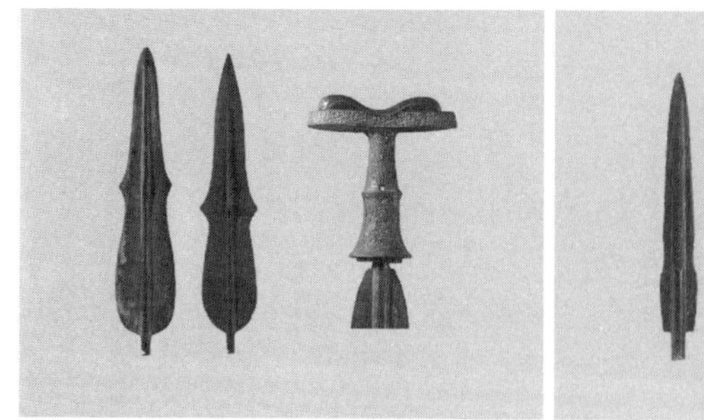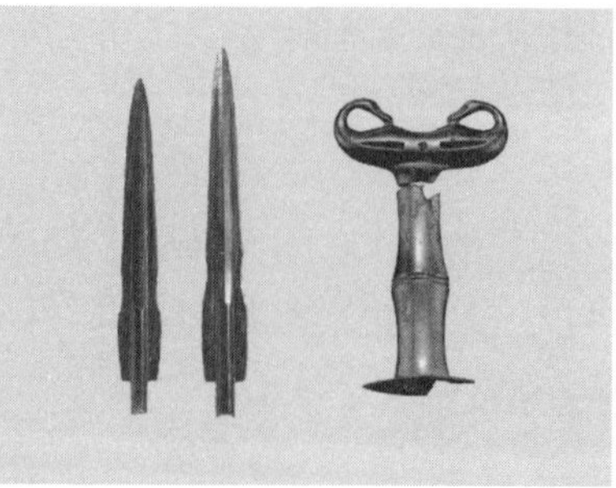

좌 : 비파형 동검. 경북 상주 출토. 왼쪽 길이 42.0cm. 국립중앙박물관 소장.
　　비파형 동검 손잡이. 황해도 신천 출토. 길이 42.0cm. 국립중앙박물관 소장.
우 : 한국식 세형동검. 아산 남성리 출토. 왼쪽 길이 37.2cm, 국립중앙박물관 소장.
　　세형동검 손잡이. 대구 비산동 출토. 길이 12.5cm. 삼성미술관 리움 소장.

토기이다. 부여 토기는 선이 아주 우아한데 둘 다 선이 없어서 민무늬 토기라고 한다. 이런 미감은 훗날 강인하고 힘 있는 것은 고구려 토기, 부드럽고 우아한 것은 부여 토기라는 지역적인 특색을 보인다.

빗살무늬토기를 사용하는 사람들은 빗살무늬토기 이외의 문화는 없다. 그런데 민무늬토기를 사용했던 사람들은 청동기문화를 함께 가지고 왔다. 민무늬토기는 청동기문화와 같이 시작되었다고 할 수 있다. 당시에는 국가가 아직 형성되기 이전으로 족장국가, 훈장국가라고 하는 씨족제도 사회였다.

고조선의 족장들은 비파 모양의 동검을 사용했는데, BC 400~500년을 넘어서면 세형동검이라는 속이 파인 동검이 등장한다. 비파형 동검은 요동반도 일대에서 발견되지만, 세형동검은 한반도에서만 발견된다. 이는 한반도에서는 비파형 동검에서 세형동검으로 이동했다는 증거가 된다.

그런데 세형동검을 만들었던 거푸집은 발견되었는데, 비파형 동검의 거푸집이 발견되지 않아 어떤 학자들은 비파형 동검을 우리가 직접 만든 것인지 수입한 것인지 알 수 없다고 주장하기도 한다.

이후 BC 300년 무렵, 그때부터 본격적으로 청동기문화가 발달하면서 고대국가로 나아갈 준비를 한다. 이것이 우리가 역사에서 말하는 BC 1,000년에서 기원 무렵까지 1,000년 동안, 청동기문화의 기본적인 성격이다.

청동기시대와 신석기시대의 가장 큰 차이점은 무덤이다. 청동기시대에 고인돌이 처음으로 등장했다. 족장들이 죽으면 고인돌 무덤을 만들었는데, 우리나라에 있는 4만 5,000개의 고인돌 중 가장 멋있는 것이 황해도에 있는 고인돌이다.

세계사 전체로 봤을 때 돌무덤문화는 어느 나라나 가지고 있다. 노

북방식 고인돌(은률). 청동기. 덮개돌 길이 875.0cm, 너비 450.0cm, 두께 31.0cm. 황해남도 은률 관산리. 조선총독부에서 만든 도록에 실린 고인돌이다.

르망디 상륙작전을 했던 프랑스 부르고뉴 지방에 가장 많고 몽생미셸 길목에도 있다. 그리고 프랑스 영화 〈남과 여〉를 촬영한 도버 해협에도 프랑스 고인돌이 있다.

일본의 큐슈, 랴오둥반도와 산둥반도 중국 황해 쪽에도 고인돌이 일부 있지만, 동북아시아 고인돌의 핵심지역은 한국이다. 예전에는 고인돌이 남방에서 왔나 북방에서 왔나 논란이 많았지만, 지금은 한반도 자생설이 훨씬 강하다. 유네스코 세계문화유산으로 등재된 우리나라 문화재 10곳 중 고인돌이 3개나 포함된다. 고인돌을 우리는 돌덩이라고 생각할 수 있지만 세계사적으로 봤을 때 아주 중요한 기념물이다.

샤먼의 전통으로 살았던 원삼국시대

기원 무렵에서 AD 300년 사이, 쇠뿔손잡이 형태의 항아리가 특히 경상도 지역에서 많이 출토되었다. 이 토기와 함께 오리형 토기도 발견되었다. 이 토기도 경상도 지역을 중심으로 나오는데 지금까지 100개가 발견되었다. 이 토기들은 고고학적인 발굴이 아니라 도굴꾼들에 의해 처음 발굴되었다.

1984년 경산 임동동 아파트 단지를 만들기 위해 개발하는 과정에서 오리형 토기가 발견됐다. 당시는 건축 법규에 문화재 신고 조항이 없어 공사 중간에 문화재 신고가 들어오는 경우가 많았다. 지금은 1만 평 이상의 토지에서 건축물을 지으려면 반드시 문화재 조사를 해야 공사 허가가 난다.

좌 : 쇠뿔손잡이항아리. 원삼국시대 2세기. 높이 42.3cm. 호림박물관 소장.
우 : 오리형 토기. 원삼국시대. 울산 중산리 출토. 높이 33.2cm. 창원대학교박물관 소장.

우리 역사에서 삼한시대와 삼국시대 초기가 겹친다. 고구려, 백제, 신라는 삼한과 부여에서 뻗어나왔기 때문이다. 고구려는 부여에서 나왔고 신라와 가야는 변한과 진한에서 나왔다. 백제는 고구려에서 뿌리가 내려왔다. 삼국시대 초기 AD 300년까지는 아직 고대국가가 형성되지 않은 시기였다. 이때까지 한반도에는 10개의 부족국가가 생겨났고 고대국가가 되기 위해 서로 경합을 하고 싸운 끝에 삼국으로 나뉜다. 이 시기를 삼국시대 초기라고도 할 수 없고, 망해가는 삼한시대라고 할 수도 없다. 거기에 부여, 옥저, 동예도 있었다. 굉장히 혼란스러운 이 시대를 고고학에서는 삼국시대로 가는 원초라는 개념으로 '원삼국시대'라고 한다.

그래서 앞서 설명한 오리형 토기를 '원삼국시대 오리형 토기'라고 한다. 역사학자들은 원삼국이라는 단어를 쓰기 않고 고조선, 삼한이라는 단어만 사용하는데, 이는 고고학적으로는 맞지 않는 이야기이다. 역사학자들은 BC 1세기부터 668년 고구려 멸망까지를 700년 동안을 삼국시대라고 말한다. 하지만 결론이 삼국이었지, 실제로 삼국이 있었던 시기는 120년밖에 안 된다. 그전에 가야가 있었고, 또 그전에는 부여, 옥저, 동예가 있었다. 사실 시대 개념을 이야기하는 것은 간단하지 않다. 결론이 삼국이었다는 것을 가지고 이야기하려니 우리 문화사의 이미지가 쉽게 드러나지 않는 어려움이 있다.

고대인들은 빗살무늬토기와는 달리, 제사를 지낼 때 사용하는 술독에 쇠뿔손잡이를 달았다. 이것은 쇠뿔처럼 강하다는 이미지를 위한 상징성으로 단 것이지 편리성 때문에 단 것은 아니다. 손잡이로 기능하려면 거꾸로 달아야 한다. 그리고 퇴죽그릇으로 사용한 것이 오리형 토기이다.

오리형 토기는 처음에는 오리형 토기다, 닭벼슬 토기다 말이 많았다. 몸을 보면 오리인데 머리를 보면 닭처럼 생겨서이다. 그런데 경주에서 발굴된 오리형 토기 중 오리발 물갈퀴가 달린 것이 나오면서 오리형 토기가 정식 명칭이 됐다. 눈이 옆으로 귀처럼 나와 구멍을 뚫어놔 굉장히 신비감이 있고 권위가 있고 힘이 들어가 있다. 여기까지는 샤먼의 전통으로, 다시 말해 제관의 전통으로 살았던 시대였다.

죽음의 공간 속에서
찬란히 빛나는 벽화와 금관

샤먼의 시대가 끝나고 본격적으로 고대국가로 들어서면서 삼국의 시대가 펼쳐진다. 그리고 왕족과 귀족의 무덤 규모가 커지고 화려한 고분벽화가 등장한다.

사냥하는 모습. 고구려 5세기. 춤무덤 안칸 오른쪽 벽. 중국 길림성 집안.

압록강 유역 통구에는 지금도 고구려 돌무지무덤 1만 1,300여 기가 있다. 그중에서도 우산하고분군은 원형도 잘 남아 있고 옥수수밭 사이로 돌무지무덤 수천 개가 아주 장관을 이룬다.

그리고 무덤 내부에 벽화가 그려진 고구려 고분은 현재까지 90여 기가 발견됐다. 특히 사냥하는 모습이 담긴 〈수렵총〉 고분벽화가 유명하다. 고구려 고분벽화의 중요한 특징은 실내 방안에 목조건축의 기둥을 그려서 실내를 표현했다는 것이다. 활달한 고구려인의 기상이라고들 이야기하지만, 조금 다른 측면도 엿볼 수 있다.

글이든 그림이든 무엇이 되었든 자신이 하고자 하는 것을 장악한 사람은 여유가 있고, 여유가 있는 사람은 유머가 있다. 사냥하는 모습을 그린 사람의 마음도 마찬가지이다. 벽화를 그릴 당시 장수왕 시절은 매우 풍요로운 때였다. 이 그림을 자세히 보면 사냥하면서 쫓아가는 남자 중에서 졸고 있는 이가 있다. 심각한 죽음의 공간에서 이러한 묘사를 할 수 있다는 것은, 당시 문화가 얼마나 여유 있고 세련되었나를 보여준다.

고구려 고분벽화는 평양, 길림성 지역에 보존되고 있는데, 6년 전 중국 사람들이 길림성에 있는 고구려 고분벽화를 유네스코에 등재 신청을 했다. 국제법상 소유하고 있는 나라가 신청하게 되어 있기 때문에 합당하긴 하다. 하지만 우리 입장에서 봤을 때, 고구려 고분벽화가 유네스코에 등재되고 'in china'라고 적혀 있으면 고구려의 역사 또한 'in china'가 되는 것이다. 이것을 그냥 지나칠 수 없어 민간에서 건의해서 북한의 고분벽화와 길림성의 고분벽화를 함께 유네스코에 등재했다. 우리 문화재청팀에서 유네스코를 통해서 몇 년에 걸쳐 공동으로 복원 작업에도 참여했다.

고분벽화가 지금까지 잘 유지된 것은 높은 습도 때문인데, 복원 작업을 위해 세 사람이 들어가니 90도여야 할 습도가 85도로 떨어졌다. 문화유산을 일반에 그냥 공개하면 안 되는 이유가 바로 여기에 있다. 사람은 아프면 치료를 하면 된다. 문화유산은 아픈 순간 넘어진다. 폐쇄하는 것에는 다 이유가 있다. 만 년, 백만 년을 잘 유지해야 하기 때문이다.

600년을 넘어서면서 고구려 문화는 절정에 이른다. 평안남도 강서군 강서대묘의 사신도 가운데 현무도는 회벽이 아니라 돌가루에 그려서 1,500년이 지난 지금도 선명하다. 예전에 우리는 '현무도'는 거북의 몸에 뱀 머리 두 개가 붙어 있다고 배웠는데, 자세히 보면 암수가

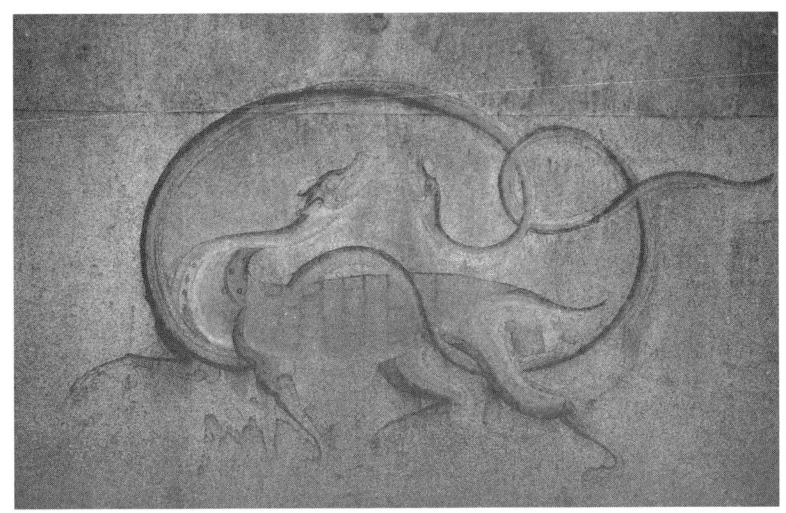

현무. 고구려 7세기. 강서큰무덤 현실 북벽. 평안남도 강서군 삼묘리.

다시 만나는 형태이다. 둘이 어울려서 사랑을 나누고 있다. 이 그림의
백미는 긴장이다. 뱀의 몸과 꼬리가 서로 꼬여 있는 모습이 긴장과 탄
력을 자아낸다.

또한 통구에 있는 다섯 무덤에는 사신도 위에 달신과 해신의 만남
이 드라마틱하게 표현되는 그림도 있다. 이게 고구려 사람들이 보여
주었던 문화능력이다. 삶 자체가 다 없어진, 죽음의 문화 속에서도 그
들이 가지고 있던 문화능력을 보여주었다. 고구려는 이만 한 그림을
그릴 수 있는 삶의 문화가 있었다.

고구려는 문화가 최고 절정에 달하는 순간 나라가 없어졌다. 역사
상 이런 나라는 얼마 없다. 문화가 발전하다가 어느새 사양길로 접어
들어 쇠락하는 포물선을 그린다. 고구려 문화는 쇠퇴기가 없다. 역사
적으로 '사고사'라고 할 수 있다. 잘나가던 고구려가 어느 날 갑자기

없어져버린 것이다.

고구려는 수나라 백만 대군을 두 번이나 물리친 나라이다. 남북조 시대를 통일한 수나라는 50년도 안 되는 기간 동안 고구려와 싸운 것밖에 없다. 당시 고구려 인구가 600만 명 내지 700만 명이었다. 수양제가 끌고 온 군대가 100만 명이고, 보급 부대가 130만 명이었다. 이런 수나라와 싸워서 두 번이나 이긴 고구려지만 그 싸움으로 인해 고구려도 피폐해지긴 마찬가지였다. 그러던 차에 나당연합군이 들어오자 고구려는 더 이상 힘을 쓰지 못하고 국제사회에서 모습을 감춰버렸다. 참 안타깝다.

이번에는 신라시대 천마총을 보자. 경주 시내 남쪽만 해도 신라고분이 100기가 넘는다. 다들 신라고분 하면 금관을 떠올린다. 신라고분의 금관은 1921년 처음 발견됐다. 고구려와 백제 무덤은 지상에 돌집을 짓고 흙을 얹었기 때문에 흙을 헤치고 안으로 들어갈 수가 있었다. 신라의 무덤들은 고분 밑에 5미터 깊이로 땅을 판 다음, 시신을 넣고 자갈을 덮어 부장품 전체를 메우고 그 위에 흙을 얹었기 때문에 쉽게 손을 댈 수가 없었다.

그런데 일본 사람들이 경주역을 개발하면서 그 일대에서 무덤을 발굴하게 되었고 그 과정에서 금관이 나왔다. 세상이 발칵 뒤집혔다. 금관뿐만 아니라 금팔찌 등 유물이 1만 점 이상 나왔기 때문이다. 이로 인해 신라가 황금의 문화였음을 알게 됐다. 이후 일본인들은 본격적으로 도굴을 시작한다. 그러다 또 다른 무덤에서 금관을 발견했는데, 그 금관은 끝에 봉황새가 새겨져 있어서 '서봉총'이라 한다.

1971년 박정희 대통령이 울산과 포항에 들렀다 다시 서울로 올라

오던 중 지금의 경주 보문단지 지역을 내려다보면서 이곳을 역사관광지로 개발하는 것이 어떻겠느냐는 제의를 했다. 그리고 신라 고분 중 하나를 발굴해서 금관이 나오면, 일반인에게 개방해 관람을 하게 하면 교육적으로나 관광사업 면에서나 좋지 않겠냐는 의견을 냈다.

그런데 1971년 당시 우리나라 고고학자들은 한 번도 발굴 경험이 없었다. 다시 말해 고분을 발굴하려면 얼마만큼 가면 뭐가 나오고, 또 얼마만큼 가면 뭐가 나온다는 것을 알아야 하는데 당시는 발굴에 대한 보고서조차 제대로 없었다. 그러니 금관이 안 나오면 프로젝트가 완전이 엉망이 되고 마는 것이었다.

당시 고고학자들은 가장 큰 황남대총을 발굴하기로 했다. 황남대총은 두 개의 봉분으로 이루어져 있는데 하나는 높이가 25미터고 다른 하나는 높이 23미터에 길이가 120미터이다. 분명 금관이 있을 것이라고 판단하고 발굴을 계획했다.

하지만 너무 엄청난 일이다 보니 엄두가 나질 않아, 시험적으로 그 옆에 있는 작은 고분을 발굴해보고 황남대총을 발굴하자는 데 의견을 모았다. 그런데 그 작은 고분에서 천마총이 발견된다. 그리고 황남대총에서도 금관이 나왔으며 무려 5만 점의 유물이 함께 발굴되었다.

이때 나온 유물 중에 유리잔이 많다. 신라 사람들이 5세기에 페르시아에서 유리잔을 수입해서 썼다는 사실도 굉장하다. 유리잔뿐만 아니라 반지, 팔찌, 목걸이 등 모두 수입품이다. 당시 국제교류가 얼마나 활발했는가를 보여주는 증거이다.

이븐 크루다지바라는 이슬람 사람이 쓴 기행문에 이런 글이 있다. 9세기에 쓴 글인데, 당시 서역과의 교역을 알 수 있는 대목이다.

좌(상) : 황남대총 남분에서 발굴된 유리잔. 높이 12.3cm.
좌(하) : 천마총에서 발굴된 유리잔. 높이 7.4cm. 보물 620호.
우 : 황남대총 남분에서 발굴된 봉수모양유리병. 높이 24.7cm. 국보 193호.

"감숙성 너머 중국 동쪽 끝에 신라라는 산이 많은 나라가 있다. 그 나라에는 금이 많이 나온다. 우리 이슬람 사람이 이곳에 가서 정착해 살고 있는 이유는 바로 그 금 때문이다. 그러나 그 너머 동쪽에는 무엇이 있는지 우리는 아직 모른다."

종교가 통치 이데올로기로 자리 잡다

경상북도 고령군 지산동에는 72개의 가야 고분이 있는데, 44호 45호는 신라 왕릉처럼 크다. 그런데 이 가야 고분은 산등성을 타고 자리 잡고 있다. 창녕, 고성, 함안, 합천에 있는 고분이 다 그렇다. 요즘 같이 억새가 휘날릴 때 보면 환상적인 역사적 경관이다.

흔히들 가야는 힘이 없어 망했다고 한다. 그러나 그것만이 이유일까? 가야의 44호 무덤을 발굴했더니 23명이 순장되어 있었다. 가야의 왕은 23명을 순장할 정도로 막강한 통치력을 갖고 있었는데, 가야는 그래서 망한 것이 아닐까? 인간의 생명을 가볍게 생각하는 나라는 국가로서 성장하지 못한다.

죽음의 문제를 샤머니즘만으로 생각하는 나라는 국가로 크지 못한다. 영혼의 문제, 죽음의 문제를 해결할 수 있는 발달된 종교에 의존하지 않고는 고대국가가 될 수 없다. 고대국가가 되려면 강력한 율령 체

지산동 고분군. 가야. 고령 고령읍 지산리.

계가 있어야 하고, 영토가 있어야 하고, 종교가 있어야 한다. 통치 이데올로기로서 종교가 필요한 것이다.

케네스 클라크라는 영국의 유명한 미술사가가 있다. 명작의 해설에서는 이 사람을 따라갈 사람이 없는데, 그가 서른다섯 살 때 영국 갤러리박물관 관장을 하면서 이런 말을 했다.

"고대 중세 제왕들이 무엇 때문에 종교 건축에 많은 정열을 보냈는지 이해하기 힘든 현대인에게 권할 수 있는 가장 좋은 방법은 당시 매스컴이 없었다는 사실을 기억하는 것이다."

어떤 이는 왕이 되고 어떤 이는 백성일 수밖에 없는 삶의 논리의 체계를 만들기 위해 누구나 직면하는 죽음의 문제를 종교의 힘을 통해 다루었고, 이를 곧 국가 통치 이데올로기로 삼았다는 얘기다.

삼국 중 종교를 통치 이데올로기로 삼은 대표적인 나라는 신라다. 법흥왕이 불교를 공인하고 진흥왕이 불교를 진흥시켰는데, 잠시 황룡사에 대한 이야기를 살펴보자.

황룡사는 신라시대의 대표적인 불교건축물의 하나로 엄청난 규모를 자랑한다. 아쉽게도 현재는 그 터만 남아 있지만 추정해보건대, 황룡사 9층 목탑의 높이는 몸체만 65미터에 이르고 상륜부까지는 85미터이다. 25층짜리 고층 아파트 높이라고 생각하면 되겠다.

황룡사라는 이름에 얽힌 이야기도 재미있다. 진흥왕이 새로운 왕궁을 기존 왕궁 동쪽 늪지에 지으려는데 그곳에서 황룡이 나타났다는 얘기를 듣곤, 절을 만들어 희사하고 황룡사라는 이름을 내렸다고 한다.

황룡사 복원 모형.

황룡사는 진흥왕 때 창건하기 시작해 담장을 쌓는 데만 17년이나 걸렸다. 그 뒤를 이은 진평왕이 국상을 새기고 기와를 올리는 데 37년이 걸렸다. 선덕여왕 때는 자장율사가 왜적들의 기를 누르기 위해 9층탑을 지을 계획을 세운다. 하지만 신라에는 이를 지을 기술이 없어 백제왕에게 선물을 왕창 안기고 기와를 잘 짓는 와박사를 데려왔다. 백제는 기술을 중시했던 나라였다. 경악을 공부하는 사람은 경악박사, 종을 잘 만드는 사람은 주종박사, 기와를 잘 짓는 사람은 와박사라고 해서 그들을 추대했다. 그래서 백제공예가 뛰어난 것이다.

황룡사 9층탑은 1층에서 9층까지 신라가 물리쳐야 할 왜적의 이름이 새겨져 있다. 제일 아래가 중국, 다음은 일본, 그다음은 탐라 등의 이름이 들어 있는데 백제와 고구려는 없다. 삼국전쟁이 갖는 의미에 대해 다시 한 번 생각하게 하는 대목이다.

하지만 서라벌 벌판에 지어진 85미터짜리 건축물은 벼락을 여섯 번이나 맞고 여러 차례 중수되는 과정을 거쳤다. 그리고 고려 때 몽골과의 전쟁으로 황룡사는 불바다가 되고 거대한 위용을 자랑하던 황룡사9층 목탑도 사라지고 말았다.

고려는 27년 동안 몽골에 항쟁하며 끈질기게 저항했다. 몽골로서는 도읍인 개성을 치면 그만인데 끝까지 항복을 안 하니까 경주를 불바다로 만들어버린 것이다. 그야말로 전국을 융단폭격한 것이다.

고려가 일곱 번의 전쟁을 겪으면서도 항복을 하지 않자, 결국 원나라는 고려를 부마국으로 삼아 고려를 통제하려는 전략을 썼다. 이리하여 고려는 27년간의 대항쟁 끝에, 세계에서 전무후무하게 대원제국의 사위국으로 대접을 받았다.

당시 불타버린 황룡사는 지금까지도 복원되지 못하고 있다. 사라진 문화유산을 원형으로 복원하는 것은 후손들의 책임이다. 황룡사를 복원하는 데 2,500억 원이 드는데 예산은 충분히 가능하다고 본다. 하지만 복원 실력이 있는지 없는지는 검증되지 않았다.

선덕여왕 때도 한 것을 지금 왜 못하냐고 하지만 천만의 말씀이다. 지하실을 파지 않고 나무로 세워야 하는데 아파트 25층이나 되는 높이의 하중을 어떻게 견딜 수 있게 하겠는가. 황룡사 복원은 경주시와 조계종의 엄청난 소원이기도 하다.

언젠가 국민문화재연구소 건축문화재연구실에 황룡사 터를 짓는데 필요한 나무를 조사해보라고 했더니 4톤 트럭으로 2,600대가 필요하다고 한다. 그런데 나무가 없다. 광화문 숭례문을 만들 때도 울진에 있는 춘향목을 가져와 간신히 했다. 지금은 호주나 캐나다에서 전량 수입해서 써야 한다.

미륵사지 석탑. 백제, 높이 14.24m, 국보 11호, 전라북도 익산 금마면 기양리.

문화재청과 산림청에는 많은 소나무가 있지만 더 키워야 쓸 수 있다고 한다. 이 때문에 산림청에서 열심히 소나무를 키우고 있다. 산림청에서 관리하는 통고산 소광리 휴양림이 있는데, 그곳의 나무를 150년 후 문화재청이 쓸 수 있도록 서약을 하고 타임캡슐에 넣었다. '이 나무들은 150년 후 우리 후손들이 전통건축물을 복원하기 위한 것으로 150년간 그 누구도 어떤 이유로도 벨 수 없다' 라는 내용이 담겨 있다.

이번에는 익산 미륵사를 살펴보자. 허허벌판에 서 있는 탑 아래를 발굴했더니 놀라운 사실이 드러났다. 지하 3.5미터를 파내려와 맨 아

좌: 익산 미륵사 순금사리호. 높이 13cm.
우: 왕흥사 사리함. 백제. 사리함 높이 10.3cm. 국립부여문화재연구소 소장.

랫부분에 돌을 깔고 그 위에 떡시루 앉히듯이 진흙 넣고 모래 넣고, 진흙 넣고 모래 넣고 하는 식의 판축공법으로 탑이 세워진 것이다. 그랬기 때문에 1,500년 동안 어떤 지진에도 무너지지 않았던 것이다. 아마도 황룡사 밑도 불국사 밑도 이런 구조로 되어 있을 것이다. 이처럼 고대국가 사람들에게는 오늘날 우리가 상상하지 못하는 치밀함이 있었다.

《삼국사기》를 편찬한 고려시대 김부식은 백제의 아름다움은 "검소하되 가난해 보이지 않았고, 화려하되 번잡스러워 보이지 않았다"라고 말했다. 이러한 백제의 아름다움은 미륵사에서 나온 순금사리호와 왕흥사에서 나온 사리함을 보면 알 수 있다. 미륵사 순금사리호는 너무나 환상적이다. 말할 수 없이 화려하면서도 고귀한 품위가 있다.

왕흥사에서 발굴된 사리함은 금·은·동 세트다. 동제사리함은 소박하고, 은제사리함은 듬직하며, 금제사리함은 고귀한 모습이다. 세 사리함의 형태는 그렇게 다르지만 뚜껑에는 모두 봉곳한 꼭지가 달려 있어 한 세트로서의 통일성을 갖추었다. 누가 백제시대에 이런 것들

좌 : 감은사지 삼층석탑 사리함(내함). 25cm.
우 : 감은사지 삼층석탑 사리함(외함).

을 만들었다고 믿겠는가.

신라 감은사에서도 아름다운 사리함이 나왔다. 우리나라 역대 사리함 중 가장 정교하고 화려한 사리함이다. 사리함이 만들어진 시기는 680년 무렵이다. 통일신라 초기 금속공예품 가운데 최고작품으로 손꼽힌다.

사리함은 단순한 공예품이 아니다. 그 이전 사람들이 고분에 쏟았던 예술적 열정과 기술과 총력을 불교미술로 옮겼다는 미술사적 의의를 갖기 때문이다. 바야흐로 왕을 위한 금관시대에서 절대자(부처)를 모시는 사리함의 시대로 전환했음을 말해주는 것이다.

당시 유럽은 게르만민족 이동 이후 야만국가 시절이었다. 680년 무렵에 이렇게 아름다운 예술품을 만든 나라는 통일신라밖에 없다. 그 동안 우리가 우리 문화에 대한 자부심을 갖는 데 소홀했던 이유는 이처럼 세계사적인 시각에서 바라보지 않았기 때문이다. 우리 자체가 가지고 있는 아름다움에 대해서 너무도 몰랐다.

자연과 함께하는
고대 건축의 아름다움에서 배우는 지혜

이번에는 경주 불국사를 살펴보자. 사람들은 흔히 경주 하면 불국사를 떠올린다. 단순히 하나의 관광명소처럼 여기는 경향이 있는데, 불국사의 기하학적인 비례와 불국사 석축이 얼마나 아름다운지 알게 되면 다들 놀라움을 금치 못한다. 불국사는 자연과 인공의 아름다움

불국사 석축. 자연석과 인공석의 조화가 돋보인다.

이 잘 조화된 독특한 건축물이다. 명작은 뒤태가 아름다워야 한다고 한다. 불국사가 그렇다.

일반적으로 석축을 쌓을 때 자연석 위에 인공석을 올리는데, 수천 년 동안 비바람에 깎여 울퉁불퉁한 자연석과 인공석을 함께 쌓으면 그 사이에 틈이 생긴다. 요즘 사람들은 그 공간을 시멘트로 채울 생각을 하겠지만, 김대성 시절의 통일신라 사람들은 자연석에 맞게 인공석을 다듬었다. 그래서 1,300년 동안 어떠한 지진에도 무너지지 않았다.

연꽃잎으로 아름답게 조각된 불국사 연화교 계단.

불국사 대웅전과 극락전을 오르는 길 서쪽에 연화교와 칠보교가 있다. 연화교와 칠보교는 세속의 사람들이 밟는 다리가 아니라 서방 극락세계의 깨달은 사람만 오르내리던 다리라고 전해진다. 전체 18계단으로, 아래쪽 10단이 연화교이고 위쪽 8단이 칠보교이다. 그중 연화교는 층계마다 연꽃잎으로 조각되어 미려한 아름다움을 자랑한다.

당시 사람들은 이처럼 건물 구석구석마다 섬세한 아름다움이 깃들게 해 오늘날에도 우리의 감탄을 자아내게 한다.

마지막으로 안압지에 대해 꼭 하고 싶은 말을 남기며 이 글을 마칠까 한다. 사실 나는 안압지를 떠올리면 참으로 화가 난다. 우리가 학교 다닐 때 배운 것은, 신라 사람들이 이곳에서 파티를 벌이다가 망했다

월지궁의 안압지는 삼국통일의 기쁨을 나누기 위해 만든 곳이다.

는 이야기뿐이다. 안압지라는 이름 또한 신라가 망하고 폐허가 된 뒤 연못가로 기러기가 날아드는 정경을 보면서 시인 묵객들이 지은 이름 이라고 한다. 원래 이름은 월지궁 임해전이다.

안압지는 본래는 별궁이었다. 경복궁 옆에 있는 창덕궁과 같은 것 이라 생각하면 되겠다. 삼국을 통일한 문무대왕이 전쟁이 끝난 것을 기념하기 위해 자신의 투구를 땅에다 묻고, 군사문화 폐기를 선언하 며 무장사라는 절을 짓고, 그 지루했던 삼국 전쟁에서의 승리의 기쁨 을 건축으로 표현한 것이 월지궁의 안압지이다.

안압지에는 마치 바닷가에 있는 것처럼 표현하기 위해 섬 세 개가 있는데, 어느 쪽에서 봐도 똑같은 광경을 볼 수 없다. 서쪽과 남쪽은 직선으로 북쪽은 곡선으로 만들었기 때문에 그렇게 보이는 것이다. 직선과 곡선의 환상적인 어울림이라고 할 수 있다. 또한 자연의 원리

를 이용해서 물이 자연적으로 흘러가게 설계해 물을 구석구석 순환시
킴으로써 호수 물이 썩지 않게 만들었다.

자연과 함께하는 건축은 고대 사람들이 오늘날의 우리보다 훨씬
더 잘 만들었다. 통일의 기쁨을 나누기 위해 안압지를 만들었다고 하
니 얼마나 감동적인가. 경주에 가면 새로운 시각으로 안압지를 보았
으면 한다.

우리 문화유산이 가지고 있는 여러 가치를 이야기할 때, 그것이 원
래 지니고 있는 가치에 대해 꼭 생각했으면 한다. 더불어 아름다운 우
리 문화유산에 대한 자부심으로 거침없이 질주하는 문화강국 대한민
국이 되기를 기대한다.

강연을 듣고 나서

G20 정상회의는 지난 50여 년 동안 성장을 향해 달려온 우리에게 세계가 준 선물이었다. 이번 행사를 통해 '대한민국' 이라는 국가 브랜드는 엄청나게 향상되었다. 하지만 100년 전의 대한제국이 열강들의 각축전이 되었듯, 아직도 열강들은 우리를 둘러싸고 자신들의 이권을 노리고 있다. 이번 강연은 '지금 우리가 어떻게 하는가에 따라, 대한민국의 미래도 달라질 것이다' 라는 경고를 하는 듯했다.

정민기 (주)브이테크 팀장

나는 남들이 말하는 소위 '88만 원 세대', 취업준비생이다. A+ 학점을 받기 위해 노력했고 각종 스펙을 쌓기 위해 동분서주했다. 이번 강연회를 통해 내 속에서도 따뜻한 세계 시민이 되고 싶다는 열망과 누군가를 도와주고 싶은 마음이 꿈틀거리는 것을 느꼈다.

서상희 중앙대학교 문학창작학과, G20 영앰배서더

기러기는 1만 킬로미터가 넘는 거리를 날아가면서도 V자 대형을 유지하면서 끝에 있는 기러기와 선두에 있는 기러기가 서로 대열을 맞춘다고 한다. 이번 강연을 들으며, 우리도 기러기처럼 협력해서 함께 나아간다면 더욱 행복한 대한민국을 만들 수 있지 않을까 하는 생각이 들었다.

김나래 숭실대학교 일본어과, G20 영앰배서더

나만 제자리걸음인 것 같고, 다들 잘 사는데 나만 못사는 것 같아 늘 불안했다. 왜 사는가? 행복하기 위해 산다. 무엇이 우리에게 행복을 가져다주는가? 비전이다. 강연을 들으며 내 마음의 괴로움도 소셜 네트워크 등으로 변화하는 세상에 대응할 나의 비전이 흔들리고 있기 때문이라는 것을 깨달았다. 개인이 되었든 회사가 되었든 국가가 되었든 새로운 비전이 필요한 때다. 열린 마음으로 과감하게 도전하는 계기가 되었다.

한순희 한기획 대표

내 아이만큼은 남부럽지 않게, 세계의 엘리트로 꼭 키우고 싶다는 생각이 강했다. 강연을 들으며 세상의 다양함과 어울릴 줄 알고 자신만이 아니라 우리를 생각할 줄 아는 아이로 키우는 게 더 중요하다는 생각을 했다. 가끔은 아이에게, 자신과 같은 또래의 친구들이 왜 먹을 게 없어서 죽어가고 왜 아픈데도 치료 한 번 받지 못하고 죽어가는 사람들이 있는지 들려주려고 한다.

차미숙 송파구에 사는 주부